国家出版基金项目
NATIONAL PUBLICATION FOUNDATION

国家重大出版工程项目
"十二五"国家重点图书

中国古建筑丛书

◎王海松　宾慧中　编著

上海古建筑

U0360204

中国建筑工业出版社

审图号：GS（2015）2780 号

图书在版编目（CIP）数据

上海古建筑／王海松，宾慧中编著．—北京：中国建筑工业出版社，2015.12

（中国古建筑丛书）

ISBN 978-7-112-18822-2

Ⅰ.①上… Ⅱ.①王…②宾… Ⅲ.①古建筑－介绍－上海市 Ⅳ.① K928.71

中国版本图书馆 CIP 数据核字（2015）第 297690 号

责任编辑：唐　旭　李东禧　杨　晓　吴　绫

书籍设计：康　羽

责任校对：李美娜　党　蕾

中国古建筑丛书

上海古建筑

王海松　宾慧中　编著

*

中国建筑工业出版社出版、发行（北京西郊百万庄）

各地新华书店、建筑书店经销

北京嘉泰利德有限公司制版

北京顺诚彩色印刷有限公司印刷

*

开本：880×1230毫米　1/16　印张：$18\frac{1}{2}$　字数：488千字

2015年12月第一版　2015年12月第一次印刷

定价：298.00元

ISBN 978-7-112-18822-2

　　　　（25810）

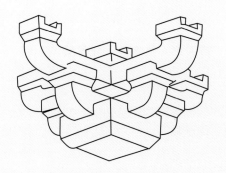

《上海古建筑》

王海松　宾慧中　编著

顾　问：李友梅　忻　平　路秉杰　汪孝安

审稿人：郑时龄

总　序

中国历史悠久，地大物博，人口众多，是一个多民族的国家，文化遗产极为丰富。中国古建筑是世界建筑史上的四大体系之一，五千年来，光辉灿烂，独特发展，一脉相传，自成体系。在建筑历史发展过程中，从来都没有中断过，因而，积累了大量的极为丰富的优秀建筑文化遗产。中国古代建筑的实践经验、创作理论、工艺技术和艺术精华值得总结、传承和发扬。

中国古代建筑具有强大的生命力，首先是独特的地理环境。中国位于亚洲东方，北部有长白山、乌苏里江高山河流阻挡，西有天山、喀喇昆仑山脉和沙漠横贯，西南有喜马拉雅山脉，东南则沿海，形成封闭与外界隔绝的地域，加上地处热带、温带和寒带，宽阔的地理和悬殊的气候，促进建筑与环境的巧妙和谐结合。

其次，独特的民族性格。中国是以汉族为主的多民族所组成。以中原文化为主的汉族人民团结、凝聚着居住和生活在各地的少数民族。由于各民族的历史、文化、宗教信仰、生活习俗与审美爱好的不同，以及他们所处地区的自然条件和地理环境的差异，长期的劳动实践，形成了各民族独特的性格和绚丽灿烂的建筑风貌。

其三，文化的独特体系。中国文化是以黄河流域中原文化为中心，周围有燕赵文化、晋文化、齐鲁文化、吴越文化、楚文化、秦文化和巴蜀文化所烘托，具有历史渊源长久、人类智慧集中、思想资源丰富的特点。中国传统文化思想的集中表现是以儒学、道学为代表，其后，佛教的传入与中国传统文化的结合，形成以儒学为主的儒、道、释三者合一的中国传统文化思想。归纳起来，就是天人合一的宇宙观念，以人为本、和为贵的人文思想，整体直觉的思维方式，真善美相结合的美学观念。

封闭而独特的地理环境，团结凝聚而又富于创造的民族性格，以儒学为主的文化独特体系，创造了中华民族的雄伟壮丽的建筑工程。长期的经验积累，独树一帜，虽经战争的炮火，民族之间的斗争与融合，外来文化之传入及本土化，但中华民族建筑始终一脉相传，傲然生存下来，顽强发展，独树一帜而不倒，在世界建筑史发展中是罕见的、独有的。

中国古代建筑发展经历了原始社会、奴隶社会和封建社会三个历史阶段。

旧石器时代，原始人群利用天然崖洞作为居住场所。南方湿热多雨，虫害兽多，出现巢居。1973年，在浙江余姚河姆渡村发现大约建于6000～7000多年前的、长约23米、进深约8米的木构架建筑遗址，推测是一座长方形、体量相当大的干阑式建筑，这是我国最早采用榫卯技术构筑房屋的一个实例。

原始社会晚期，黄河流域有广阔而丰厚的黄土层，土质均匀，含有石灰质。黄河中游的氏族部落，在利用黄土层作为壁体的土穴上，用木架和草泥建造简单的穴居，逐步发展到浅穴居，再到地面上的房屋，形成聚落。

奴隶社会，夯土技术逐步成熟，宫室建于高大的夯土台上，木构建筑逐步成为中国古代建筑的主要结构方式。等级制度出现。工程管理有了专职的"司空"，以后各朝代沿袭发展成为中国特有的工官制度。

封建社会初期，高台建筑盛行，修建了长城、驰道和水利工程。东汉时代，建筑中已大量使用成组的斗栱，木构楼阁增多，城市和建筑类型扩充，中国古代独特的木构建筑体系基本形成。

两晋南北朝是我国历史上充满着民族斗争和民族融合的时期，佛教的传入，宗教建筑大量兴建，高大的寺庙、壮丽的塔幢，石窟中精美的雕塑和壁画，这是我国古建筑吸收外来文化使之本土化的创造时期。

隋、唐统一全国，开凿贯通南北的大运河，促进了我国南北物资和文化的交流和发展。唐代的长安、洛阳成为世界上最大的城市。木构建筑的宫殿、楼阁和石窟、塔、桥，无论布局或造型都具有较高艺术和技术水平，唐代建筑已发展到成熟的阶段。

宋、辽、金时期，南方在经济和文化方面居于先进地位。由于手工业分工更加细致，国内商业和国际贸易活跃，城市逐渐开放，改变了汉以来历代都城采用的封闭式里坊制度，形成沿街设店的方式。建筑的设计和施工达到一定程度的规格化、制度化，公元12世纪初在总结经验的基础上编写了《营造法式》这一部重要文献。

元代大都建立，喇嘛教和伊斯兰教建筑影响到各地。明、清时期官式建筑已经达到完全程式化、定型化阶段。明代后期出现资本主义萌芽，清代在城市规划上、建筑群体布局和建筑艺术形象上有所发展，例如北京城、故宫、天坛等。民居、园林和民族建筑遍布各地，呈现一片繁荣景象。

中国古建筑有明显的特征。在城市规划上，严谨规整、对称宏伟，表现出庄重威武的中华民族性格。单体建筑中，雄伟的飞檐屋宇、大红的排列柱廊、高大的汉白玉台基，呈现出崇高壮丽又稳定的形象。黄河流域盛产的木材资源，形成了中国古建筑木构架体系的特色。室外装饰的富丽堂皇、金碧辉煌，室内陈设装修的华丽多样、细腻雕饰，体现了中国古建筑绚丽多彩的民族风格。

聚居建筑方面，包含民居、祠堂、家庙、书院等遍布全国各地，它们与人民生活息息相关。各地各族人民根据自己的生活习俗、生产需要、经济能力、民族爱好和审美观念，结合本地的自然条件和材料，因地制宜、因材致用地进行设计与营造。他们既是设计者，又是营建者、使用者，可以说设计、施工、使用三位一体，因而，这种建造方式所形成的民宅民间建筑，既实用简朴，又经久美观，并富有民族风格和地方特色。

中国古园林的特征。以自然山水即中国山水画为蓝本，并以景区、景物和建筑、山水、花木为构件，由景生情，产生意境联想，达到艺术感受。皇家园林因其规模大、范围广，其园林布局自秦、汉时期的一池三岛，到唐、宋以山水画为蓝本，明、清仍沿袭池中置岛古制，但采用人工造山置水的方法。

明、清私家园林因属民间，士大夫文人常在宅后设园休闲宴客，吟诗享乐，其特点是以最小的场所造成无限的景色为目的。因其规模小，常以叠石或池水为主，峰峦洞壑、峭壁危径或曲径通幽取胜。在情景中则采用巧于因借、精在体宜的手法。

我国是一个人口众多的多民族国家。相传秦汉以前，中华大地上主要生存着华夏、东夷、苗蛮三大文化集团，经过连年不断的战争，最终华夏集团取得了胜利，上古三大文化集团基本融为一体，历史上称为华夏族。春秋、战国时期，东南地区古老的部族称为"越"，逐渐为华夏族所兼并而融入华夏族之中。秦统一各国后，到汉代都用汉人、汉民这个称呼，直到隋、唐，汉族这个名称才固定下来。

由于各民族的历史文化、宗教信仰、生活生产、习俗性格的不同，又由于各族人民所处地区的自然条件和环境的不同，导致他们各自产生了富有特色的建筑和民宅，如宏伟壮丽的藏族布达拉宫，遍布各族聚居地的寺院庙宇、寨堡围村、楼阁宅居，反映了绮丽多彩的民族风貌。

中国传统文化渗透了中国古建筑，中国古建筑深刻地体现了中国文化。

新中国成立后，作为全国性有领导有组织地编写中国古代建筑史，第一次是1959年，由原建筑科学研究院组织"编写三史"开始。当时集中了全国高等院校、科研部门分工编写，1962年由中国工业出版社出版《中国建筑简史》第一册（古代部分）。随后，又组织有关院校、文化、历史、考古等单位对古代建筑史有研究的人员，经多次修改，由刘敦桢教授执笔主编的《中国古代建筑史》，于1966年完成。由于"文化大革命"，未能出版，1980年才由中国建筑工业出版社正式出版。作为高等院校的中国建筑史教材则由全国高校教师编写，参考了上述专著，由中国建筑工业出版社1982年出版。

作为系统的、全面的、编写中国古建筑丛书是从1984年开始，当时作为《中国美术全集》中的一个门类——建筑艺术，称为《中国美术全集·建筑艺术编》，共6辑，包含宫殿、坛庙、陵墓、宗教建筑、民居、园林，1988年完成出版。

第二次编写从1992年开始，编写的原因是《中国美术全集·建筑艺术编》6辑出版后，各界反映良好，但感到篇幅不够，它与我国极为丰富的建筑文化遗产大国不相适应。于是，再次组织编写《中国建筑艺术全集》丛书30辑，其中古建筑24辑，近现代建筑6辑。古建筑部分仍按类型编写。该丛书中的24辑于1999年5月出版。

由于这两次丛书都是全国性编写，按类型写，又着重在艺术，因此，一些地方特色和民族特色的、中型的优秀古建筑就难于入选。为了弘扬和传承优秀传统建筑文化体系，总结经验和规律，保护我国优秀传统建筑文化遗产，因此，全面地、系统地、按省（区）来编写古建筑丛书是非常必要的、合时宜的。

本丛书编写的主要特点是：其一，强调本省（区）古建筑的民族特色和地方特色；其二，编写不限于建筑艺术，而是对本省（区）古建筑的全面叙述，着重在成就、价值、特色、技术和经验、规律等各个方面，这是我国民族和地区的资料比较全面和丰富的传统建筑文化丛书。

陆元鼎

2015年1月10日

前　言

　　上海，这个今日中国最具经济活力和文化魅力的大都市，在中国历史的长河中是个年轻的"后生"。虽然早在6000年前，上海所在的区域已经有了先民的活动，但是直到唐以前，在中国数以百计的城镇中，是找不到上海的。"上海"是个内涵和边界不断变化的名词——最早它是吴淞江一条支流上海浦的名称。北宋以后，具一定行政功能的上海务、上海市舶提举分司相继设立，"上海"成为一个独立的地名。南宋咸淳三年（1267年），上海正式成为了一个镇名，并在不到三十年后（元至元年间）升格成为一个县名。清中叶以后，作为苏松太道的驻地，上海县城又被称为"上海道"。1927年以后，"上海特别市"成立，它是一个与省平级的直辖市。

　　不同时期的上海，其行政建置、地理区划都不相同。现在的上海市拥有15个区（黄浦区、浦东新区、徐汇区、长宁区、静安区、普陀区、虹口区、杨浦区、闵行区、宝山区、嘉定区、金山区、松江区、青浦区、奉贤区）、1个县（崇明县），其范围覆盖了清代松江府下辖的"七县一厅"（上海县、华亭县、青浦县、娄县、奉贤县、南汇县、金山县及川沙厅）及太仓直隶州管辖的嘉定、宝山、崇明三县。因此，历史上的"上海镇"、"上海县"是狭义的上海，其地理区划较小，而本书所说的"上海"，则是指现代行政区划意义上的上海，覆盖了现今上海地区的地理范围。

　　秦汉以前，现今上海所在区域是吴越的一个组成部分。唐宋以后，随着中国经济、文化重心的南移，江南的崛起，上海得到了快速的发展。唐天宝十年（751年），上海境内设立了第一个县制华亭。元至元十四年（1277年），华亭县被升格为华亭府，并在次年改称为松江府。至元二十八年（1291年），上海县从华亭县中析出，松江府一府二县（松江府下辖华亭县、上海县）的行政格局正式确立，上海的人口突破了120万。明清时期，上海已经成为全国最为富庶的地区之一，其纺织业、航运业享誉全国，文化高度繁荣，为上海率先步入近代文明奠定了基础。

　　19世纪后半叶以来，上海地区经历了鸦片战争、太平天国、小刀会起义、抗日战争等数次战事，随后又迎来了持续近百年的人口大量积聚、经济高速发展，其直接的后果就是大量优秀古建筑遭到损毁，城市、村镇格局发生急剧改变。近代以来，上海地区留存的古建筑数量急剧下降，其中群体形态完整、建筑质量精美、文化价值珍贵的更是凤毛麟角。相对于占压倒多数的现代建筑、遗存尚较丰富的近代建筑而言，上海仅存的古建筑数量显得极其稀少；同时，大量新建仿古建筑的出现，又混淆了视听，淹没了本已不多的传统古建筑，使年轻的新一代上海人逐渐失去了对真实传统建筑的辨别力。

　　显然，忽略上海古建筑，对于全面挖掘城市文化遗产、完整把握上海地域建筑文化的演进、厘清上海城市发展的轨迹是一种缺失。唤醒城市历史记忆，可以让我们的城市文化接上"地气"，让孕育了这个大都市的文化源头浮出水面，也能帮助我们寻找有关城市、建筑的发展脉络，为这个城市留住根系。因此，我们开始对上海古建筑展开系统梳理。

描述、记录上海地区历史场景的最早志书，为宋诗人许尚所著的《华亭百咏》。该书"以诗补史"，以绝句的形式咏记了华亭地区的许多史迹，其翔实程度被数百年后的《四库全书》所赞誉。后杨潜所撰写的《云间志》部分采纳了《华亭百咏》的记述，并对上海地区各郡县里巷的地名予以详尽的考证。元代杨维桢所编的《云间竹枝词》则开创了以竹枝词的形式描绘上海风俗、景物的先河，并催生了数量众多的流传于民间的竹枝词。明代范濂编撰的《云间据目钞》、吴履震所著的《五茸志逸》，则以客观的角度翔实地记录了当时松江的风土人情。其中《云间据目钞》分人物、风俗、祥异、赋役、土木五卷，详细描述了上海的商业、手工业及丰富的城市生活。至清代，记述上海城乡生活的书籍层出不穷：毛祥麟的《墨余录》、王韬的《瀛壖杂志》、葛元煦的《沪游杂记》，它们从各个侧面复原了当时的历史场景。19 世纪末以来，上海发达的出版印刷业催生了大量的图书、报刊的出版。《申报》、《点石斋画报》、《飞影阁画报》、《图画日报》、《书画谱报》、《寰瀛画报》等报刊刊登了大量上海早期城市风貌的图像和文献，吴友如绘《申江胜景图》、《淞南梦影图录》、《申江百咏》、《申江时下胜景图说》等图录、图说类书籍记录了大量颇具历史写真意义的城市建筑图像。

对上海古代建筑的系统研究始于 20 世纪 50 年代末期。1958 ~ 1961 年，由陈从周、章明等先生主持的上海建筑"三史"研究，针对上海的古建筑、近代建筑、现代建筑展开了调研、梳理，形成了初稿。其中，针对上海近代建筑的研究最为深入，有关上海古代建筑的公开研究成果则比较少，体系化、整体性的专题研究尚是一个亟待填补的空白。

本书所收录的上海古建筑一般指建于 1900 年以前、具典型意义、位于现今上海行政区划内的建筑遗存，以及一些尚有古代建筑的村镇、城厢，也包括一些部分重修于民国以后的历史建筑。对于那些有历史脉络（或具历史事件意义）、但已无建筑遗存，或完全复原新建的传统风格建筑，我们则不做收录。当然，对于那些在历史上享有盛名，且有图片资料、文字史料留存，现已湮灭的重要古建筑，我们还将在各章节的综述部分略作概述，以飨读者。

我们希望，对上海古建筑的系统梳理工作，通过追本溯源、辨明真伪、澄清历史，厘清上海的传统建筑文化能唤起更多人对传统建筑与历史文脉的保护倾注关心，帮助人们。

本分册受国家自然科学基金资助（项目批准号：51578328）。

王海松

2015 年 2 月 6 日

目　录

第四章　居住建筑

第五章　园林建筑

上海古建筑

上海古建筑

第一章 绪 论

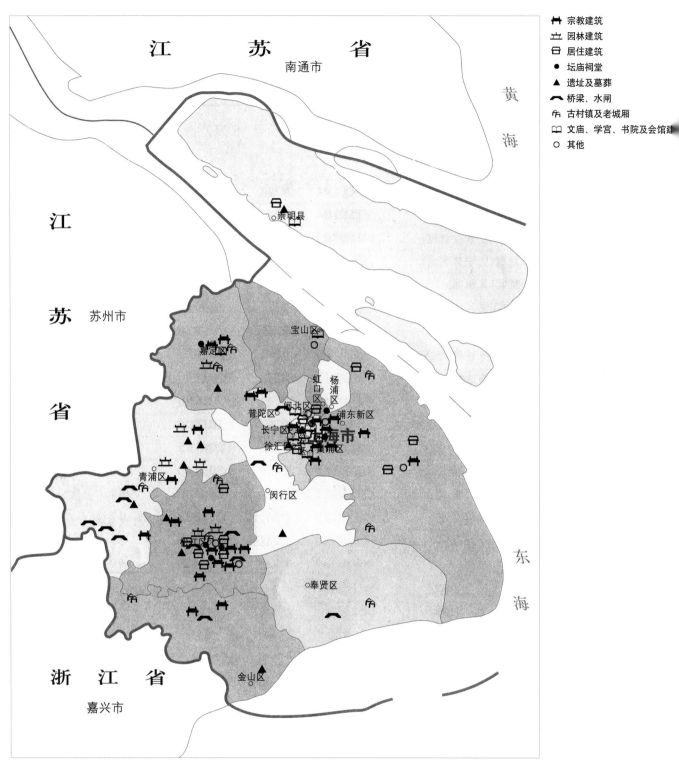

宗教建筑
园林建筑
居住建筑
坛庙祠堂
遗址及墓葬
桥梁、水闸
古村镇及老城厢
文庙、学宫、书院及会馆建
其他

江 苏 省

南通市

黄 海

江 苏 省

苏州市

崇明县

宝山区

虹口区　杨浦区

嘉定区

普陀区　闸北区　浦东新区

长宁区

上海市

徐汇区　黄浦区

青浦区

闵行区

东 海

奉贤区

金山区

浙 江 省

嘉兴市

（地图引自：中华人民共和国民政部编.中华人民共和国行政区划简册 2014.北京：中国地图出版社，2014.）

在公元纪年之前，现今上海版图的大部分区域还在白茫茫的水域中。考古发现表明，约 7000 年前，今上海西部松江区新桥、泗泾，青浦区重固、崧泽、白鹤等地域才刚刚成陆，并形成了一条由南向北的冈身[①]（图 1-0-1）。数千年来，上海地区的海岸线离开冈身，向东推进，其地域和人口有了较大的扩展。公元 5 世纪，由长江泥沙冲淤而成的新海岸线到达了现今上海的闵行区；公元 9 世纪，浦东开始露出了海面；公元 14～17 世纪，崇明岛逐渐形成[②]。可以说，整个上海地区的土壤还是非常年轻的，其成陆过程离现在并不遥远（图 1-0-2～图 1-0-4）。

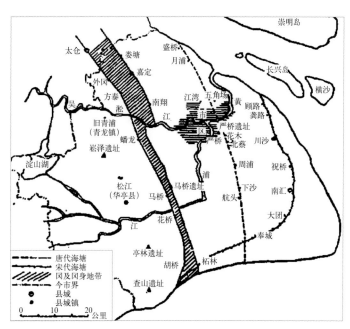

图 1-0-1　上海成陆示意图（图片来源：吴贵芳 . 古代上海述略 [M]. 上海：上海教育出版社，1980.）

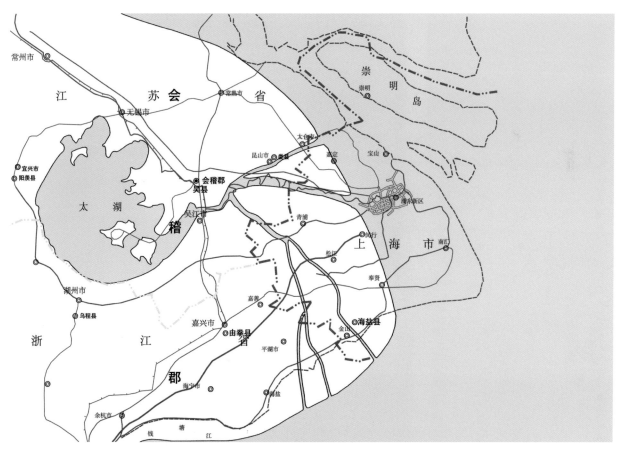

图 1-0-2　秦始皇二十六年（前 221 年）上海区域图（图片参考：《秦朝上海地图》（周振鹤 . 上海历史地图集 [M]. 上海：上海人民出版社，1999：15.）

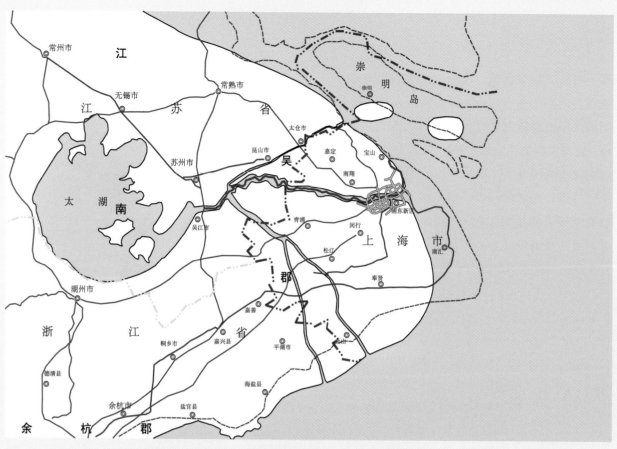

图 1-0-3　唐天宝十载（751 年）上海区域图（图片参考：《唐朝上海地图》周振鹤 . 上海历史地图集[M]. 上海：上海人民出版社，1999：19.）

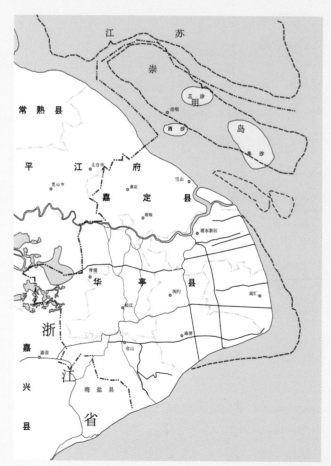

图 1-0-4　南宋嘉定十年（1217 年）上海区域图（图片参考：《南宋上海地图》周振鹤 . 上海历史地图集[M]. 上海：上海人民出版社，1999：21.）

第一节 上海溯源

在江南地区，上海成陆较晚，其行政地位、文化积淀与江南诸名城苏州、杭州、嘉兴等相比，崛起亦相对较晚。由于海外贸易和内河通航的发展，上海在唐以后逐渐兴起，并以"海纳百川"和"兼收并蓄"的姿态发展成为中国近代最具经济实力、文化活力的城市之一。

一、地理变迁

约7000年前，一条南北向的冈身从大海之中逐渐露出头来，这是上海最早的陆地区域。南宋绍熙《元间志》记载："古冈身在（华亭）县东七十里，凡三所，南属于海，北抵松江（即吴淞江），长一百里，入土数尺皆螺蚌壳，世传海中涌三浪而成。其地高阜，宜种菽麦"③，其中的"三所"即为后人所说的沙冈、竹冈、紫冈。

随着海岸线自冈身东移，上海的属地逐渐形成。这是一片湖沼、滩涂密布的水网地带，除了古冈身以西有些小山丘，地势比较平坦。那些西部的小山丘"累累然隐起平畴间"④，隐隐约有九座，被人们称为"云间九峰"。受长江入海河道、太湖入海江河、东海潮汐的共同影响，古代上海地区的地理状况变化频繁，其水体与陆地的范围很不稳定。为了创造适合农业生产的自然条件，大禹治水就曾疏理了"三江"⑤。娄江、松江、东江三江分别在西北、东、东南三个方向联通了太湖与东海，使太湖之水不再潴留。东晋庾阐的《扬都赋注》中也曾提及三江："今太湖东注为松江，下七十里有水口分流，东北入海为娄江，东南入海为东江，与松江而三也"（图1-1-1）。在这三江之中，穿越上海属地的就有两江——松江、东江⑥。

在联系太湖和东海的三江之中，初时松江是三江中最为宽阔的，其"深广可敌千铺"，入海口宽达20多里，沿江支流多达260余条⑦，较为著名的有大盈浦、顾会浦、崧子浦、上海浦、下海浦等十八大浦⑧。南北朝时，松江的下游被称为沪渎。

图1-1-1 晋代三江示意图（图片来源：缪启愉．太湖塘浦圩田史研究[M]．北京：农业出版社，1985．）

航道的便利使往来海上的商船多由松江进出。迅速发展的航运贸易直接催生了后来青龙港、青龙镇的诞生。东江的上游为白岘湖群，中游为淀泖湖群，下游则有很多支流往东南通向杭州湾，其中属于淀泖湖群的"三泖"⑨则是东江主流。明吴履震所著的《五茸志逸》中有对三泖的详细描述："出郡西从五浦塘南行二十余里入泖湖。湖广袤十八里，近泖桥者名大泖，近山径小而圆者为圆泖，东西长亘十里，而稍狭者名长泖，是为三泖。"

除自然因素的影响以外，古代上海地区数次大规模水利工程的实施，如修筑捍海塘、疏浚吴淞江及江浦河流，以人为改造活动改变了地区水系，保证了古代上海人民的生存空间，满足了水上交通的需求，对上海地理环境的变迁也产生了较大的影响⑩。

1. 修筑捍海塘

"捍海塘"是古代上海人民为开拓生存空间、改造自然环境而建造的重大工程，其作用类似于"冈身"对陆地的保护。只不过冈身是自然形成的，捍海塘是人为修筑的。传说上海地区在三国时期即筑有海塘⑪。唐开元元年（713年）起，为了保护江南居民向冈身以外拓展垦荒，抵挡咸潮侵蚀，一条绵延二百多公里的江南海塘（苏松海塘）得以修建。这条"捍海塘"在冈身以东30公里处，在上海境内长达170多公里，并绵延至浙江境内（图1-1-2）。这一海塘的修筑，促进了农业发展，使上海居民的

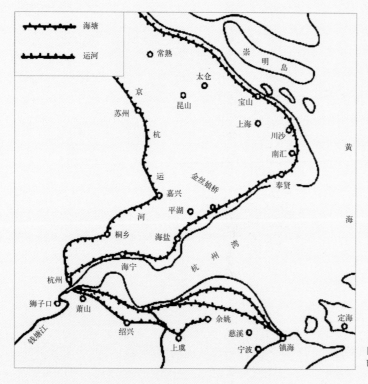

图 1-1-2 古代江浙海塘分布图（图片来源：http://baike.baidu.com/view/1373251.htm）

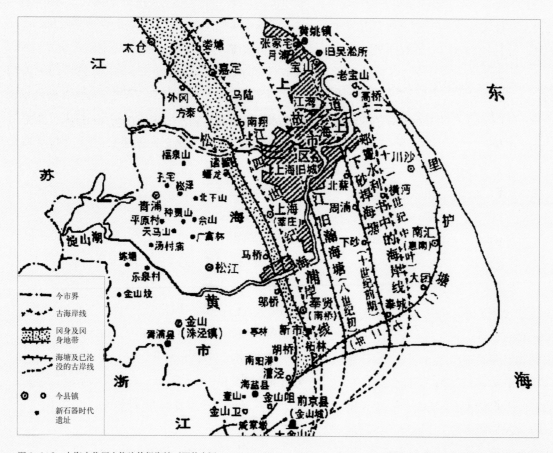

图 1-1-3 上海古代历次修建的捍海塘（图片来源：http://www.baike.com/ipadwiki/ 中国历史时期海岸线的变迁）

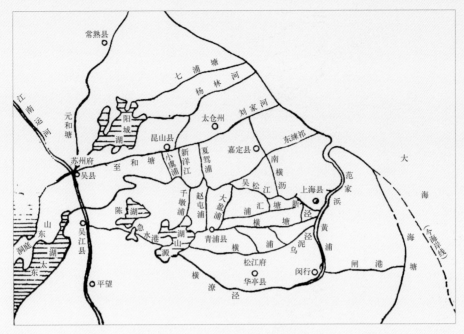

图 1-1-4　黄浦夺淞示意图（图片来源：据《吴中水利书》诸州县图改绘）

生存空间得到了极大的扩展。

唐以后，上海地区历代都有建设捍海塘的记载。南宋《云间志》"堰闸"记载："旧捍海塘，西南抵海盐界，东北抵松江，长一百五十里"。明成化八年（1472年），一条西起嘉定（现宝山区）南抵海盐的"内捍海塘"（又称老护塘、里护塘）被筑成[12]。明万历十二年（1584年），又在老护塘东侧约3里处，修筑一条与老护塘平行的"外捍海塘"[13]。清朝雍正十年（1732年），外捍海塘遭遇毁灭性破坏，次年，南汇知县钦琏又在原址重修了"钦公塘"。海堤的修筑，大大地减少了海水倒灌引发的灾荒，使上海地区的农作物耕作得到了保障，上海逐渐成为谷仓爆满的鱼米之乡，其经济实力日益壮大（图1-1-3）。

但是，由于捍海塘的修筑，唐末东江的许多出海支流被阻断，渐渐促成了原来流向杭州湾的东江改道东流。北宋、南宋年间乍浦堰、柘湖十八堰、运港大堰的修筑，切段了东江下游的几乎所有出口，来自太湖、淀山湖、浙西的水只能由"三泖"经横潦泾（今黄浦江闸港以上河段）向东流向闸港，并折向北，与原来的上海浦合并汇进吴淞江，成为吴

淞江的一条支流。这条河流也是后来黄浦水道的雏形，它的出现促成了黄浦江的形成（图1-1-4）。

随着时间的推移，"三泖"的淤积情况逐渐加剧。位于今金山，平湖之间的上泖，已淤成田，其形如长带故名长泖；位于今金山、松江之间的中泖，已全部围垦为荡田，亦称泖田，因其面积较大被称为大泖；位于今松江、青浦之间的下泖，略呈圆形，故又称圆泖。圆泖今仍存在，即现今之泖河，但面积已缩小。

2. 疏浚吴淞江

吴淞江是太湖最主要的泄洪水道。唐代的吴淞江宽达二十里。唐以后，随着海岸线向东扩展，吴淞江的河线也不断延伸，其河身渐呈"蟠曲如龙"，并有了"五汇四十二湾"。唐元和五年（1810年），吴淞江上游又修筑了联系苏州与平望的吴江塘路，后又陆续建有长堤、大桥。吴淞江上游的来水愈来愈分散、狭隘，水量渐小，无力冲淤[14]。至北宋时期，由于海岸线的不断东移，吴淞江已穿越了现今的上海市区，经今高桥附近的南跄浦入海，河口段宽度已缩至九里。

南宋以来，经济、政治中心的南移促进了江南

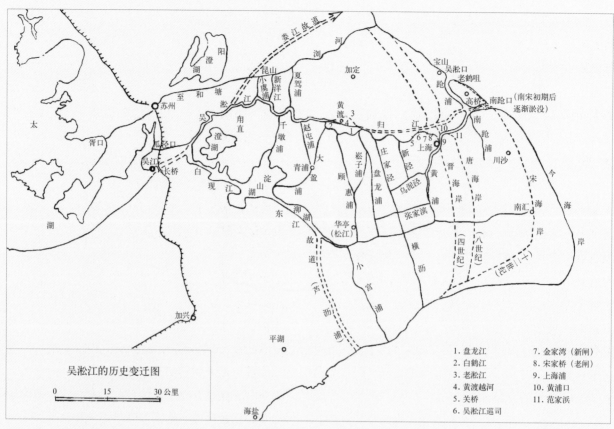

图 1-1-5 吴淞江的历史变迁（图片来源：褚绍唐．吴淞江的历史变迁 [J]．上海水利，1985，（03）：104.）

地区的人口增长。耕地不足的窘况迫使人们开垦沿江滩地，水道开始愈加变窄。同时，太湖上筑起的防涝大堤也削减了吴淞江的水量，使江水流速减慢，无法把海潮带进的泥沙排出，加重了淤积。元代以后，来自北方的蒙古统治者不谙江南水情，放任地方豪强占据湖州港汊，封土为田，致使吴淞江淤积变窄，水患不断。吴淞江河口段的宽度逐渐减至五里、三里、一里。

1293 年，上海人潘应武提出在吴淞江上游开港浚浦、疏通水道的方案，被当时的政府采用。1304 ～ 1326 年，青龙镇人任仁发两度出山，四次疏浚吴淞江。其中首阶段（1304 ～ 1306 年）深阔了嘉定石桥浜至上海县界的吴淞江河段，疏浚了赵屯浦、大盈浦及白鹤江、盘龙江，并在新泾设置水闸两座。后阶段（1324 ～ 1326 年）又疏浚了吴淞江的下游河道，并在吴淞江的重要支流赵浦等处加

建水闸数座。

3. 江浦河流，引黄浦入海

虽然元代政府对吴淞江的疏浚、整治次数并不少，但是每次的整治只是带来短时期的水患减轻，吴淞江的淤塞情况并没有得到根本的好转。到了明代，吴淞江下游一百余里的地段淤积情况愈加严重，已经到了不可收拾的地步。明永乐元年（1403 年），明户部侍郎夏元吉一方面采用元代周文英的观点，引太湖水从浏河、白茆入长江，即"掣淞入浏"，另一方面又吸收本地人叶宗行的建议，放弃原吴淞江下游水道，"浚范家浜引浦入海"，拓宽原吴淞江下游的范家浜[⑮]，将其南端的黄浦江与上海浦、南跄浦（大跄浦）连通，引黄浦水经吴淞口入长江出海。这一"江浦河流"的举措，使河道的水流更加充沛，不易淤积，成功地解决了水患，也联通了海船直接进入上海县城的水路，提升了上海县城的地

位。明中叶以后，黄浦江汇集杭嘉之水，又领淀山、诸泖来水"从上灌之"，水势大增，河道越来越宽广，已被称为"大黄浦"。其江口段由原来的三十余丈扩大至"横阔几二里余"，成为宽度数倍于吴淞江的大河，实现了"黄浦夺淞"。而吴淞江因则上游来水分流和后期整治缩小[16]，逐渐成为黄浦江的支流（图1-1-5）。

1521年，巡抚都御史李充嗣又对吴淞江下游实施了改道工程，废弃了因淤积已无法行船的故道（今闸北虬江路一线），使河道在今谭子湾附近改道至宋家浜（今福建路桥一带），并拓宽宋家浜河道，引吴淞江与黄浦江在今外白渡桥附近合流。明隆庆年间，海瑞又主持疏浚了嘉定县黄渡至上海县宋家桥间八十里的河道，使吴淞江下游完全改走宋家浜河道（今苏州河）。被废弃的吴淞江故道后被称为"旧江"（又因其屈曲如虬，又被人们称为虬江）。

二、行政更替

春秋时期，上海所在的区域属吴国。到了战国时期，吴国被越王勾践所灭，越国又被楚国所灭，因此，上海所在的区域先后归属于越国、楚国。周显王三十五年（公元前334年），楚国灭了越国以后，就把昔日吴国的领地全化为楚国宰相春申君的属地，于是上海最早被称为"申"。借助春申君的力量，上海的建设有了相当的起色。相传上海的黄浦江就是借春申君的力量所疏浚，因此黄浦江原名"春申江"（又名"黄歇浦"）。秦时期，上海所在的区域地跨会稽郡下辖的长水（后改为由拳）、海盐、娄三县。汉代，上海属吴郡。

至魏晋南北朝时期，上海地区的海岸线已离开冈身向东推进了许多。不断扩大的地域也吸引了来自中原的避乱南迁人口。中原人口不但为江南增加了劳动力，也带来了较为先进的农业生产技术，带动了当地的经济发展。隋唐以前，上海地区[17]逐渐形成陆地，区域内河流纵横、水面开阔。生活在那里人们常用一种叫"扈"[18]的工具捕鱼。因"扈"遍布于"渎"[19]，因此当时吴淞江下游一带被称为"扈渎"[20]，后来又被人们简称为"沪"。

唐天宝五年（公元746年），上海有了最早的出海港口——位于今青浦区青龙镇的青龙港。青龙港坐落于吴淞江南岸，东面通向出海口，南面与华亭县相联，溯江西上可达当时江南最大的城市苏州，处于江海要冲，为海船进出苏州及太湖流域的必经之地。由于地理位置的便利，具"吴之裔壤，负海枕江，水环桥拱，自成一都会"的青龙镇成了上海地区最早的对外贸易集镇，并逐步发展成为通商重镇[21]。

唐天宝十年（751年），华亭县治在今松江区松江镇设立。它涵盖当时的嘉兴东部、海盐北部及昆山南部，隶属于吴郡（宋以后又相继隶属于两浙路秀州府、嘉兴府）。这是一块北至吴淞江出海口，东至下沙，南至杭州湾的土地，三面环海，几乎包含了今日上海的全部。宋代以后，由于吴淞江下游泥沙淤积越来越严重，致使海岸线继续东移。原来的青龙港距离海口愈来愈远，繁忙的海上贸易和航运业逐渐向吴淞江的支流"上海浦"一带（主要为吴淞江至十六铺沿外滩区域）集聚。因人口和经济实力的快速增长，这个原名为"上海浦"的渔村，先是成为"上海务"[22]，后又获准设立上海市舶提举分司[23]，并很快升格成为一个市镇。南宋咸淳三年（1267年），上海浦正式设立镇制，属于华亭县。罗小未先生曾说："上海在11世纪时还是个无名渔村。假如不是东江在13世纪时改道形成了黄浦江，根本不会有什么上海。以后随着黄浦江形成，上海成为联系附近几个府——苏州府、松江府、嘉定府和南通府的手工业与商业中心。"[24]熊月之先生认为，从航海贸易的角度来看，"襟江带海"的上海具有联系南北、交通内外的天然优势。有了地理位置的优势，自然促成了以港兴商、以商兴市的局面[25]。

元至元十四年（1277年），华亭县升格为"华亭府"，上海镇设为市舶司，次年，华亭府改名为"松江府"。由于贸易量巨大，当时的上海镇成为华亭东北的巨镇，镇内"有市舶、有榷场、有酒库、有军隘、官署、儒塾、佛宫、仙馆、盱廛、贾肆，鳞次而栉比"。上海市舶司的设立让上海成了与广州、泉州等并列的七大市舶司所在城市，并进而成为一个独立的县。元至元二十九年（1292 年），上海镇加上原华亭县东北的 5 个乡，正式成立上海县，其与华亭县同辖于松江府。初建时的上海县是个没有城墙的城镇，其街道随河道走势而曲折，整个城镇与四周的田野村落是联成一体的。

北宋中后期，松江上游的淤积使河道日渐狭窄，海船无法上行，繁忙的海上贸易和航运业逐渐向吴淞江的支流"上海浦"一带集聚（图 1-1-6）。至明早期，吴淞江的河道愈来愈狭窄，太湖的下泻之水开始转移至黄浦。因政府的着力疏导，黄浦逐渐变宽，甚至把上海浦也吞没。后来，黄浦江取代了吴淞江，成了上海的第一大江河。明代的上海县经济发展很快，棉纺织行业的快速崛起，使上海成了"东南名邑"（图 1-1-7）。明朝末年，由于耕地、户丁急剧增加，上海县的范围内分出了崇明县、青浦县。

有了经济实力，也为了抵御倭寇的侵袭，上海县于明嘉靖三十二年（1553 年）开始修建城墙。清雍正二年（1724 年），宝山、南汇、金山、奉贤设县。清雍正八年（1730 年），原属苏松太道的太仓被分离出去，与通州合并成立太通道，新成立的苏松道就把道台衙门从太仓移至松江府的上海县城。经历了历次的分县，上海县的地域范围缩小了不少，但是由于道台衙门的迁入，上海港的贸易量日益增大，上海县的文化、经济地位并没有下降。后来，苏松太道的驻地上海县又被俗称为"上海道"或"沪道"，因其还同时兼理江海关，所以又被称为"江海关道"。

清乾隆年间，明以来的海禁被解除，航海贸易的兴盛重新给上海带来活力。从上海出发的航线北可至天津、牛庄（今营口）、芝罘（今烟台），南可至浙江、福建、广东、台湾等地的港口，出洋可至朝鲜、日本和东南亚各地。从"东、西、南、北"洋带来的货物，在上海中转、交换：来自广州的"广船"带来安南、暹罗的木材、波斯的香料、欧洲的钟表等"西洋货"；来自福州的"闽船"运来台湾、

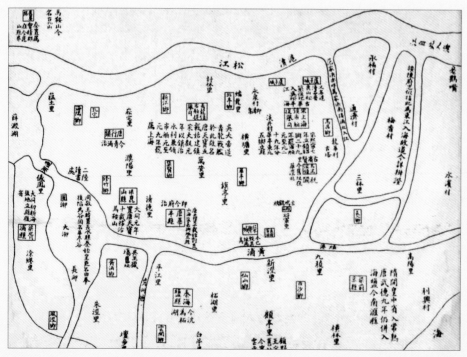

图 1-1-6　1871 宋代上海地图（图片来源：唐振常．上海史 [M]．上海：上海人民出版社，1989．）

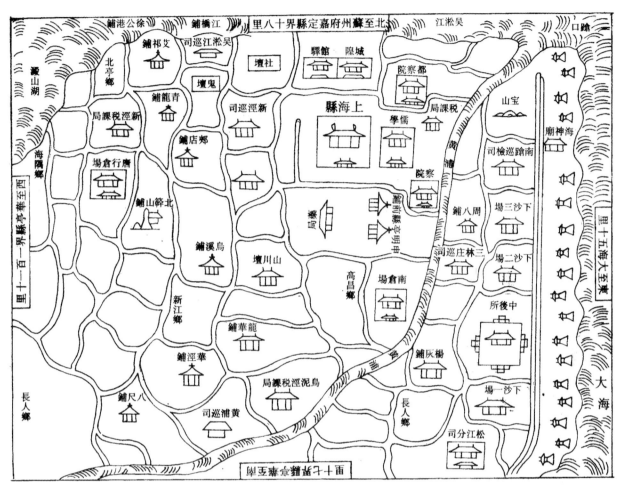

图 1-1-7　明弘治年间上海县全境（图片来源：http://www.shtong.gov.cn/node2/node4/node2250/shanghai/node70340/node70342/userobject1ai 37304.html）

瓜哇、马六甲的糖、桐油、银元、海参等"南洋货"；来自宁波的"宁船"装来的是日本关西、九州出产的铜器等"东洋货"；来自天津卫的"卫船"载来满洲、高丽出产的大豆、食油、杂粮等"北洋货"。由于当时的广船、闽船比较高大，吃水深，不适宜在黄海、渤海等浅水海面航行，无法北上，只能将北运的货物改驳船底平坦、吃水较浅的沙船，上海成了"交通四洋"的枢纽。

乾隆年间的上海港虽还不及粤闽，但其经济体量已与宁波港相差无几了。据清乾隆十八年各海关岁入统计：粤海关为515188两，闽海关为314448两，设于宁波的浙海关为87654两，而设于上海的江海关也已达到77509两[26]。

到了清朝中后期，上海已经成了"江海之通津、东南之都会"[27]。通常情况下江中的船只可达3000多只，靠近县城的江面上，绵延五六里的水面上，船只停泊无间隙。县城内，有大小街巷60余条，且已呈按行业集中的趋向。如有专卖从广东、福建转运而来洋货的里、外洋货街；有专售米豆杂粮等北货的"豆市街"，有专做棉花、棉布生意的"花衣街"，有专卖本地手工制品的"内篾竹街"、"外篾竹街"、芦席街，有专营桐油、药材等南北货的"咸瓜街"。

南来北往的各地商人聚居上海，催生了许多以行业、籍贯为背景的会馆、公所。以联络乡谊、维护同乡利益的同乡会馆(公所)多达30余个，如宁波、绍兴、苏州、泉州、潮州、四明、山东、徽宁、三山、江阴、苏州等会馆；以维护行业利益、控制行业经营的同业公所多达 170 余所，如沙船业、钱庄、粮食、米豆、棉花、布业、药业、花押业、梨园、木商、珠宝等公所[28]。

早在上海开埠以前，外国商人就有了造访上海的意愿和实践。1756 年，东印度公司的毕谷（Frederick Pigou）在接触过从上海过去的商人后，建议把上海作为一个中转港[29]。1832 年，林赛率"阿美士德勋爵"号从澳门出发，于 6 月抵达上海。虽然有清朝官兵的阻拦，林赛一行还是在上海县城东门外的天后宫上岸，进入了上海县城，拜会了知县与道台。林赛虽然没有促成上海对外国人开放商贸，但见识了上海的繁华和商业活力。他注意到，在中国没有哪个地方像上海一样拥有如此多的外国商品[30]。

1843 年，上海开埠。由于丝绸、茶叶、鸦片生意的带动，上海的航运业发展迅速，商贸规模迅速扩张，租界人口逐年上升。到了 19 世纪 60 年代，上海港的贸易规模已远远超过粤闽，并不可逆转地取代广州，成为中国对外贸易的中心。

同时，因小刀会起义、太平军攻打上海等战事，促使江浙一带的富商大量涌入租界，使上海租界的房地产业迅速崛起。租界的发展带动了近代化城市市政系统的建设，上海老城厢的地位逐渐衰落。

1927 年，上海成立特别市[31]，成了一个与省平级的直辖市。1958 年，原属江苏的十个县又划归上海，这就大致形成了现在上海的地域范围[32]。

三、文化传衍

中华文明的起源是多根系、多交叉的。有考古学家归纳，在距今 7000 ～ 4000 年间的新石器时代晚期，中华大地上主要存在着三大区域的文明：以粟作农业为主要经济活动的中原地区文明、以渔猎为主要经济活动的东北地区文明和以稻作农业为主要经济活动的长江下游文明。上海所在的太湖区域显然是长江下游文明的重要组成部分。

要寻找上海地区人类生存活动的轨迹，我们需要从一个更大的地理范围来探查。上海所处的长江下游环太湖地区，在距今 7000 ～ 6500 年前就有了古河姆渡族群生活的痕迹；距今 6500 年前，从黄河流域南下的族群不断壮大，形成了著名的马家浜文化；距今 6000 ～ 5300 年间，马家浜文化又被崧泽文化所取代；距今 5300 ～ 4200 年间，由淮河流域迁来的族群形成了良渚文化；距今 4000 ～ 3200 年间，延续了马家浜文化和崧泽文化、融合了一部分良渚文化的马桥文化开始成形。

1958 年，上海的考古工作者在上海青浦县城东部的崧泽村发现了重要的古文化遗址。在后续的发掘中，人们找到了中国最为古老的水稻颗粒，也发现了中国最早的圆筒形水井。崧泽遗址的中层文化，距今约有 5000 年的历史，后被考古界命名为崧泽文化；其下层文化则显现出距今约 6000 年的马家浜文化特征。因此，我们可以说上海的文明之源始于约 6000 年前的崧泽村（今青浦区赵巷镇崧泽村），其文化源头在距今 6000 ～ 4000 年间的马家浜文化、崧泽文化和良渚文化。

从马家浜文化、崧泽文化、良渚文化的遗址，我们可以捕捉上海先民耕种稻米的生活轨迹：由于实现了从渔猎、畜牧向耕种农业的转变，人们的聚居地点越来越稳定，建筑搭建的质量着眼于承受更长时间的风吹雨淋，房子内部也有了固定的灶，村落中心的公共空间设有祭坛——这些都是太湖地区新石器时代的典型文明。

从广富林遗址出土的陶器来看，广富林文化的主体来自黄河流域[33]。可见，上海很早就有了接纳北方迁徙移民的现象，其文化杂交的历史源远流长。

春秋战国时期，诸子百家繁盛一时，但是其代表人物多集中在齐、鲁、魏、楚，上海地区所属的吴国相对落后[34]。从金山区戚家墩遗址出土的西汉板瓦、筒瓦、水井等，我们可以勾勒出当时人们生活的建筑环境。客观来说，上海在唐宋以前还不是一个人才辈出、大家云集的文化重镇，倒是许多文人才子用来闭关用功的荒僻、闭塞之地。如三国东吴亡后，陆逊的后代陆机、陆云便隐居华亭，闭关苦读十年，写出《文赋》、《辩亡论》[35]等文章，留下《平复帖》[36]、《春节贴》[37]等书法，为世人所推崇；南北朝时期，顾野王筑园而居，潜心修成《舆地志》、《玉篇》。当然，江南士族的淡泊隐逸部分也缘于其"亡国之余"的身份所迫，因为自东吴灭亡后，江南人士受北方士族的钳制，其政治地位比较低下，只能选择退隐之路。

隋唐以后，因青龙港的兴起，上海作为重要的海上门户，接纳了日本遣唐使的数度进出，初步形成了"海纳百川"的格局。唐宋年间，一方面由于北方士人大量南迁，另一方面由于经济发展提升了教育水平，松江府崇文之风很盛，科举中第的才士不胜枚举[38]。南宋淳熙年间，诗人许尚所著的《华亭百咏》[39]详细记录了上海地区的历史场景，其翔实程度被数百年后的《四库全书》所赞誉[40]。后杨潜所撰写的《云间志》[41]部分采纳了《华亭百咏》的记述，并对上海地区各郡县里巷的地名予以详尽的考证。

有了唐宋时期的文化积累，元代的上海开始进入了人才辈出的时代：元朝大书法家赵孟頫（1254～1322年）寓居上海，在松江留下了《千字文》、前后《赤壁赋》等书法巨作，并开创了区别于唐宋画体的元代新画风；元代著名诗人王逢（1319～1388年）避居松江乌泥泾，著《梧溪集》七卷，记载了宋元之际的国事、人事，还创作了最早咏歌黄道婆的《黄道婆祠》；元末诗坛的领袖人物杨维桢在松江设馆授徒，门生众多，对松江文化产生了深远的影响；杨维桢的弟子陶宗仪（1329～约1417年）寓居于华亭泗泾之南村，著有《南村辍耕录》30卷、《说郛》100卷；元代松江府华亭县人夏庭芝著《青楼记》，记载杂剧、南戏、诸宫调女艺人110余人小传，为元代唯一专记戏曲艺人的著作[42]。当时，元末四大家中的黄公望、倪瓒、王蒙都被松江画坛所吸引，常来松江聚会、交流。

明代的上海，伴随着经济的高度发展，文化高度繁荣。作为江南"八府一州"[43]之一的松江府，大家云集。云间画派、云间书派、云间诗词名声在

外：董其昌、赵左、陈继儒、沈士充等引领云间画派，形成气韵生动、不重形似而重意境的画风；师法宋克，以章草书法为载体，由沈度、沈粲、陈璧、钱溥、钱博、张弼、张骏等明初书家及董其昌、莫如忠、莫是龙、陈继儒等明末大家组成的云间书派，独具法度精密、雍容婉丽的气度，其势头直逼吴门书派；以"云间三子"陈子龙、李雯、宋徵舆为主要代表人物的云间诗派、词派荡涤了当时流行的纤弱卑靡之风，倡导雅正、回归晚唐北宋的传统，影响波及明末清初五十多年。元代杨维桢所编的《云间竹枝词》则开创了以竹枝词的形式描绘上海风俗、景物的先河，并催生了数量高达众多的流传于民间的竹枝词。

明代的上海还出现了著名的徐光启[44]，这是一位对近代中国科技发展做出杰出贡献的学者、政治家。徐光启中西兼学，精通农业、军事、天文、数学，既著有《农政全书》60卷、《崇祯历书》100卷、《毛诗六贴》6卷、《兵事疱言》、《兵事或问》、《考工记解》、《农遗杂疏》等，还与西方传教士利玛窦合作翻译了《几何原本》6卷，并著有《测量法义》1卷、《测量异同》1卷、《勾股义》1卷、《五维表》10卷等，成为中国近代的科学先驱。 徐光启又是一位笃信天主教的信徒，他催生了上海最早的天主堂。明代范濂编撰的《云间据目钞》、吴履震所著的《五茸志逸》，以客观的角度翔实地记录了当时松江的风土人情。其中《云间据目钞》分人物、风俗、祥异、赋役、土木五卷，详细描述了上海的商业、手工业及丰富的城市生活。

被列为国家非物质文化遗产的"顾绣"[45]也起源于明嘉靖年间上海县老城厢的"露香园"。相传露香园主人顾明世家的数位女眷缪氏、韩希孟、顾玉兰精于刺绣，所绣人物、山水、花鸟气韵生动、驰誉江南，被称为顾绣。顾绣融画理、绣技于一体，集针法之大成，有齐针、铺针、接针、戗针、钉金、套针、刻鳞针等，充分体现了山水人物、虫鱼花鸟等原物的天然色彩。崇祯七年（1634年），韩希孟以宋、元名画为蓝本，摹临刺绣，成八幅方册，今

藏于北京故宫博物院[46]。其中《洗马图》仿赵孟頫风格，《女后图》仿宋画风格，《米画山水图》仿米芾笔法，《花溪渔隐图》仿元代王蒙笔法，其真切几可与画乱真。

清代，松江出现了顾大申、改琦、胡公寿、张照、徐璋等书画名家，其中顾大申著有《画尘》8卷、《诗原》五集15卷，还创建了醉白池，徐璋留下了《云间邦彦画像》。松江人陆锡熊作为三大总纂官之一，参加了清朝最重大的文化盛事——《四库全书》的编纂工作。曾经担任《申报》编辑的晚清松江文人韩邦庆还创作了用苏州方言写成的长篇小说《海上花列传》。清代记述上海历史物事的典籍中，除了历代志书以外，著名学者诸华编撰的《沪城备考》（又名《泽国纪闻》、《上海志备考》）非常精到。该书共六卷，对《乾隆上海县志》中的许多疏漏、错误进行了完善。此外，记述上海城乡各层次生活的书籍也层出不穷：毛祥麟的《墨余录》[47]、王韬的《瀛壖杂志》[48]、葛元煦的《沪游杂记》[49]从各个侧面复原了当时的历史场景。

19世纪末以来，上海发达的出版印刷业催生了大量的图书、报刊。《申报》、《点石斋画报》、《飞影阁画报》、《图画日报》、《书画谱报》、《寰瀛画报》等报刊登载了大量上海早期城市风貌的图像和文献，吴友如绘《申江胜景图》[50]、《淞南梦影图录》、《申江百咏》、《申江时下胜景图说》等图录、图说类书籍记录了大量具历史写真意义的城市建筑图像。

按照熊月之先生的归纳[51]，古代上海地区的文化大致可分为吴越文化和江南文化两个阶段，其时间分界点是六朝，即六朝以前为吴越文化，六朝以后为江南文化。吴越文化古朴、刚野，江南文化柔雅、细腻，其中江南文化混杂了吴越文化和中原文化的某些成分。

其实，上海文化先天就有一种混杂、包容的渊源。太湖流域的本土农耕文明与由航运商贸带来的外来文明掺杂在一起，造就了"海派文化"的基本特征——传统的中国儒家文化、精明的商侩习气、开明的外来文明可以多元并存，平等、务实、开明

的风气促进了新技术、新知识的引进，催生了工商业文明与市民文化的萌芽。

开放、混杂、自由、敢于尝新的社会文化使"海派文明"逐渐成形，并培育出典型的上海建筑文化：讲求实际、精打细算、形式自由，敢于创新，并表现出对环境与生活的理解和尊重[52]。

第二节　上海古建筑的分类

上海地区的建筑文化是从住宅发端的。从崧泽遗址中的古村落，到繁花似锦的明清松江府、黄浦江边的上海老城厢，住宅建筑是最为重要的一种建筑类型；与住宅建筑联系较为密切的另一种建筑类型为园林建筑。古代上海的文人、士绅同江南地区的雅士一样爱好筑园、逸居，因此私家园林极为繁荣；由住宅、园林集聚就形成了村落、城镇，于是就有了青龙镇、松江镇、上海镇及后来的上海县老城厢、松江府城等地繁华；有了人口的集聚，自然需要相应的公共建筑，于是衙门、文庙（孔庙）、城隍庙、寺庙、学宫等建筑等应运而生。府衙、县衙、文庙（孔庙）建筑有严格的形制约束，寺庙建筑一般比较考究、精美，学宫建筑比较自由，可与私宅相结合，也可与坛庙祠堂相结合。当然，许多邑庙、寺院也会有自家的园林，以供香客游赏；由于地理位置的优越，古代上海的商贸发展较为迅速，各地来沪的人士日益增多，于是以同乡组织、行业商会为主体的会馆公所大量出现。同时商业繁荣也催生了茶馆、戏楼[53]、商铺等商业建筑的繁衍；城镇繁荣到了一定的规模，就有筑城围护的需要——古代上海县、金山、宝山、川沙、南汇等许多城镇均有城垣所护；因地处江南水网地带，古代上海有数量可观的古代桥梁和控制水系洪涝的水闸等水利设施；此外，名人墓葬、文物遗址也是各地古建筑不可或缺的一个组成部分。

因此，古代上海的建筑种类是比较丰富的，除了没有高规格的皇室建筑以外，其他诸如民居宅邸、宫观寺塔、坛庙祠堂、文庙学宫、园林水榭、城垣

桥梁、会馆公所、堤坝渠堰、池塘井泉及古墓葬等应有尽有。除此以外，一些具其外来文化特征的建筑类型如清真寺、天主教堂、基督教堂等也屡有出现。可惜的是，因为城市发展及历代战事的破坏，留存至今的古建筑已数量寥寥，许多种类的古建筑几近绝迹。

现存的上海古建筑中，尚有宗教建筑、居住建筑、园林建筑、坛庙祠堂、文庙学宫、桥梁水闸海塘、遗址墓葬及村镇城厢等较成体系，其余如城垣、会馆、照壁等较为零星。有关各类型古建筑的整体状况梳理如下：

1. 城镇、城厢

上海地区现代可考的最早村落为崧泽古村，距今已有6000年历史。它是伴随着上海崧泽古文化遗址的发掘而浮现出来的。

上海的市镇始于唐代的青龙镇，萌发于宋元，臻盛于明清。到清后期，上海地区有市镇276个。其中有港口重镇如青龙镇、上海镇、黄姚镇，盐业巨镇如川沙镇、下沙镇、奉城镇等，纱棉业名埠如乌泥泾镇、南翔镇、罗店镇、七宝镇、朱泾镇等，米市如朱家角镇等。现古镇格局保留较好的有枫泾镇、朱家角镇、新场镇、南翔镇、川沙镇、七宝镇等。

2. 宗教建筑

宗教建筑历来是各建筑类型中形制较为考究、装饰较为精美的一种建筑形式。

相传三国时期上海就有了佛教寺庙。建于元代的"真如寺大殿"是上海现存最古老的木结构大殿；"松江唐经幢"是上海地区现存最古老的地面文物，也是全国唐代经幢中最完整和高大的一座；青浦泖塔是中国最古老的人工灯塔之一，于1997年入选国际航标协会100座最古老的"世界历史文物灯塔"；上海现存最高的古塔为高达46.5米的松江西林塔。

唐代上海就有了道教宫观。相比佛教建筑，上海历史上有影响的道教建筑要少很多，留存至今的道教古建筑也较少。钦赐仰殿、大境关帝庙、海上白云观等古代道教建筑中，前两者创建于明代，但

三者现存古建筑均建于清代晚期。

伊斯兰教传入上海始于元末。元至正年间（1341～1367年），上海第一座清真寺"松江真教寺"创立，它与我国泉州的清真寺同为中国留存最古的伊斯兰建筑。上海早期的清真寺建筑多为中国传统建筑形式与阿拉伯建筑形式的混合。

天主教传入上海始于明代。明崇祯十三年（1640年），上海第一座向公众开放的天主教堂"敬一堂"在潘恩旧宅世春堂诞生，这也是江南地区的第一座天主教堂；上海现存最早的基督新教的教堂是创建于清道光二十七年（1847年）的圣三一堂（Holy Trinity Church）。

3. 居住建筑

上海地区历史上的官绅大宅数量并不很多，留存至今的更是寥寥无几。完整保留下来的品官宅第几乎没有，有主体（或部分）遗存的有兰瑞堂、葆素堂、雕花厅、王冶山宅、书隐楼、南春华堂等。

一些普通民居的保存状况更为堪忧，且数量有急剧下降之势。

4. 园林建筑

创建于南北朝时期的"读书堆"是上海境内有文字记载的最早的私家宅邸园林。

现存的上海古园林中，秋霞圃、古猗园、豫园等均建于明代；汇龙潭源于嘉定孔庙，原为孔庙的一部分，故也成园较早；醉白池、曲水园、颐园皆为清代园林。其中秋霞圃、古猗园、豫园、醉白池、曲水园被誉为现存古园林中的"五大名园"。

5. 坛庙祠堂

上海境内虽无皇家坛庙、大型宗祠，但一般坛庙（城隍庙）、祠堂的分布也比较丰富。因临海，上海历代有天后宫（天妃宫），以保佑航海、捕鱼安全。徐光启、黄道婆、陈化成是上海境内的名人先贤，历史上的徐光启祠、先棉祠都已湮灭，仅余黄母祠、陈化成祠，其中的黄母祠也非古建筑，为20世纪90年代新建。

6. 文庙（学宫）、书院及藏书楼

上海地区最早的学堂为"古修堂"，是当时的

镇学。上海各处的县学、学宫多随文庙而建，现仅剩上海文庙、嘉定孔庙、宝山孔庙、崇明学宫、南汇学宫等5处有建筑遗存。与县学、学宫并举的教育场所还有书院、民间的义塾等。仅有的古代书院遗存为敬业书院的初创地"世春堂"（也是上海最早的天主堂"敬一堂"所在地），位于现安亭中学内的震川书院尚遗存数块石碑、古树及部分园林。

7. 桥梁、水闸及海塘

作为地处江南水网地带的商贸城镇，上海历代的古桥数量也比较可观，因此存留至今的古桥数量也不少，许多遗留至今的古桥，现在还可通行。上海现存的古桥中，建于宋代的有松江镇的望仙桥、金泽镇的普济桥（圣堂桥）、万安桥，吕巷镇的寿带桥（油车桥）、玉秀桥（观音桥）等，其中现位于松江方塔园内的望仙桥是上海地区最古老的桥梁。建于元代的桥梁计有金泽镇的迎祥桥、林老桥、如意桥，练塘镇的顺德桥、余庆桥，徐泾镇的香花桥，车墩镇的东、西杨家桥等，本书拮取较为典型的迎祥桥、顺德桥予以介绍。建于明代的古桥数量较多，本书仅收录松江的云间第一桥（跨塘桥）、大仓桥，青浦朱家角镇的放生桥、闵行七宝镇的蒲汇塘桥等，其中始建于明隆庆五年（1517年）的朱家角放生桥，为五孔拱桥，是上海最长的石桥。

上海境内遗存的古代水闸、海塘遗址凤毛麟角。上海志丹苑元代水闸遗址是国内保存最完整的元代水闸遗址，在中国古代水利建设史中具有重要地位；上海现存的古代海塘多位于浦东的南汇、奉贤等地，本书对奉贤的"华亭海塘"有所介绍。

8. 遗址及墓葬

上海现有古文化遗址30余处，除了1935年被发现的戚家墩古文化遗址外，它们中的绝大部分被发现于二十世纪五六十年代。上述古文化遗址的发现、挖掘，把上海地区的文明历史前推到了距今6000年前，诞生了"崧泽文化"、"马桥文化"、"广富林文化"这三个考古命名，完善了上海地区史前文化谱系，为长江三角洲地区史前文化体系的构建提供了重要的线索。

上海地区具文物价值的古代墓葬计有徐光启墓、黄道婆墓、唐一岑墓、夏允彝、夏完淳父子墓、陈子龙墓及黄淳耀墓等，其中原墓园建筑、牌坊、墓碑等多已不存，现今所见的墓园附属设施均为近、现代后人所新建。

9. 其他

上海的城墙出现较晚。明嘉靖三十二年（1553年），在上海县的城区周围建起了第一座城墙。随着经济实力的发展，县城周边的区域也陆续有了城墙的建设。至今仅留有南市地区大境阁城墙、川沙城墙、老宝山城等处。上海的会馆公所建筑原有较多，现仅存商船会馆、迁建的沪南钱业公所及仅有片段遗存的四明公所。松江砖刻照壁原位于松江城隍庙山门前，建于明代，为上海现存最古老、最完好的大型砖雕。位于松江的"云间第一楼"原为松江府署外的谯楼，现存建筑重建于近年。

第三节　上海古建筑的技艺特征

古代上海地区在较长的时期内分别属于吴郡、平江府，它们的治所都是吴县（今苏州）；即使到了明清以后，上海与苏州的区域范围还多有交叠[54]。因此，上海在历史上受苏州地域文化的辐射较多，在建筑技艺上自然受苏州香山帮建筑技术的影响较深。

香山帮是中国历史上一个重要的传统建筑匠作流派，它的发源地位于太湖之滨的苏州胥口香山，起始于春秋战国时期，至今已有2500多年的历史。早期的香山匠人以木工、泥水工为主体，木雕、砖雕工作多由木匠、泥水匠兼任。明清以后，随着建筑风格日益复杂精细，香山帮匠人分工也越来越细，形成了集木作、泥水作、砖雕、木雕、石雕、彩绘油漆等诸工种匠为一体的庞大群体，并获得了"江南木工巧匠皆出于香山"的美誉。作为江南地区最重要的建筑流派，香山帮的活动范围并不局限于苏州城，而是辐射到了环太湖流域的江南"八府一州"，并曾对中国其他地方的传统建筑产生了重要的影响。如历史上的香山帮大匠蒯祥就曾在明成祖朱棣迁都北京的过程中大显身手，参与紫禁城三大殿、天安门等重要建筑的营造。中国园林史上的两部经典著作《园冶》、《长物志》均与香山帮有着密不可分的关系。《园冶》的作者计成是苏州同里人，也是当时著名的造园大师；《长物志》的作者文震亨是苏州人，吴门画派领袖文征明的曾孙，也是精于园林内部装修和陈设布置的文人。晚清出生的香山帮匠人姚承祖编著的《营造法原》则是记述江南地区古建筑营造做法的专著。该书系统阐述了江南传统建筑的形制、构建、配料、工限等内容，并兼顾江南园林的布局和构造，堪称经典。

香山帮进入上海的时间较早。唐天宝十年（公元751年）上海有了最早的镇治青龙镇。作为当时东南重郡苏州的外港，青龙镇是商船往来苏州的必经之地，吸引了苏州地区各阶层人士的进入，自然也引进了苏州的建筑工匠。明代以后，香山帮进入兴盛期，上海也出现了大量体现香山帮营建技艺的高质量园林，如豫园、露香园、日涉园、后乐园等。上海开埠以后，由于上海建筑需求量的上升，香山帮在上海的建筑活动日趋增多。另一方面，由于清末太平天国运动兴起，为躲避战火而离开苏州进入上海谋生的香山帮工匠也越来越多。现留存于松江方塔园内的天后宫（原建于河南路）就是开埠以后香山帮在上海实施的代表建筑。

古建筑的主要存在形式为中国传统式，少量呈中西混合式，甚至是西方古典式。由于地理位置、行政隶属关系衍变的原因，上海的中式古建筑中体现苏州香山帮工匠营建技艺的苏派建筑数量最多，当然，由于商贸流通的缘故，定居于上海的各地商客也会带来各自家乡的建筑形式，因此浙派、徽派及闽派传统建筑在古代上海也有所出现。例如，从上海古民居中，我们既能看到流行于江浙的平出马头墙形式，还能看到起翘的马头墙，甚至与福建民居形式相接近的观音兜式样。

当然，古代上海的建筑工匠除了来自江苏的香山帮以外，还有来自浙江宁波的"宁波帮"、上海本地的"本帮"工匠。相较于香山帮专注于中式传统建筑及古典园林营建项目的做法，宁波帮、本帮的匠人则大胆吸收西方现代营造技术，在清后期还建造了大量西式或中西融合风格的建筑。

一、上海古建筑的形制

中国古代佛塔共有楼阁式塔、密檐塔、喇嘛塔、金刚宝座塔、单层塔等五种基本形制。其中密檐塔多位于宋以前的蒙、晋、冀等北方地区，喇嘛塔、金刚宝座塔多位于受藏传佛教影响下的甘肃、河西走廊地区及元、明、清以后的北方地区。上海地处江南区域，主要传播禅宗、净土宗、天台宗等，受藏传佛教的影响甚微，因此其古塔全部为楼阁式塔，没有密檐塔、喇嘛塔、金刚宝座塔等形式，其平面也多为方形、八边形。

上海现有遗存的重要佛塔13座，其中方塔6座，八角形塔7座。按照现存塔体的营建时间为序，它们中的方塔是：建于北宋熙宁、元祐年间（1068～1093年）的松江兴圣教寺塔，建于北宋的李塔，建于明洪武十三年（1380年）的金山华严塔，建于明天顺年间（1457～1464年）的泖塔，建于明万历三十六年（1608年）的嘉定法华塔和建于清乾隆三十九年（1774年）的万寿塔；八角形塔是：建于五代至北宋初年（公元907～960年）的南翔寺双塔，建于北宋太平兴国二年（公元977年）的龙华塔，建于北宋太平兴国年间（公元976～983年）的秀道者塔，建于北宋庆历年间（1041～1048年）的青龙塔，建于南宋淳祐五年（1245年）的松江护珠塔及建于明洪武二十年（1387年）的松江西林塔。

在中国古代，厅堂开间数与屋顶造型反映出建筑的等级，其中，只有高级别建筑才能以九开间与庑殿、歇山顶为形制，一般的品官宅第轻易不敢用歇山顶，以免有僭越之罪。而在古代上海，明清大宅中却屡见歇山顶，甚至在松江的四乡村宅中还出现了面宽九间、正脊高高升起的庑殿顶建筑。这种不受礼制束缚的现象一方面体现了上海的偏远、开放与自由，另一方面也反映出一定的内在功能需求，如古代上海地处沿海，经常遭受台风袭击，歇山、庑殿这二种屋顶形式抗风能力较强。

上海古民居在开间面阔上采用"发"、"豁"（椽数）为模数，进深上以"路"（立帖式构造柱头数）为模数，平面灵活，施工备料简单，构造合理。由于经济发达，人口增长速度较快，上海地区的人们在建造宅第时多注意节约用地，因此其内院（天井）多高而深，周围建筑常为两层。这种窄而高的小"天井"具有很高的采光、通风效率，对于夏季气候闷热、冬季气候寒冷的江南区域具有较好的自然调节作用。

二、上海古建筑的结构特征

平面形式与建筑的结构性能是密切相关的。对于高耸的古塔而言，人们逐渐认识到，接近圆形的八角形平面要比方塔的方形平面更合理：八角形平面的角度平缓，角尖处的集中应力为减小，有利于抵抗水平向的风荷载，且每边塔壁对地基的压力传递也更均匀，增强了塔基的抗压、抗震性能。因此总的来说，方塔多为唐及五代以前的古塔，或建于唐塔旧址上的复建，八边形塔多为宋以后的古塔。

在剖面形态上，上海地区的古塔（不含实心古塔）皆为单层砖砌筒体，没有出现过类似苏州虎丘塔、杭州六和塔所采用的双套筒结构。为了增强塔身的整体性，提升抗震能力，减弱塔身开洞对塔体结构均匀连续性的影响，许多上海古塔采用每层窗（或龛）的方位交替转换的方法，使相邻两层之开洞位置错开，避免在同一纵剖面上强度削弱过多，如龙华塔、青龙塔、护珠塔、秀道者塔等。

一般民居建筑的承重多由山墙及木柱承重，其木柱基础多以清水三和土、灰浆三和土为垫层，上置磉皮石柱础及圆形（获鼓形）石墩。上部梁架系统可为抬梁式、穿斗式或抬梁穿斗混合式。

面对软土地基，上海古建筑常有一些独特的处理方法。如真如寺大殿的基础采用黄土、铁渣混合夯筑的垫层，龙华塔的塔基采用木桩，桩与桩之间满铺石子三合土。

上海古建筑中还有一些结构与造型结合完美的例子。如上海文庙魁星阁的木结构独特完美，金泽迎祥桥的六柱五孔梁架形式是"连续简支梁"，且其石梁与青砖桥面的构造结合精巧，形态优美。

三、上海古建筑的构造特征

"砖"和"木"配合是上海古建筑的一个重要特征。

如上海的古塔多为"砖体木檐"。砖砌的塔身坚固、耐久，但是江南地区雨水的冲刷，对以黄泥灰浆为黏结材料的砖塔是个威胁。为了降低这种影响，在塔身上建构木结构的腰檐是个合理的措施。

在明清期间的上海，因人口增多，建筑密度较高，民居建筑山墙往往以砖代木，且采用防火性能强于悬山屋顶的硬山风火山墙形式。到了晚清，许多民居采用砖木混合及硬山搁檩的手法，以便排列成排成组的里弄建筑。

上海古建筑的厅堂多以山墙、木柱承重，木柱下有石柱墩，承重墙下有条石基础，以防木柱脚、墙体受潮。建筑的非承重分间墙，则多用半砖墙，直接筑于碎砖或三和土（由碎砖、石灰、黄砂组成）基础之上。正屋一般所用立帖为5柱、7柱落地，厅堂地坪常铺方砖，院落铺地常用条石、青砖。有些农舍偏房小屋出于就地取材与节省费用的缘故，墙面采用芦苇编制。

第四节 上海古建筑的分布

上海现在遗存的古建筑数量可能是全国各省份中最少的。由于海岸线的变化、历代战事的破坏、开埠以后高强度的城市建设、"文化大革命"的冲击，上海界域内留存下来的古建筑数量很少，其中完整保留、形态完好的更为稀缺。

唐天宝十年（751年）华亭县设立，如果我们大致把这个时间作为一个分界线，我们可以发现在上海地界内，唐中叶以前的地上建筑都已湮灭，仅存考古发掘再现的古文化遗址，如福泉山古文化遗址、崧泽古文化遗址、广富林古文化遗址等。它们大多位于古冈身以西，是距今约3000年以前的马家浜文化、崧泽文化、良渚文化、马桥文化、吴越文化的遗址。

上海现存的唐、宋古建筑数量寥寥无几，多为石塔（砖塔）、石经幢、石桥等，主要位于松江、青浦、嘉定等区，较少位于线市区范围。其中，唐代古建筑有青龙塔、泖塔、松江唐经幢、南翔唐经幢等，宋代古建筑有龙华塔、兴圣教寺塔、李塔、秀道者塔、护珠塔、松江西林塔、南翔寺双塔、嘉定万佛塔、

青浦金泽的普济桥、万安桥、松江的望仙桥、金山的寿带桥等。

元代留存的上海古建筑数量也很稀少，它们是真如寺大殿、松江清真寺（窑殿、邦克楼）、青浦金泽的迎祥桥、练塘的顺德桥、志丹苑代水闸等。它们之中除了迎祥桥、顺德桥为石构的桥梁以外，开始出现了木构的殿堂建筑（真如寺大殿）及土木石材混用的水利设施（志丹苑代水闸），其位置也多位于松江、嘉定、青浦地区及古吴淞江沿岸。

明清以后留存的上海古建筑数量相对较多，集中分布在松江老城厢、上海老城厢，其他如青浦、嘉定、浦东、金山等地也有零星古建筑。

注释

① 北宋朱长文撰《吴郡图经续记》中曾有："濒海之地，冈阜相属，谓之冈身"。冈身，即指由波浪和潮涌冲积而成的沙堤地带，其下常埋由密集的贝壳等物。上海古冈身贯穿嘉定方泰、闵行马桥、奉贤新寺、金山漕泾，其走向也大致勾勒出了上海地区最早的海岸线。

② 参见：赵冰.长江流域：上海城市空间营造[J].华中建筑，2012，30（1）：198.

③ 参见：何惠明，欧粤.明清松江府[M].上海：上海辞书出版社，2010.1.

④ 清嘉庆《松江府志》载："府境诸山自杭天目而来，累累然隐起平畴间。长谷以东，通波以西，望之如列宿。排障东南，涵浸沧海，烟涛空翠，亦各极其趣焉。而九峰之名特著。"

⑤ 《尚书·禹贡》记载："三江既入，震泽底定"，其中"震泽"即为太湖，"三江"即为娄江、松江、东江。

⑥ 松江即为后称的"吴淞江"，东江后来改道成为"黄浦江"，娄江为今浏河的前身。

⑦ 张姚俊.老上海城记·河与桥的故事[M].上海：上海锦绣文章出版社，2010.83.

⑧ 北宋郏亶（1038—1103年）所著《水利书》记载："松

江之南，大浦十八，有上海、下海两浦"。

⑨ "三泖"即指历史上的松郡三泖，据位置可分为上泖、中泖、下泖，根据形状可把上、中、下三泖依次称为长泖、大泖、圆泖。

⑩ 参见：熊月之.上海通史·第一卷，导论[M].上海：上海人民出版社，1999.7-9.

⑪ 《吴越备史》中有：三国吴主皓（264—280年）时"华亭谷极东南，有金山咸潮塘，风激重潮，海水为害"。其中的咸潮塘即为海塘。

⑫ 后来老护塘逐渐演变成一条贯穿浦东东部地区的南北交通要道，每隔几里便形成一座大小不等的集镇。在浦东新区境内的老护塘沿线，从北至南有徐路、顾路、曹路、龚路、大湾、小湾、车门、护塘街、十一墩、六团湾（湾镇）等集镇。

⑬ 外捍海塘于明万历十三年（1585年）竣工，与老护塘一样呈南北走向，长9250丈，顶宽2丈高1丈7尺。

⑭ 苗金堂.上海地区古代治水简述[J].上海水利，1995，01：21-23.

⑮ 范家浜又名万家河，为今黄浦江从外白渡桥至复兴岛一段江面。

⑯ 明隆庆三年（1569年），海瑞整治吴淞江和黄浦流域，

将吴淞江自黄渡至宋家桥（今福建路桥附近）的八十里河道由原宽三十丈缩减至十五丈，河床底部宽七丈五尺，使吴淞江下游呈现出今天看到的流向。

⑰ 指当时的吴淞江下游区域

⑱ 南朝顾野王《舆地志》中有："插竹列海中，以绳编之，向岸张两翼，潮上而没，潮落而出，鱼蟹随潮碍竹不得去，名之曰扈"。

⑲ 渎：指水网稠密的地带

⑳ 南朝梁简文帝的《吴郡石像碑记》记载："松江之下，号曰扈渎"。

㉑ 参见：陈伯海. 上海文化通史（上卷）[M]. 上海：上海文艺出版社，2001.8-9.

㉒ 北宋熙宁十年（1077年），在秀州十七处酒务中，有"上海务"（"务"是一个管理贸易和税收的机构）。

㉓ 南宋咸淳年间（1265-1274年），上海市舶提举分司设立。

㉔ 参见：罗小未. 上海建筑风格与上海文化 [J]. 建筑学报，1989，（10）：8.

㉕ 熊月之. 上海通史·第一卷，导论 [M]. 上海：上海人民出版社，1999.270.

㉖ 数据引自《大清会典》，《户部关税》乾隆十八年奏销册。

㉗ 嘉庆《上海县志》记载："闽、广、辽沈之货，鳞萃羽集，远及西洋暹罗之舟，岁亦间至，地大物博，号称繁剧，诚江海之通津，东南之都会。"

㉘ 参见：陈伯海. 上海文化通史（上卷）[M]. 上海：上海文艺出版社，2001.11-13.

㉙ 参见：裴昔司（葡）著，孙川华译. 晚清上海史 [M]. 上海：上海社会科学院出版社，2012.24.

㉚ 参见：裴昔司（葡）著，孙川华译. 晚清上海史 [M]. 上海：上海社会科学院出版社，2012.30.

㉛ 上海特别市成立后，便和上海县划分界限，上海县划归江苏省管辖。

㉜ 周振鹤. 上海历史地图集 [M]. 上海：上海人民出版社，1999. 前言.

㉝ 从广富林遗址出土陶器的陶质、型制及纹饰判断，广富林文化来自于新石器后期河南、山东、安徽交界处

的王油坊文化（也称河南龙山文化）。

㉞ 据统计，春秋战国时期，儒、道、法、名、阴阳五家，共有代表人物124人，其中鲁国最多，达46人，其次是齐、楚、魏、卫，各有10-18人不等。今上海地区所属的吴国仅有2人，仅占总数的1.61%（参见：熊月之. 上海通史·第一卷，导论 [M]. 上海：上海人民出版社，1999.11.）。

㉟ 由陆机所著，其中《文赋》是我国最早的文学理论著作之一。

㊱ 由陆机所书，是草书精品，现被当作国宝级文物。

㊲ 由陆云所书，后被收入《淳化阁法帖》。

㊳ 从北宋到南宋的200多年时间里，松江考中进士的有148人，其中1人是状元（参见《明清松江府》第16页，上海：上海辞书出版社，2010.）

㊴ 《华亭百咏》编作于宋淳熙年间（1174-1189年），作者许尚，号和光老人，为华亭人。

㊵ 《四库全书提要》对《华亭百咏》评价说："所注虽简略，而其事在五、六百年之前，旧迹犹未湮灭，方隅之所在，名目之所由，亦足备至乘之参考"

㊶ 《云间志》，亦称《绍熙云间志》，是一本著名的、专门记载南宋及较早时期今上海淞南地区地名的地方志，因编次的年份在南宋绍熙四年（1193年）而得名。

㊷ 参见《明清松江府》第16-18页，上海：上海辞书出版社，2010.

㊸ "八府一州"是指明清时期的苏州、松江、常州、镇江、应天（江宁）、杭州、嘉兴、湖州八府及从苏州府辖区划出来的太仓州。

㊹ 徐光启（1562-1633年），字子先，号玄扈，教名保禄，祖籍苏州，出生于上海老城厢。明万历年间进士，后结识郭居静、利玛窦等意大利传教士，精通西学，笃信天主教。崇祯元年（1628年）任礼部尚书，后又兼文渊阁大学士。

㊺ 顾绣又被称为"画绣"，是中国传统绘画与刺绣的有机结合。2006年，顾绣被列入中国第一批非物质文化名录，居众绣之首。

㊻ 即故宫博物院收藏的《顾绣宋元名迹册》。

㊼ 《墨余录》出版于同治庚午年（1870年），共十六卷

八册，其内容涉及清道光、咸丰、同治年间苏松地区的政治、经济、文化教育、社会风俗等各方面情况。

㊽ 《瀛壖杂志》为清代上海风土掌故杂记，共六卷：卷一，讲述地理、城镇、河道、商贸、时令、物产等事项；卷二，描绘饮食、田赋、海运、仓储、海关、书院、寺观及园林等方面；卷三、四、五，多为人物逸闻；卷六，谈沪上风俗变迁及中西通商后之新奇事物。

㊾ 葛元煦（字理斋，号啸翁、啸园主人）写成于1876年（1877年出版）。全书共分四卷，前两卷记述上海风俗人情、名胜特产，卷三辑录了以沪上风物为题材的诗词歌赋，卷四罗列了一些供旅游者知晓的信息，如船票信息、客栈、会馆、同业公所、商号地址、戏院剧目等。

㊿ 上海点石斋印行于1884年，分上、下两卷，共62图。

51 参见：熊月之．上海通史·第一卷，导论［M］．上海：上海人民出版社，1999.53-60.

52 参见：罗小未．上海建筑风格与上海文化［J］．建筑学报，1989，（10）：7.

53 清末期，上海有位于南市四牌楼附近的三雅园、位于法租界石路南靖远街的"满庭芳"、位于五马路宝善街的"丹桂茶园"等。

54 现今上海的松江在宋元时期为平江府（今苏州市）辖区，明清时才升格为与苏州府平级的松江府；现今上海的嘉定、青浦在明清时期仍属苏州府。

上海古建筑

上海古建筑

第二章　古村镇与老城厢

上海村镇与城厢分布图

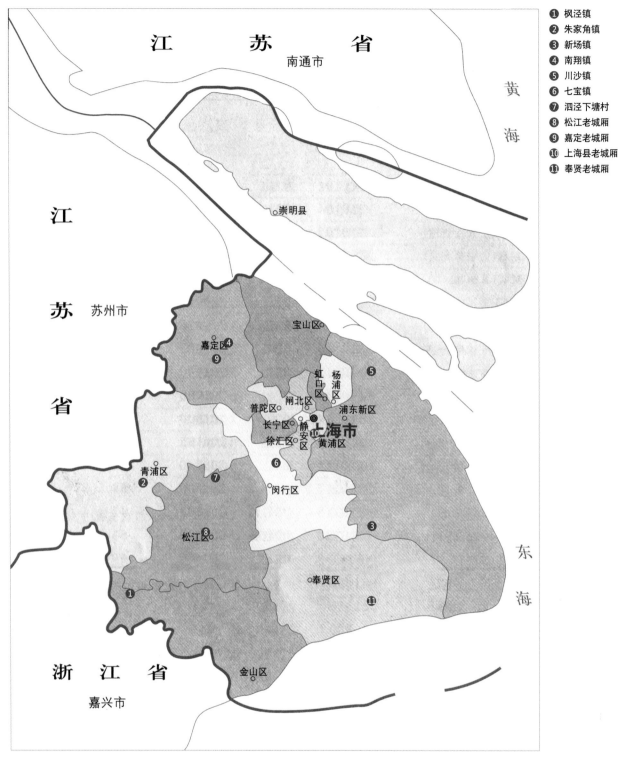

江 苏 省

南通市

黄 海

崇明县

江
苏
省

苏州市

宝山区

嘉定区 ④
⑨

虹口区
杨浦区
⑤

普陀区
闸北区
浦东新区

长宁区
静安区
上海市
徐汇区
黄浦区 ⑩

青浦区
②
⑦

⑥

闵行区

松江区 ⑧ ⑧

③

奉贤区

东
海

①

⑪

浙 江 省

金山区

嘉兴市

❶ 枫泾镇
❷ 朱家角镇
❸ 新场镇
❹ 南翔镇
❺ 川沙镇
❻ 七宝镇
❼ 泗泾下塘村
❽ 松江老城厢
❾ 嘉定老城厢
❿ 上海县老城厢
⓫ 奉贤老城厢

（地图引自：中华人民共和国民政部编.中华人民共和国行政区划简册 2014.北京：中国地图出版社，2014.）

从6000多年前的新石器时代，上海就有了古村落的形态。近年来，考古学家已经陆续在上海的青浦、松江、闵行、奉贤、金山、浦东等区发现了30余处古文化遗址。其中年代最早的是青浦的崧泽遗址和福泉山遗址，它们均为距今约6000年的马家浜文化时期的古村落。到了距今约5000年崧泽文化时期，青浦的寺前村、松江的汤庙村、平原村等相继出现。与马家浜文化时期不同，崧泽文化时期的古人已经开始用犁耕代替锄耕。在距今约4000年的良渚文化时期，又有了马桥等古村落。总体上来看，这些古村落均属于长江下游文明体系，涵盖了马家浜文化、崧泽文化、良渚文化等筑时期，代表了新石器时代太湖地区的文明发展水平。

现在的崧泽村是青浦区赵巷镇下辖的一个行政村，古称"崧宅"、松泽，最早出现在《云间志》中，是一个"里"名。清王韬的《瀛壖杂志》中则记载，因有曾为晋左将军袁崧的宅第，故称"崧宅村"。后因该地为九峰与吴淞江间的泽地，故更名为"崧泽"。明中期以后，崧泽成为一个市镇的名字，其位置就在崧泽塘两岸，即今崧泽村。

1958年，村中发现了"崧泽古文化遗址"，后经5次考古挖掘，发现了处于新石器中期的马家浜文化遗存，把上海最早有人生存的历史推到了6000年前，因此"古崧泽村"又被称为"上海第一村"。古崧泽村里有"上海第一房"，它位于高起的土坡上，平面为圆形（直径为2.65米），外圈有柱洞15个，面积约5.5平方米，其形态类似直壁尖锥的古仓（图2-0-1），墙体以竹、木为立柱，外糊泥巴，屋顶用茅草覆盖如斗笠状向周围披下，内有可供烧火的灰坑。

上海地区最早出现的城池可能是南武城（也称"邬城"、"鸿城"），相传由吴王阖闾筑于春秋末期，其位置约在今闵行区纪王镇西南。秦汉时所设的海盐县，也在今上海金山区山阳镇甸山一带。数千年来，随着上海地区海岸线离开冈身线向东推进，可耕地的数量大量增加，大批从中原南迁的人口带来先进的农业技术和劳动力，促进了农业生产、手工

业的发展。魏晋南北朝时期，华亭地区出现了一些"僮仆成军，闭门为市，牛羊掩原隰，田池布千里"的庄园，这些庄园多具有一定的市集交易功能，但还不是完整意义上"市镇"。《据上海名镇志》的资料，南朝梁天监年间，前金县城设在今金山区金山卫南小官浦附近；南朝梁大同年间，昆山县城设在今松江区小昆山脚下；南朝梁太清年间，胥浦县城设在今金山区干巷镇西二里处。

唐宋时期，随着人口急剧增长和航运商业贸易兴起，早期的商业市镇开始出现。青龙镇是当时最负盛名的商贸航运重镇，它吸引了日本、新罗（古朝鲜）及中国江南诸重要城市的商船来此贸易，被称为当时的"小杭州"。青龙镇设立镇治后不久，华亭县治设立，其县城（即后来的松江府城）也马上成为上海地区的商业中心，呈"生齿繁阜，里闾日辟"之态。除了华亭县城、青龙镇、大盈镇等以外，设立于北宋初期的上海镇，也凭借着上海浦得天独厚的地理位置而迅速崛起，成为"江南重镇"。

青龙镇现名旧青浦镇，今属于上海青浦白鹤镇。在唐中叶至两宋之间盛极一时，是上海地区最早的对外贸易港口和商业重镇，直至明万历元年（1573年）青浦县城由青龙镇迁唐行镇，青龙镇衰落，其间历经800年的沧桑岁月。

唐天宝五年（746年），在吴淞江下游南岸建青龙镇，河口宽达20里，镇东临海水面更阔，为苏州及太湖流域出海通道，海船进江必经之地，因而

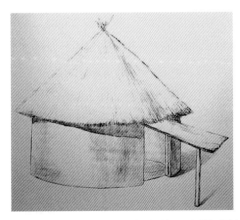

图2-0-1 "上海第一房"复原示意图（图片来源：周丽娟，翟杨，陆耀辉. 上海"第一人"上海"第一房"[J]. 上海文博，2004，（02）：40.）

成为上海地区最早的对外贸易集镇，并逐渐发展成太湖流域重要的转口贸易港和浙江沿海最早的外贸港口之一。

北宋淳化二年（991年），青龙镇正式建制，设水陆巡检司及镇将，后又增设文职官员。此时的青龙镇有坊三十六，桥二十二，商贸繁华，"海舶百货交集，梵宇亭台极其壮丽，龙舟嬉水冠江南，论者比之杭州"。

北宋之后，青龙港河道逐渐淤塞，水面变狭窄，航行困难。元末，由于海岸线东移，海口与青龙镇距离日远，吴淞江上游日益淤浅，下游日渐缩狭，往来海船已不能溯沪渎驶入青龙镇港口，元至正十六年（1356年）罢青龙市舶司。后来又屡经兵燹，尤以明嘉靖年间，倭寇入侵骚扰，破坏最重。青龙镇日渐萧条，丧失了贸易港口之利，终致衰落。自明末之后，青龙镇上名胜古迹已十不存一。现仅存青龙塔可以见证过去的辉煌。

上海地区的市镇，萌发于宋元，臻盛于明清。两宋上海地区市镇数目不少于20个，中央政府多在此设务，征收酒、盐、醋、河泊诸税。除去青龙、上海两镇之外，著名的还有泖口、嵩子、蟠龙、赵屯、大盈、白牛（枫泾）、浦东、柘湖、袁部、下沙、练祁（嘉定）、江湾、顾泾、黄姚、钱门塘等务。元代乌泥泾镇因黄道婆的纺织技术革新名闻遐迩。明清商品经济的飞速发展，促成市镇的大量涌现。

作为中国棉纺织历史上最有影响的村镇，乌泥泾镇在上海地区历史悠久，位于上海县城（今上海老城厢）西南二十六里。据记载乌泥泾镇是松江府最早种植棉花的地方，也是传说中元代纺织能手黄道婆的故乡，还可能是最早的漕粮海运起始港。然而，数百年前的繁盛之地，如今沧海桑田，已经消逝湮灭。

与许多市镇一样，乌泥泾镇发展有赖于水利建设。元泰定元年（1324年），水利专家、青龙镇人任仁发主持开浚乌泥泾，泰定三年（1326年）到至元年间的十多年里，见诸记载的修浚水利工程就达四次。由上述文献记载可知，乌泥泾镇至迟应在元初成镇。元至元二十八年（1291年）新设上海县，乌泥泾镇由华亭县划归上海县管辖。元代上海县共设巡检司（治安机构）5个，其中之一即是乌泥泾。明洪武六年（1373年），乌泥泾设有课税局，为上海县仅有的3个课税局，可见其地位之重要。

乌泥泾是松江府最早种植棉花的地方，而松江府又是江南最早植棉之处，因此乌泥泾在江南棉花种植历史上有着无可代替的地位。而乌泥泾的历史地位更多需要归功于元代黄道婆的智慧和贡献，她从崖州来到乌泥泾之前，当地纺织工具简陋，技术落后。黄道婆将少数民族的先进纺织工具和技术在乌泥泾传授，如制造捍、弹、纺、织工具，教以错纱、配色、综线、挈花之法，使得"崖州被"成为乌泥泾镇的特色产品，改称"乌泥泾被"而驰名天下。靠纺织为生的人家迅速增加，"三百里内外悉司其事"。明代松江府"绫布二物，衣被天下"，和苏州府东部一起，成为全国棉布业中心。

明嘉靖年间倭寇的焚掠，导致了乌泥泾镇的衰败，"昔称繁华，尽成瓦砾"。而地理变化，如河道淤浅则可能是乌泥泾镇最根本的衰败因素。加之乌泥泾地区有华泾市、长桥市等新的集市兴起，渐渐取代其重要位置。乌泥泾在数百年间，从绚烂归于寂静，渐渐淡出人们的视野，湮没于历史长河之中。

明代嘉靖、隆庆、万历年间和清代康熙、雍正、乾隆年间，是上海地区市镇发展的两个高速发展期。据不完全统计，上海地区（不含崇明岛）明末有市镇69个，清后期有276个。值得一提的是，不少明代设立的军事卫所也演化为市镇，如金山卫（金卫镇）、吴淞江千户所（宝山镇）、川沙堡（川沙镇）等。

上海城镇凝聚了历史的辉煌。上海古代的支柱产业——航运业、盐业、棉纺织业、粮食种植业，均有著名的典型市镇，港口重镇如青龙镇、上海镇、黄姚镇，盐业巨镇如川沙镇、下沙镇、奉城镇等，纱棉业名埠如乌泥泾镇、南翔镇、罗店镇、七宝镇、朱泾镇等，米市如朱家角镇等。历史上留下了许多有关于镇的民谣："金罗店、银南翔、铜江湾、铁大场，教化嘉定食娄塘"；"三泾不如一角"，"三泾"即枫泾、朱泾、泗泾，"一角"即朱家角……历史长河潮起潮落，尽管有的村镇消失了，如青龙镇、乌泥泾镇、法华镇等。然而，诸多留下来的村镇，沧桑千年，屡摧不衰，生机盎然。

第一节　古村镇

一、枫泾镇

枫泾镇属上海金山区，地处上海金山、松江、青浦和浙江嘉善、平湖的交界之地，为水陆交通枢纽。东北距松江城区 26 公里，西距浙江嘉兴市 27 公里，北距青浦城区 30 公里，离上海市中心 80 公里，是南方各省市进入上海的西南门户。全镇总面积 54.3 平方公里，古镇核心区面积 2.38 平方公里，是上海郊区最大集镇之一，2005 年入选第二批中国历史文化名镇。

枫泾成市于宋代，古名白牛村，北宋进士陈舜俞曾隐居于此，后人仰慕其清风亮节，改称清风泾。南宋嘉熙《华亭学田碑》记载始有"枫泾"之称谓，元至元十三年（1276 年）建白牛镇，明代正式改称枫泾镇。明宣德五年（1430 年）以界河分为南北两镇，南枫泾镇属今浙江省嘉善县，北枫泾镇辖江苏省松江县。1951 年南、北枫泾镇合并，归属上海松江县。

作为商业重镇，枫泾镇历史上是金山、嘉善、平湖、松江、青浦五县的重要通道和商贸交流中心。镇内河道稠密，水路交通十分便利，境内有面杖港、秀州塘、枫泾塘、潮里泾（申杭主杭道）、步石塘、范塘等通航能力 40 至 100 吨船舶的骨干河道，以及 100 余条镇、乡级大小河流，分别与大运河、黄浦江、太湖相通，可直接通往上海、苏州、嘉兴、杭州等城市（图 2-1-1）。

枫泾元代设白牛务，明洪武年间改为课税局，明清两代商贾汇集，集市兴盛，成为华亭县西部的

图 2-1-1　枫泾水乡风貌及临河商业长廊（徐极光摄）

图 2-1-2　枫泾三水相交河桥景观（宾慧中摄）

繁华之地。明清时期，松江府是全国棉纺织业基地，而枫泾又是松江府棉纺织业的中心要地。至清康熙初年，全镇仅经营土布的店肆就有几十家，染踹工匠达数百人之多。所产"枫泾布"，质地牢固，价廉物美，闻名江南数省，素有"买不完枫泾布，收不尽魏塘纱"之美誉。棉纺织业的发达带动了百业兴旺，据清代志书记录，有南北杂货、果品、银楼、典当、百货、茶馆、饭店等 300 多家，并形成枫泾流传至今的三大土特产：丁义兴的"枫泾丁蹄"、夏隆顺的"天香豆腐干"、戚协兴的"状元糕"。民国时期，受洋布冲击导致棉纺织业衰落，麸皮业渐居枫泾商贸首位，有米麸行 70 余家，年收糙米 40 万石、销麸皮 70 万担以上，以此带动茶坊酒肆、绸布、百货、银楼、南货、烟纸等老字号店铺及作坊，保持商业重镇之势（图 2-1-2）。

枫泾历史悠久，人文荟萃，曾有各类书院私塾。元朝人戴光远创建戴氏义塾；明正德十二年（1517 年），镇南栅白莲寺设科考学社；清同治七年（1868 年），里人陈宗德等创办枫溪书院；同治八年（1869 年），枫泾北镇城隍庙由许辰珠改建义塾，先后创办各类私塾 10 余所。科考方面，文运亨通，历经宋、明、清数代，出进士 53 人，文、武举人 121 人。其中，北宋进士陈舜俞[①]，与欧阳修、苏东坡、司马光等交往甚密，因不苟同王安石变法，熙宁五年（1072 年）弃官归隐于枫泾白牛村（今枫泾北庙港），著有《都官集》、《应制策论》、《庐山纪略》等；明代有工诗善画并任太医院御医的陈以诚；清代有状元蔡以台、内阁学士兼礼部侍郎谢墉。近代还有国画大师程十发、漫画家丁聪等等文化名流。

境域范围内寺观禅院众多：南栅道观，梁天监元年（公元 502 年）始建，是金山区最早的道观，据史志记载，唐贞观十九年（公元 645 年）太宗李世民赐"仁济道院"匾额；梧桐禅院，古称吴河庙，位于明星村境内，作为金山区最早的寺庙，相传始建于三国时期，明万历二十三年（1595年）重建，有前殿、后殿、禅房、僧舍等，每逢农历九月十五日梧桐庙会，置戏场于庙西的广福桥附近，朝拜进香者可达千余人，香火兴旺。可惜南栅道观、梧桐禅院与海慧寺、性觉寺等古刹名寺都毁于清咸丰十年(1860年)太平天国兵燹。1994年性觉寺得以重建。

枫泾镇有谚语"三步两座桥、一望十条港"，至晚清有桥梁52座之多，其中石拱桥10座，石梁桥12座，石板平桥17座，木桥13座。这些大大小小、形态多样的桥梁，为枫泾的交通运输和商贸发展起到了不可磨灭的重要作用，可惜古桥至今尚存其少，大都为近代重建。如致和桥，元致和元年（1328年）初建，东西跨镇南市河，为单孔石拱桥，长7.4米，宽约2米，造型古朴雄伟。明初桥西侧建玉虚观，俗名圣堂，又称圣堂桥；广福桥，在明星村西梧桐禅院附近，清嘉庆年间重建，为三孔石梁桥，桥孔各跨5米，全长30米，面宽2米，无栏杆。桥侧有"划开两浙三吴界，渡尽天涯海角人；虹饮斜泾上下潮，船迎古庙参差庐"的联句（图2-1-3）。

古镇共有街坊29处，巷弄84条。传统建筑沿北大街、中大街、南大街、桥湾弄、文中路、清风街，以及和平街、生产街、友好下塘街等沿线分布。北大街、和平街、生产街商业气氛浓郁，老字号店铺比比皆是。街道巷弄由一层、两层的粉墙黛瓦民居围合而成的，空间尺度亲切近人。这些建筑的另一侧通常濒临水系，闹中取静，环境优美，且大都有临河埠头。枫泾有不少至今保留完好的清代至民国大宅院，如位于和平街92号的大清邮局旧址（图2-1-4），位于新街弄的朱学范故居，位于和平街的程十发祖居等。水网密布的水乡格局给枫泾古镇带来饶有趣味的空间体验，河道与街道功能既相似又不同，水陆交通的双重便利使枫泾居民的生活颇具

图2-1-3 枫泾泰平桥（宾慧中摄）

图 2-1-4　枫泾大清邮局（徐极光摄）

水乡特色（图 2-1-5）。

二、朱家角镇

朱家角镇位于上海市青浦区中南部，淀山湖之东，离青浦镇 6 公里，距上海市中心 48 公里。镇区东起南港大桥，西临接秀桥，北滨大淀湖，南至沪青平公路，全境面积 47.4 平方公里，古镇核心区域 1.25 平方公里。朱家角是水墨意蕴浓厚的江南水乡名镇，水系发达，交通便捷，镇内河港交错，现存三十余座跨河桥。有漕港河、淀浦河、新塘港、南大港、淀山港、斜沥港等隶属于黄浦江的天然水系穿越而过，还有跃进河、朱泖河、朱昆河、朝阳河等人工河道萦绕，镇区水域面积 6.3 平方公里，占境域总面积的 13%。东部濒临的淀山湖，水域面积 62 平方公里，为朱家角镇提供了良好的自然环境景观，2007 年朱家角镇入选第三批中国历史文化名镇（图 2-1-6、图 2-1-7）。

图 2-1-5　枫泾小桥流水人家（徐极光摄）

图 2-1-6　朱家角水乡风貌（宾慧中摄）

图 2-1-7　粉墙黛瓦临水人家（宾慧中摄）

　　从淀山湖考古发现新石器时代至春秋战国时代的遗物中可知，该区域早在七千年前已经成陆。在唐以前分别隶属于由拳县、娄县、嘉兴县、信义县、昆山县；唐代分属于华亭县、昆山县；元代分属于华亭县、上海县、昆山县；明嘉靖年间，分属于青浦县、昆山县。于宋、元时期渐成小集镇，名朱家村；

明万历四十年（1612 年）集镇规模渐大，改名珠溪镇，又名珠街阁，俗称角里；清康熙五十二年（1713 年）改称珠里。因水运便捷，清末至民国年间已是商贸大镇，作为青浦县贸易中心，是百里乡镇的粮食农产品集散地。1954 年设朱家角镇，为青浦县直属镇（图 2-1-8、图 2-1-9）。

图 2-1-8　水网河道连通家家户户（宾慧中摄）

图 2-1-9　朱家角水域舳舻相接（宾慧中摄）

朱家角在明代中叶，因盛产棉布而著称。纺纱织布是家庭作坊的主业，农家"工纺织者十之九"。清代，镇上各种手工业店铺、作坊、工场林立，各具规模，成为商贸繁盛之地。宋如林在清嘉庆《珠里小志》序中描述道："今珠里为青溪一隅，烟火千家，北接昆山，南连谷水，其街衢绵亘，商贩交通，水木清华，文儒辈出……过是里者，群羡让耕、让畔之风犹古，而比户弦歌不辍也。虽高阳里、冠盖里媲美可也。"②至民国时期，朱家角米市极盛，青角薄稻米名闻遐迩，漕港两岸的米厂、米行、米店就有百多家。镇上商贾云集，人烟繁盛，以北大街、大新街、漕河街为商业中心，从一里桥元号油厂至东市街梢，街长三里多，店铺千余家，有"三泾（朱泾、枫泾、泗泾）不如一角"之誉（图 2-1-10）。

自成繁华市镇之后，朱家角文运昌盛、人才荟萃。明代就办有书院、义塾等，清代以后，兴建众多学堂。明、清两代共出进士 16 人、举人 40 余人。明嘉靖二十年（1514 年）进士陆树声，明神宗时拜为礼部尚书，晚年辞官返回角里，著有《平泉题跋》、《耄余杂识》、《长水日记》、《陆文定书》等。清代学者王昶、乾隆十九年（1754 年）进士，官至大理寺卿，都察院右副都御史。曾参与纂修《大清一统志》、《续三通》等，收罗商周铜器及历代碑刻拓本 1500 余种，编成《金石萃编》160 卷，至今尚在出版，影响深远。名医兼小说家陆士谔，著有《国医新话》、《士谔医话》、《医学指南》等书，被誉为沪上十大名医之一。他爱好广泛，一生创作题材广泛的通俗小说多达五六十部，如《新孽海花》、《清官演义》、《蕉窗雨话》、《冯婉贞》、《新中国》等。这里还有光绪帝后的专用御医陈莲舫、申报创始人报业大亨席裕福、《珠里小志》编纂者周郁滨、金石篆刻名家吴元亭等等名人士子，为后世留下丰富的历史文化遗产。

有不同类型的庙宇 20 多处，规模较大的有圆津禅院、报园寺、城隍庙等。圆津禅院初建于元至正年间（1341～1368 年），坐落于漕港河边，寺内塑有辰州圣母像，雕塑精美，又名"娘娘庙"。因典藏宋刻"妙法莲华经"，明文徵明手书"多心经"，董其昌等 32 人合写的"金刚经"，清梁同书的行书卷、王昶的著述等等，成为清代名刹，是文人墨客雅集之处。位于淀山湖畔的报园寺是上海玉佛寺的下院，始建于明代，明崇祯十三年（1640 年）重修后，佛事极盛，二三百年香火不断。朱家角城隍庙坐东朝西，正门面对市河，为青浦城隍的行宫，清乾隆二十八年（1763 年）迁入现址，大殿同时供奉着城隍老爷与夫人的塑像，在江南一带比较少见。旧时寺院整体呈园林式布局，亭台楼阁、假山水池组成"城隍庙十二胜景"，也是道教活动场所（图 2-1-11）。

朱家角镇整体街巷水网格局保存完好，古街、老树、流水、小桥，"开门便见河，出门要动橹"，呈现江南村镇的典型风貌。东西井亭港、南北市河、瑚琄港、祥凝浜、雪葭浜、圣堂浜、漕港等纵横交错的河道，由历代建造的 36 座古桥梁横跨其上，放生桥、泰安桥、平安桥、福星桥、永丰桥、惠民桥、廊桥……把古镇连成一个隔而不断的有机整体。古桥造型典雅，各有千秋，尤其是横跨于漕港上的放生桥，初建于元，清嘉庆十七年（1812 年）重建，为五孔石拱桥，全长 70.8 米，宽 5.8 米，高 7.4 米，形态舒展优美，蔚为壮观，古时 24 里长漕港河仅此一座大石拱桥，是上海地区最长、最宽、最高的五孔石拱桥，被誉为"沪上第一桥"。北大街桥梓弯处的廊桥，横跨市河之上，是古镇唯一的木结构桥，上建通廊，造型飘逸别致（图 2-1-12）。河埠也是古镇的特色，当地人称之为"河滩头"、"滩渡"，是水乡居民洗菜、挑水、汰衣物，来往船只停船上下或买卖东西的地方，它用条石逐级砌成，形态各异，和泊船系缆绳所用的系船石相连在一起，临水人家几乎家家都有，有的镂刻精细，图案复杂，别出心裁，是含蓄彰显房主身份财富之处。

图 2-1-10　朱家角传统商业街（宾慧中摄）

朱家角经济繁荣，文风隽永，使得宗教活动源远流长。朱家角地区有历史记载的最早寺院，是始建于南宋建炎初年（1127 年）的普光寺，位于淀山顶，整组寺院具有相当规模，佛事活动到解放初期依然活跃。据志书记载，明、清时期朱家角已

图 2-1-11　朱家角宁静的小寺院（宾慧中摄）

图 2-1-12　朱家角廊桥卧波（宾慧中摄）

全镇大大小小、长长短短的古街巷有几十条之多。北大街、大新街、漕河街、东湖街、西湖街、东井街、西井街、胜利街、东市街等九条主要长街伴水逶迤，民居古宅参差错落临水而建，粉墙黛瓦掩映在波光粼粼之中，尽显水墨风韵（图 2-1-13）。北大街，又称"一线街"，是上海市郊保存最完整的明、清风貌老街，全长两里多，其中东起放生桥，西至美周弄的三百多米，石板条街道曲径通幽，是富有代表性的传统民居分布密集区，黑灰瓦屋顶高低不一、错落有致，马头墙造型优美、形态各异，商业街市熙熙攘攘，老字号店铺鳞次栉比，呈现一幅古意盎然的江南商贸水乡画卷（图 2-1-14）。

镇西北角的西井街有江南私家园林课植园，又称"马家花园"。园主马文卿，自民国元年（1912年）开始兴建此园，历时十五年之久，集仿了上海豫园荷花池、九曲桥，苏州狮子林的倒挂狮子弯等

园林特色，别有天地。园名"课植"蕴涵"课读之余，不忘耕植"之意，园内既建有书城，又辟有稻香村景区以应园名。整个课植园由厅堂区、假山区、园林区三大部分构成（图 2-1-15）。

三、新场镇

新场镇原属南汇区，2009 年南汇合并进入浦东新区。新场近海，位于浦东新区东南端，东连宣桥镇，南与奉贤区奉城镇接壤，西邻航头镇，北傍周浦镇，距上海市中心 35 公里，全境总面积 53.86 平方公里，古镇区域 1.48 平方公里。核心保护区北起沪南公路，南至新环南路，东接新环东路，西临新奉公路，约 0.48 平方公里。2008 年新场镇入选第四批中国历史文化名镇（图 2-1-16、图 2-1-17）。

新场区域古为下沙东侧捍海塘外一片海滩，因盐业生产而逐步得到发展。唐天宝十年（公元 751

图 2-1-13　水乡民居参差错落形态丰富（宾慧中摄）

图 2-1-14 临水而居小桥相连（宾慧中摄）

图 2-1-15 朱家角课植园（宾慧中摄）

图 2-1-16　新场古镇水乡风貌（宾慧中摄）

图 2-1-17　新场原生态民居（宾慧中摄）

年），从海盐县东北境、嘉兴县东境和昆山县南境各划出部分地区置华亭县，新场地区成为华亭县辖区，始称石笋滩。北宋隶属两浙路管辖的嘉兴府华亭县，南宋建炎年间（1127～1130年），新场镇设两浙盐运司署，为下沙盐场的南场所在地。元至元二十八年（1291年）设置上海县，新场为上海县长人乡辖区，直至清雍正四年（1726年）南汇建县，新场归属南汇管辖。

"新场"是相对于下沙老盐场而言的区域，随着海岸线东移，盐民在此新开辟海水晒盐的场所，新场古镇的发展兴衰与历代盐业起落密切相关。北宋时规定"欲业盐者，必先隶于盐籍"，在官府的文书中将盐户称之为亭户，江苏、浙江、安徽等地移民迁徙至此成为下沙盐场的亭户。建炎年间两浙盐运司署迁至新场衙门的前桥北岸，至此人们称下沙为"老场"，谓此处为"新场"。南宋建炎二年，新场正式建镇。元大德四年（1300年）两浙都盐运使司松江分司，随下沙盐场场部一并迁至新场镇。随着盐产量的增加，围绕行政机构以及富贾盐商的商业在新场兴起。明代，新场隶属松江府上海县，新场盐业生产发生改变。明代中后期，因东南地涨，盐区东移至大团镇，新场部分盐户被划入水乡灶户开始从事农业及渔业，折银纳盐课。同期倭寇袭扰多地，导致政府监管当地盐课的力度下降，各地私盐贩卖兴起，灶户们走上商贾之道，新场灶港内盐船如梭。由于盐产量的增加，以及官府对盐业垄断权的下降，被历代政府所严禁的私盐销售，在清代日渐难以控制。新场逐渐变为盐民、灶户居住与贸易之地，人烟稠密，商贾辐辏，繁盛一时，有"十三牌楼九环龙，小小新场赛苏州"的美誉（图2-1-18）。清中后期，由于南汇片区水道淤积，咸潮渐远，灶舍逐渐消减，直至道光十年，包括新场在内的各盐场的盐灶基本停煎，盐业在镇中的经济地位下降，新场最终成为一个以商贸和农业、渔业为主导的集镇。清末民初，由先前周边乡村的商贸中心，逐步转变为服务于上海市区的依附性村镇。明清时期，以叶氏、闵氏、朱氏、岳氏、谢氏等为代表的士绅陆续定居至新场，捐资修建桥梁庙宇、疏通河道，又相继筹办学堂，有力推动了经济与文化发展。

新场四条河道，东西向的洪桥港、包桥港，南北向的后市河和东横港（又名鹤坡塘），两横两纵把古镇划分为"井"字形水系空间格局，古镇如矩

图2-1-18　新场石牌坊
（宾慧中摄）

形岛屿被包裹于水系之中，呈现宜人的水乡风貌（图2-1-19）。新场保留的老建筑数量众多，建筑面积超过20万平方米，其中两进院以上、保存完整、装饰精美的明清时期老宅，有27座被确定为不可移动文物。这些古宅形态多样，呈现各个历史时期建筑风格，既有古拙的单层木结构明代民居，又有清代、民国的两层木结构民居，还有高畅开阔、中西合璧的近代民居院落建筑，如兴隆典当行、杨社庙、叶氏花行、奚家厅、东奚家厅、王和生宅、胡氏宅、江氏宅、谢氏商铺、张氏宅第、黄氏住宅等。还有不少百年老店，如奚长生药材店、谢渭盛烟纸店、徐福泰南货店、正顺酱园等（图2-1-20、图2-1-21）。

成形于元代的新场大街和洪东、洪西街是具有代表性的明清风貌商业街，其中新场大街南北长约1.5公里，被洪桥港和包桥港分成三段，当地人俗称北大街、中大街与南大街。其中中大街最具规模，西临后市河，古镇中完好保存着的数十处"街－宅－河－园"空间格局的特色水乡商贸建筑主要分布于此。前院一层为面向主街的商铺，中间布置两至三进居住院落，后宅临水，便于货物运输与仓储，小河对岸则是可供耕种赏玩的私家宅院。各宅第临河而居，前街后河，前店后宅，亦商亦儒，既富有江南水乡特色，又独具传统盐商文化之特征。

新场埠头水桥密布，有元、明、清时期的条石驳岸约数千米，其中1500米依然保留明代和清代原貌，有别具特色的马鞍水桥遗存14座，工艺考究，其上用于系舟的缆石俗称"牛鼻孔"，雕刻精美的装饰图案，如暗八仙纹样等（图2-1-22）。新

图2-1-19 新场石拱桥与沿河民居（宾慧中摄）

图 2-1-20 新场第一楼（宾慧中摄）

场井字形河道上散布着若干座明清至民国时期的石板桥、石拱桥，较为典型的有洪福桥、青龙桥、千秋桥、包家桥。洪福桥始建于明正德年间，位于新场镇北的洪桥港，为石拱桥，取意为"洪福齐天"，2006年重建。青龙桥为单跨石板桥，位于洪桥港东端，清同治时期募捐修建，桥身被完整保留至今。千秋桥在洪东街东端，为石拱桥，跨东横港，始建于清康熙年间（1662～1722年）。包家桥位于新场大街南段的包桥港上，始建于明正统年间，原名受恩桥，为石拱桥，2006年重修。

历史上新场还有众多庙宇，如南山禅寺、永宁教寺、雷音寺、城隍庙、东岳庙、青龙庙、晏公祠、杨社庙、红庙、清净禅寺、乔家庵等，其中永宁教寺、雷音寺和晏公祠无存，其余寺庙或修建或重建或改作他用（图2-1-23）。杨社庙祭祀忠臣杨继盛，是当地的社庙，每逢三月二十八日庙会抬"杨老爷"出庙巡游，是新场的大节庆。类似民俗还有五月廿

"水龙会"、六月廿四水祭、七月三十岸祭等等。目前新场有国家级非物质文化遗产3项，市级、区级非物质文化遗产7项，包括锣鼓书、江南丝竹清音、浦东派琵琶、灶花、卖盐茶、浦东宣卷、南汇竹编等等。

在迄今七百余年发展脉络中，新场古镇依托盐业形成独到的地域文化特色，积淀了深厚丰富的历史文化底蕴。古镇街巷格局保存完整，建筑遗存与非物质文化遗产丰富多样，是上海不可多得的原生态江南水乡古镇。

四、南翔镇

南翔镇位于嘉定区东南部，东距上海市中心22公里，西北距嘉定镇12公里，全境面积33.27平方公里。古镇核心区域西临沪宜公路，东靠德园路，北至德华路，南抵民主街。2010年南翔镇入选第五批中国历史文化名镇。

图 2-1-21　新场桥头茶铺（宾慧中摄）

图 2-1-22　新场马鞍水桥（宾慧中摄）　　　　　　　　　　　图 2-1-23　瓦之韵（宾慧中摄）

　　南翔古名槎溪，梁天监四年（公元 505 年）建白鹤南翔寺于此，因寺形成集镇，又以寺得名"南翔镇"，从最初建镇就一直是镇的建制。南宋嘉定十年（1217 年），南翔镇分属娄县、信义县、昆山县；之后隶属嘉定县。雍正十一年（1733 年）设南翔巡检司；乾隆三十四年（1769 年）移设诸翟巡检司，南翔设分防厅，以县丞移驻此地。民国元年（1912 年）成立南翔自治区（图 2-1-24）。

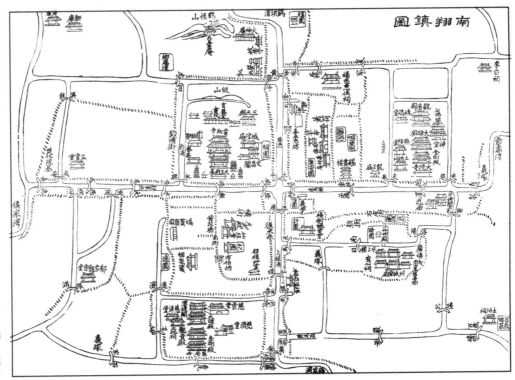

图 2-1-24　清嘉庆年间南翔镇图（图片来源：上海市地方志办公室编著.上海名镇志 [M].上海：上海社会科学院出版社，2003：扉页.）

图 2-1-25　南翔水乡风貌及临河建筑（李东禧摄）

南翔古镇河流纵横、水网密布，水路交通十分便捷。境内有上、中、下 3 条槎浦，镇中为十字港，横沥、上槎浦、走马塘、封家浜等 4 条河道交接于镇中心太平桥南。以 4 条河道为轴，每隔 2 里左右就有一条河通向各村。镇郊还有四湾：东为五圣庙湾、西为侯家湾、南为薛家湾、北为鹤颈湾。水运交通繁忙，是南翔镇商贸兴盛，经济发达的直接原因（图 2-1-25）。

因积沙成陆，南翔不宜耕种粮食，而以棉花种植为主。元代自黄道婆纺织技术传入松江之后，纺织业成为妇女的家庭主业，南翔周围四乡所产的刷线布（又名扣布），光洁厚实，畅销远近。古镇街市布庄商铺林立，成为嘉定土布业集散中心，多有徽商携巨款来此收购土布。至明初，经济繁荣程度已为全县各市镇之首。明正德、嘉靖年间，屡遭倭寇焚掠，至隆庆、万历年间，逐渐复兴。清康乾以后，

社会安定，人口日增，东新街南，黄花场北和金黄桥外，逐渐恢复繁华市集。宣统初年，东街、南街有大小商铺 400 余家，晨间午后两次集市，有棉花、土布、洋纱、米麦、蚕豆、鲜茧、竹木、榨油籽饼、水产等各色商贸，百货骈集，商贾辐辏，舟车纷繁，被称为"东南一都会"，有"金罗店、银南翔"之称（图 2-1-26）。

自明代以来，南翔文风鼎盛，人才辈出。明代有贡生 14 名，举人 16 名，进士 10 名；清代有贡生 20 名，举人 19 人，进士 7 名。这里文化倡明，兴资办学蔚然成风。明嘉靖十四年（1535 年）创办槎溪小学。清康熙二十一年（1682 年）创建马公讲院。康熙二十六年（1687 年）设立赵公书院，又称惠民书院。乾隆年间，程虔五在云翔寺崇善堂内设立义塾，教授贫家子弟。光绪四年（1878 年）理监会耶稣堂创设悦来女塾，为全县女校的先导。清光绪二十四年（1898 年）改革科举制度，倡办新学，官署、绅商、教会相继兴办学校，以南翔义务小学最为著名。

南翔颇多古迹，据镇志记载，有博望仙槎、萧梁古寺、东林银杏、北园老桂、西院芙蓉、南坞屏梅、槎阜社灯、鹤湾渔艇、太平竞渡、天恩赏月、萧寺钟声、薛湾潮汛、桂苑占秋、鹍林消夏、止舫观鱼、平桥折柳、双塔晴霞、三槎霁雪等 18 处名胜古迹。元代有白鹤南翔寺、大德万寿寺和泰定万安寺鼎立的三大寺。香花桥周围建有三十多座寺庙、庵堂、观音堂等，可惜均不存。现存南翔寺双砖塔，在镇中心香花桥北堍，是五代（公元 907～960 年）时期，建于梁天监年间的白鹤南翔寺之中仅存的遗物。双塔东西相望，亭亭对峙，塔身八边形，高七层近 10 米，为仿木结构砖塔。砖的烧制十分精良，斗栱、梁柱、飞椽出檐模仿得栩栩如生。南翔寺有尊胜陀罗尼经幢两座，仰莲基座，幢身六面，飞檐幢顶，造型壮丽挺秀。幢柱八角七级，每级刻有云纹、莲瓣、天王、力士等。两座经幢分别制作于唐咸通八年（公元 867 年）、唐乾符二年（公元 875 年），原对峙于南翔寺大雄宝殿前，现坐落在古猗园的南

图2-1-26 南翔传统商业街（李东禧摄）

厅和微音阁前。又有鹤槎山，在北市梢沪宜公路东侧，是南宋建炎四年（1130年）韩世忠所筑供军事联络通讯用的烽火墩，山麓有香雪庵，为清代建筑。还有普同塔，建于南宋嘉定十五年（1222年），塔身六角形，塔高七层39米，其上镌刻如来佛像和花卉，造型精美。天恩桥俗称真圣堂桥，建于清顺治年间（1644～1661年），跨镇北横沥河，为三孔拱桥，桥拱最高处5.5米，雄伟壮观（图2-1-27）。

南翔人文荟萃，名门富绅竞相兴建宅第园林。明万历年间举人李流芳，建檀园于北市，"经筑墙垣仅及肩，多穿洞壑注流泉"，成为南翔胜景。通判闵士籍建猗园（今称古猗园）于东市，园的规模有"十亩之园，五亩之宅"之说，至今仍为南翔名胜。猗园由著名的嘉定派竹刻创始人兼擅书画、叠石家朱稚征设计，园内广植绿竹，有亭、台、楼、阁、水榭、长廊，园名取自《诗经》"绿竹猗猗"之句，

名为"猗园"。明、清两代有名园20多座，如计氏园（后改为来鹤园）、怡园、巢寄园、桐园等，都是典雅的江南私家园林，可惜大都残毁不存。

五、川沙镇

川沙镇在浦东新区东南部，距上海市中心18公里。镇域面积96.7平方公里，古镇占地3.71平方公里，位于华夏东路、川沙路、城南路和畅塘水系围合的方形区域之中，原有护城河形成的一圈回闭水系依然完好保存。川沙区域自古对外交通发达，两条重要河道——镇北川杨河和镇东浦东运河流经古镇——川杨河西连黄浦江，东至东海，浦东运河北至黄家湾，南抵南汇区。2014年川沙入选第六批中国历史文化名镇（图2-1-28）。

唐天宝年间（公元751年），川沙便有先民在此繁衍生息。镇区为沿海滩涂地，盛产食盐，是五

图 2-1-27　南翔古桥（李东禧摄）

图 2-1-28　川沙老街风貌（李东禧摄）

代到明朝下沙场的一部分，明代称八团镇。川沙滩涂可供泊船的水湾洼地中，以川沙洼最深最宽，船只通过川沙洼可直达八团镇老护塘，水运便捷，商贸发达，由此八团镇逐渐繁华，成为盐商云集的大镇。明嘉靖三十六年（1557 年），川沙修筑城堡。清嘉庆十五年（1810 年）城内设置川沙抚民厅。宣统三年（1911 年）改厅为县，置川沙公署。

明嘉靖年间，倭寇骚扰我国东南沿海，川沙地区深受其害。为了抗击倭寇，筑城以防入侵，官府调集川沙父老子弟在八团镇四周修筑城墙，自嘉靖三十六年九月起筑城至十一月，仅三个月即完工，可见民众抗倭之决心。筑城之后改镇名为川沙堡城，川沙之名始成。城墙周长四里，高二丈八尺，基址宽三丈有余。设四座城门，东门为镇海门，南门称迎瑞门，西门是太平门，北门名拱极门。城墙上有月城 4 座，炮台 12 座，各城门架吊桥向外连接，桥下城壕宽 12 丈，深 1.5 丈。营房建在西门真武台右侧，城中设置守堡千户署、百户所、军器库、把总司署、抚按行台、演武场、城隍庙、社学、下

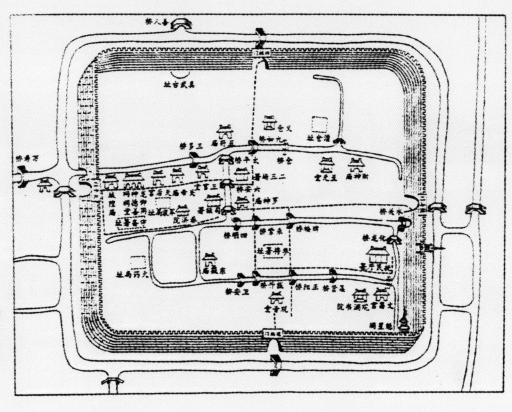

图 2-1-29 清川沙城图
（图片来源：上海市地方志办公室编著. 上海名镇志 [M]. 上海：上海社会科学院出版社, 2003：扉页.）

沙二三场、盐课司等（图 2-1-29）。

建成之后的数百年中，川沙城墙几经修葺。万历二十一年（1593 年），因暴雨倾盆，城门坍塌而修筑。清康熙二十二年（1683 年），因城墙侵蚀斑驳，损坏严重再做修葺。乾隆三十七年（1772 年）城垣多处毁坏，用去白银二千三百九十两加以整修，"雉堞间之损塌无存者，垒壁一新，剥落欹坼者，整修无缺"。嘉庆十五年（1810 年）再次修城。

川沙镇有"九庙十三桥"的说法，从清"川沙城图"可见城池风貌：城内三条东西向主水系，以及五条南北向次要水系，由十三座桥梁相连通；庙宇有天后宫、关帝庙、城隍庙、财神庙、文昌宫、观音堂等。史书曾记录"川沙八景"：南园古木，北院疏钟，绿杨饮马，白漾观鱼，芳著归帆，层桥夕照，香雪城坳，碧阴堤曲，可惜今天大多无迹可寻。川沙传统风貌保留较好的老街区有护塘街、东门街、中市街、南市街、北市街、乔家弄等，代表性保护建筑有内史第、川沙古城墙等。

六、七宝镇

七宝镇位于上海市西南部，地理位置得天独厚，是一座既有江南水乡自然风光，又有悠久人文内涵的历史古镇（图 2-1-30）。东临漕河泾高新区，西接松江、青浦，南靠莘庄，北邻虹桥机场，全镇地域面积 21.3 平方公里。因毗邻上海市中心而有民谚"上海伤风，七宝咳嗽"。蒲汇塘流经全境，横沥港纵贯镇区，可上溯江、浙，下抵黄浦，自古交通运输十分便利，为七宝镇带来繁荣商机与活力。

"先有丁家庄，后有七宝镇"，七宝镇始于汉末，成形于宋初，而兴盛于明清。"七宝"原是佛经中专用词语，自东汉初佛教从西域传入中原，"七宝"亦可泛指较为名贵的器物。七宝镇的形成，与寺庙的关系以及"云间二陆"有着巧合的历史。云间二陆，即西晋时的著名文学家陆机、陆云，不幸成被司马颖杀害，留下"华亭鹤唳"的典故。其后裔在松江

图 2-1-30　七宝水乡风貌（李东禧摄）

陆宝山立香火祠，名"陆宝院"。五代时，吴越王游历陆宝院，误听陆宝为六宝，赐《莲花经》一卷，并告知陆宝院僧"此亦一宝也"。院僧明知吴越王误读，亦欣然将陆宝院改称七宝院。宋真宗大中祥符元年（1008 年），七宝院因敕赐"七宝教寺"匾额变为正宗禅林寺院，声名大振，香火日盛，七宝镇因七宝教寺而得名。其后世人又穿凿附会，以"飞来佛"、"氽来钟"、"玉斧"、"金鸡"、"莲花经"、"玉箸"及"神树"为七宝镇的七样宝贝。赵孟頫、杨维桢、袁凯、屠隆、陈眉公、陆深辈均有关于七宝的诗文传世。

自元以后，随着江南棉纺业的兴起，七宝镇日趋繁荣。明万历《青浦县志》中已称七宝"居民繁庶，商贾骈集，文儒辈出，盖邑之巨镇"。至清中叶，七宝的棉纺业发展至鼎盛，无论棉花种植或染织技术都达到了新的水平，每年生产的布匹为数可观，且质量高、品种多，有标、扣、稀之分，又加之漂

染技术也有独到之处，被誉为"七宝尖"又称"龙稀布"，同黄道婆故里所产布匹并称于世。

七宝老街传统商业街巷风格浓郁，颇具地方特色。以蒲汇塘桥为中轴，南、北七宝寺分置两端，南北向的南大街、北大街与东西向的蒲汇塘纵向交错，小巷弄堂穿梭其间，整个老街形成"丰"字形空间格局。老街宽约 3 米，南北长约 360 米，至今已有 500 余年历史。明嘉靖进士王云在《重修七宝教寺记》描述"闾井碁列于前，梵宇环抱于后"、"陶朱辐辏，素封之家，栋甍相鳞次……称钜镇焉"。清道光《蒲溪小志》对七宝街巷之布局与空间尺度与今日如出一辙："自蒲汇塘桥南堍栅楼起，至南尽处，曰南大街。商贾贸易，悉开店肆，约长二百步有零"，"自汇塘桥北堍栅楼起，至北栅镇安桥止，曰北大街，悉开杏铺，生产贸易之处约长三百步"。由此可见清代七宝古镇风貌格局，至今保留完好（图 2-1-31）。

图 2-1-31　七宝商业街夜景（李东禧摄）

七、泗泾镇下塘村

泗泾镇位于松江区，南与洞泾镇相接，北与青浦徐泾镇交界，西与佘山镇及青浦赵巷镇相邻，东与九亭镇毗连。距松江老城厢约 13 公里，离上海市中心约 27 公里，全境总面积 23.48 平方公里。古镇区域被江川路、沪松公路、古浪路包绕，核心风貌区下塘村传统风貌建筑群，沿着东西向展开的开江中路和泗泾塘沿线分布，呈线性布局（图 2-1-32）。境内河道纵横，传因通波泾、外波泾、

图 2-1-32　远眺泗泾古镇安方塔："三弓一箭安一方"（姜艳隽摄）

自明嘉靖二十一年（1542 年）以来，七宝长期处于"一镇三治"的局面：蒲汇塘以东归属上海县，塘南先后归华亭、娄县、松江县，北面则一直属于青浦县。直至 1947 年才结束了长期分治的局面。清咸丰十年（1860 年）到同治元年（1862 年）间，太平军进攻上海，七宝镇经历战火，有千余年历史的七宝教寺被焚，云台庙、王家场、芗林堂等名胜及许多民居、园林被毁，古镇破坏颓败。现仅存蒲汇塘桥、解元厅等历史建筑。蒲汇塘桥横跨蒲汇塘，明正德十三年（1518 年）建成，共有五拱，主拱跨度为 11.25 米，高 5.2 米；副拱跨度为 5.6 米，高为 3 米；桥宽为 5.45 米。后因蒲汇塘逐年淤塞，河道变小，现在可见三拱，其余两拱已埋没路面之下，桥面可见长度仅 29 米。解元厅在七宝镇北大街徐家弄内，是明万历二十五年（1597 年）解元吕克孝的故宅，官至工部郎中。现存解元厅为 3 间明代风格建筑，坐北朝南，木构架梁架用料粗壮，风格简朴，不尚雕饰。

洞泾、张泾四泾之水汇集于此而得名。2014年泗泾镇下塘村入选第六批中国历史文化名村,是上海地区首批入选国家级历史文化名村的传统村落(图2-1-33)。

唐天宝十年(751年)华亭立县,泗泾地属华亭管辖。北宋,居民在顾会浦(今通波塘)傍筑屋定居,形成村落,名"会波村"。南宋,洞泾港取代通波塘,成为华亭县城通往上海镇的主要航道,会波村东移建新村落,称"七间村",民间有"先有七间村,晚有泗泾镇"的说法。元代中叶,泗泾地区经济发展,七间村扩展为小集镇,改称泗泾。明正德七年(1512年)泗泾称为"泗泾市"。清顺治十三年(1655年)置娄县,泗泾改属娄县。民国成立之初,娄县并入华亭县,民国3年(1914年)华亭县改松江县,泗泾归属松江县,设乡建置至今。

明代中叶,泗泾镇的粮米与水产交易兴盛,成为华亭县重要的粮食集散地,市镇建设得以发展。泗泾塘南北两岸码头相连,房屋鳞次栉比,大小商店林立,佛寺道观星罗棋布,建有观音庙(后改普渡禅院)、佑圣道院(俗称祥泽道院)、文昌阁、杨侯庙等众多寺庙。明万历年间,普渡桥、福连桥、武安桥3座三孔石拱桥相继建成,将泗泾塘南北区域连为一体(图2-1-34、图2-1-35)。

至清代中叶,泗泾镇的粮米交易和水产交易进一步发展,镇北铺成石板大街。清末民初,酿造、竹木行、米行、米厂四大行业成为泗泾经济产业的四大支柱。竹木业形成于清末,共有竹木行16家,因泗泾塘及周围河流水面开阔,潮位涨落不大,是存放木排的理想场所。镇上开设糟坊、酱园等手工业作坊,与米业相关的酿造业也得到长足发展。同泰酱园的三伏晒油、石洪兴的白酒等产品在沪郊享有盛誉,李日新、元康、源丰顺、春和等7爿酱园、糟坊相继开设。泗泾塘两岸廛舍林立,楼房相峙。各类商业店铺竞相开设,前通街、背靠河,商业区聚人气,居住区环境宜人。呈现"市廛辐辏,户口繁盛,街巷纵横,桥梁完整"的繁荣景象。泗泾镇与县城松江镇、金山枫泾镇、浦南亭林镇成为华亭县四大镇。

现今泗泾镇下塘村整体风貌保存完好,以泗泾塘为中轴线,沿河两岸院落建筑密集分布。古镇街弄纵横交错,干道与主河平行,小弄堂与其垂直相交,呈"非"字形布局,民间俗称为"百脚"(蜈蚣)形空间格局。泗泾大街(今开江路)东起张泾河,西至关帝庙,俗称三里长街。街宽2.5～4米,尺度宜人,路面石板条铺就。大街两侧大多是砖木结构的两层楼房,建于清代至民国时期。楼房后面为2～3进的连续院落,一面临泗泾大街,另一面直抵泗泾塘。临街和临河的建筑均开设店铺或

图2-1-33 水域宽阔的泗泾塘(宾慧中摄)

图 2-1-34　泗泾镇三孔拱桥福连桥（宾慧中摄）

图 2-1-35　福连桥卧波泗泾塘（宾慧中摄）

图 2-1-36　泗泾塘沿岸骑楼建筑临河贯通（宾慧中摄）

图 2-1-37　泗泾下塘村传统院落俯瞰（宾慧中摄）

商行，临河建筑在泗泾塘沿岸做成骑楼，户户相连，沿河贯通，无论天晴下雨，都可以进行商贸交易（图2-1-36）。保存较为完好的宅院，有史量才故居、马相伯故居等（图2-1-37）。

元代隐居泗泾的名士陶宗仪著有30卷《南村辍耕录》，其中记录的"南村十景"，是元、明时期泗泾环境风貌的重要写照。

第二节　老城厢

上海地区古往今来城镇村落星罗棋布，然而，历史悠久且经久不衰者，以松江、嘉定和上海三县的城池为代表，或为县治，或是府治、州治，作为政治、经济、文化中心所在地，其发展变迁都超过700年历史。奉城临海，在五代乾祐年间（公元

948～950年）设青墩盐场，距今千余年，是上海地区最早的盐场之一。明洪武十九年（1368年）筑城墙以防倭寇，城池环绕，衙署巍峨，庙宇众多，因盐业而兴衰。

一、松江老城厢

松江老城厢，包括岳阳，永丰和中山街道，位于松江区中部地段。东至新洞泾港，南至沪杭铁路，西至古浦塘与东浜交会处，北至放生桥西北。东西长约5.6公里，南北最宽处约2.5公里，总面积约9.37平方公里。松江老城厢是上海市郊区历史文化风貌区（图2-2-1）。

松江是松江区政治、经济、文化中心，唐天宝十年（公元751年）至清末，华亭县、华亭府、松江府、娄县均设治于此。元至元年间从华亭县析出的上海

图2-2-1　松江老城厢水乡景观（宾慧中摄）

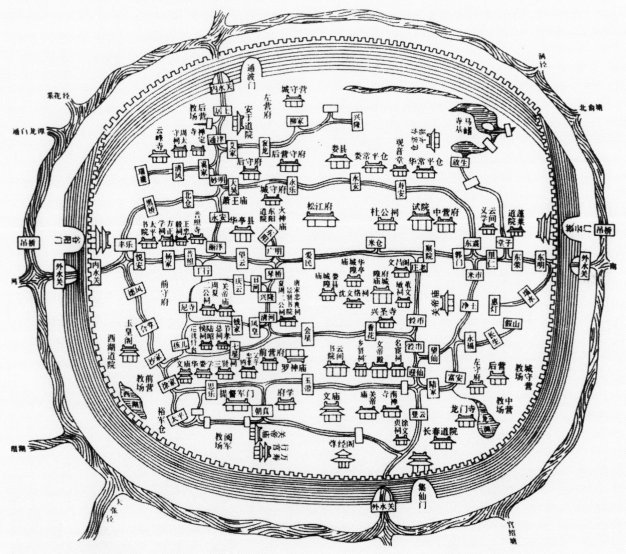

图 2-2-2　清嘉庆年间松江府城图（图片来源：上海市地方志办公室编著．上海名镇志［M］．上海：上海社会科学院出版社，2003：扉页．）

县，为今天上海城市之前身，故而松江被誉为"上海之根"（图 2-2-2）。

松江是上海地区历史最悠久的城镇之一，唐代设县之前已成集镇，名赵店。根据普照寺旧址曾是二陆（陆机、陆云）旧宅等史料，松江镇应在西晋或更早就已形成。唐天宝十年（751 年）建华亭县，县治设在今松江镇，称华亭。镇内已有十字相交的主干道，保存至今的唐代石经幢，原先就耸立在十字路口中央。从旧城中发现的唐代河道等遗址可知，唐代华亭县民居、店舍多傍水而建，市河纵横，小桥相连，呈现水乡城镇风貌。城内城外寺庙林立，香火兴盛；

鱼市、米市交易活跃，可见商贸重镇的形象。

松江在宋代治所中有街巷数十条，元末形成"十里长街"。明代，松江府经济空前活跃，"郡邑之盛，甲第入云，名园错综，交衢比屋，阛阓列廛，求尺寸旷地而不可得。"城内拥挤不堪，为了适应经贸往来和日益增加的人口，松江城只得沿市河向东西两侧延伸，由此形成了一条东起明星桥，西至祭江亭，用石板、条石铺成的十里长街。街宽二三米，两旁房屋楼阁相连，店铺商行相望。与街道平行的市河两岸都有石驳岸，房屋沿驳岸而建。河上桥梁密布，人口繁密地段每隔四五十米就必定架有石桥或木桥，将市河两岸连成一体（图2-2-3、图2-2-4）。市河两岸与十里长街形成繁华的商业带，在两侧延伸出众多的小街弄巷，为居民住宅区。明代松江城达到历史上最为辉煌的时期，此后，倭寇骚扰掳掠，明末清初清兵攻城后大肆破坏，清末太平天国战争……使松江城遭遇一次次重创，建筑毁坏严重。

自唐代起，松江镇手工业、商业逐渐兴盛。明代，米粮业和纺织业发达，运输和加工等业随之发展，与苏州齐名，列入全国33个工商城市之一，被誉为东南大都会。上海开埠前，一直是今上海地区政治、经济、文化中心。清末起，米商云集秀野桥、仓桥、跨塘桥"三滩"和北门外、白龙潭畔等地，粮食年上市量达五六万吨。镇上商业、服务业繁荣，十里长街银楼、茶馆、酒肆、百货店、烟糖店、南北杂货店鳞次栉比。余天成药店、鼎泰丰纸店、祥泰烛店、阜成西菝店等名特大店在上海及江浙邻近地区享有盛誉。

南宋绍熙《云间志》记载："唐之置县，固有城矣。县城周回一百六十丈，高一丈二尺，厚九尺五寸。"明清两代修葺扩建城11次，清道光年间维修之后，城周9里93步。民国初年，拆城之风渐盛，其后城墙逐年拆除，至今基本无存（图2-2-5～图2-2-7）。

松江镇名胜古迹荟萃，地面文物数量之多居上海市之首。全国重点文物保护单位有唐代陀罗尼经幢、宋代兴圣教寺塔（方塔），上海市文物保护单位有圆应塔（西林塔）、元代松江清真寺、明代砖刻照壁等。清代所建醉白池为上海市著名园林之一，方塔园内有众多移建的文物建筑。镇上还有望仙桥、云间第一楼、颐园、大仓桥、云间第一桥、兰瑞堂、葆素堂、雕花厅、邱家湾天主堂等文物古迹。

二、嘉定老城厢

嘉定老城厢位于嘉定区西北郊，距上海市中心33公里。西至高僧桥，东至嘉罗公路，南至环城路，北至北城河，古镇面积4.74平方公里。2008年嘉

图2-2-3 松江老城厢市河及大仓桥（宾慧中摄）

图2-2-4 从大仓桥拱看老城厢（宾慧中摄）

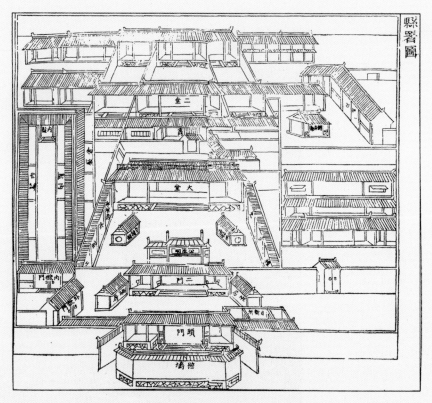

图 2-2-5 县署图（图片来源：上海市地方办志公室，上海市松江区地方志办公室编 . 上海府县旧志
丛书 · 松江县卷 · 乾隆华亭县志 [M] . 上海：上海古籍出版社，2011：565.）

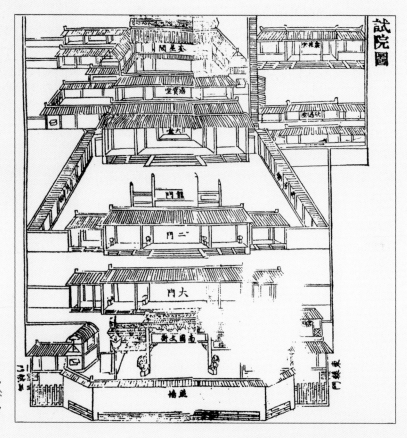

图 2-2-6 试院图（图片来源：上海市地方志办公室，
上海市松江区地方志办公室编 . 上海府县旧志丛书 · 松
江县卷 · 乾隆华亭县志 [M] . 上海：上海古籍出版社，
2011：567.）

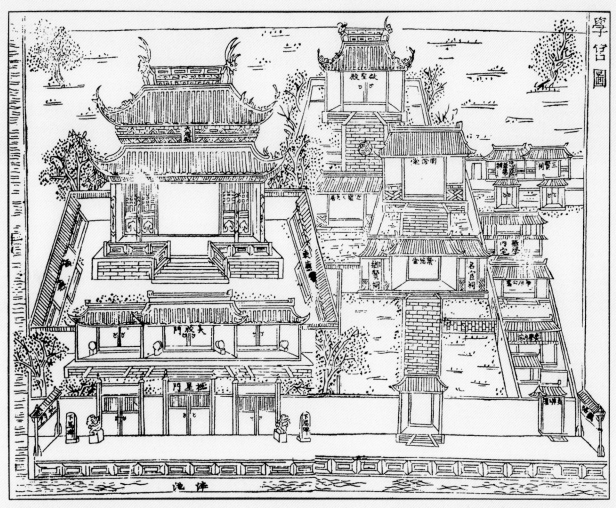

图 2-2-7 学宫图（图片来源：上海市地方志办志公室，上海市松江区地方志办公室编．上海府县旧志丛书·松江县卷·乾隆华亭县志 [M]．上海：上海古籍出版社，2011：566．）

定入选第四批中国历史文化名镇。

嘉定镇古名练祁市、别称嚜城，自南宋建嘉定县以来，一直是全县的政治、经济、文化中心。护国寺位于今嘉定西门外，寺前建有香花桥，相传梁天监四年（505 年）奉旨在护国寺西侧建项泾桥（今南项泾桥），由于常在桥旁举行庙会，人烟聚集，渐为商业中心。因庙会集市依傍练祁河，故谓练祁市。南宋时期，大量民众随宋室南渡，人口激增，练祁市成为淞北地区最繁盛的市镇之一。南宋开禧年间在练祁塘、横沥两河十字交汇处，建造高高耸立的法华塔，至今仍是嘉定城标志性建筑。南宋嘉定十年（1218 年）从昆山县析出安亭、春申、临江、平乐、醋塘五乡设立新县，以年号为县名，始名嘉定，

县治设于练祁市。自此，因商而兴的练祁市成为全县的行政中心，渐次发展为淞北巨镇。

元元贞二年（1296 年）嘉定县升为州，练祁市成为州治所在地。据明正德元年（1506 年）《姑苏志》记载，当时嘉定城称为州桥市，又名东市。明洪武二年（1369 年）嘉定州又改县，隶属苏州府。元末战事频繁，至正十八年（1358 年）张士诚遣部将吕珍率领军士民众，把原有的土城改筑为周长 1694 丈的砖石城墙，墙高 1.5 丈，基宽 4 丈，面宽 3 丈，加宽护城河，外城河宽至 13 丈，内城河也有 2 丈宽，并设晏海、合浦、澄江、朝京四城门和东、西、南三水关。当时沿海地区县城，少有正规城墙，因而嘉定城墙建成后名震四方，蔚为壮观。明嘉靖年间，

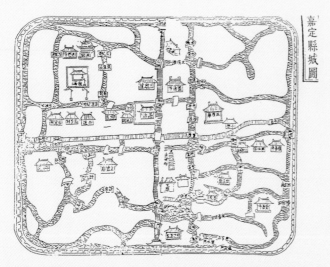

图 2-2-8 嘉定县城图（图片来源：上海市地方志办公室，上海市嘉定区地方志办公室编.上海府县旧志丛书·嘉定县卷·康熙嘉定县志 [M].上海：上海古籍出版社，2012：435.）

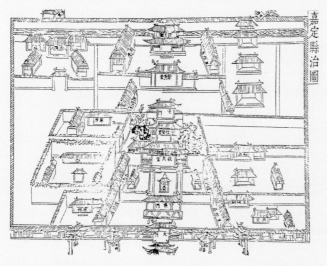

图 2-2-9 嘉定县治图（图片来源：上海市地方志办公室，上海市嘉定区地方志办公室编.上海府县旧志丛书·嘉定县卷·康熙嘉定县志 [M].上海：上海古籍出版社，2012：436.）

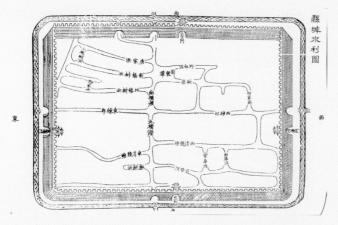

图 2-2-10 县城水利图（图片来源：上海市地方志办公室，上海市嘉定区地方志办公室编.上海府县旧志丛书·嘉定县卷·乾隆嘉定县志 [M].上海：上海古籍出版社，2012：992.）

嘉定西水关城墙因年久失修，不堪御敌，倭寇屡屡自此入侵劫掠。嘉靖三十二年（1553年），知县万思谦扩建城墙，增建城堞，城周长扩至2222.6丈，高2.6丈，城墙基础宽5丈，顶面宽3丈，官民协力，短短5个月即告完成。之后倭寇数次进犯，均被击退，嘉定城由此得保平安（图2-2-8、图2-2-9）。

嘉定城布局规整，练祁河、横沥呈十字形交汇于州桥，在城里的河道叫"市河"，东西南北四大街傍依河道伸展，俗称"官道"。嘉定年间造孔庙，兴庙学，又建城隍庙、社仓等，初步有了县城的规制。淳祐五年（1245年）前后修建了南城登龙桥、宾兴桥、耆英桥，北城拱星桥，东城登瀛桥，西城广平桥、孩儿桥、庙泾桥，及县署附近的仓桥。使得县城规模更趋完善（图2-2-10）。

嘉定历史悠久，文化积淀深厚，古迹众多。黛瓦粉墙，小桥流水，街巷深深，静谧宜人。正德四年刊行的《练川图记》记载：全城计有17条街巷，南城4条，北城3条，东城3条，西城7条。除旧存的兴贤坊等9坊外，还有宣化坊等新建成的7坊。明万历年间，街巷增到40条左右，城内有兴贤坊、永安坊等25坊。清初至清同治光绪年间，街巷保持在40条上下。如今老街区有大小街弄15条，总长度1800余米，其中建成于宋代的8条、明代的7条。古桥梁17座，其中始建于宋代的5座、元代的3座、明代的5座，仍保留石拱或石梁结构的11座。文物古迹有建于南宋淳祐五年（1245年）的当湖书院，建于清乾隆三十年（1765年）的登龙桥（州桥），以及建于明弘治年间（1502～1526年）的秋霞圃等（图2-2-11、图2-2-12）。

所谓"鼓舞于上者为风，习染于下者为俗"，嘉定城著名景观，多因教化而建，教化既是官方的愿望，也是民间的祈求。法华塔，又名金沙塔，始建于南宋开禧年（1205～1207年），据说因当时嘉定科名寝衰，士绅便集资建塔，希冀得到佛般智慧，文风转盛。虽然位处繁华闹市，又有高塔可供登临，但历史对其相关寺庙却少有记载。明万历十六年（1588年），为"储灵气"、"宣人文"，疏浚应奎

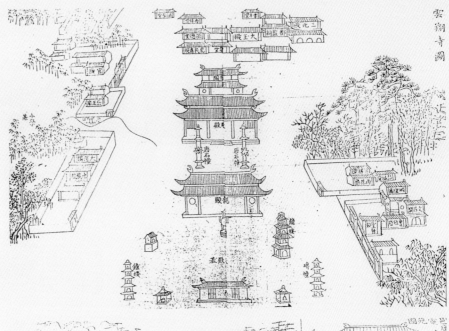

图 2-2-11 云翔寺图（图片来源：上海市地方志办公室，上海市嘉定区地方志办公室编．上海府县旧志丛书·嘉定县卷·嘉庆嘉定县志 [M]．上海：上海古籍出版社，2012：1395.）

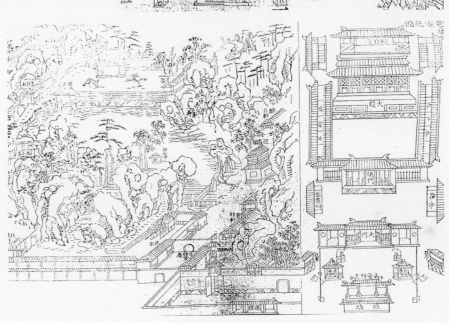

图 2-2-12 邑庙灵苑图（图片来源：上海市地方志办公室，上海市嘉定区地方志办公室编．上海府县旧志丛书·嘉定县卷·嘉庆嘉定县志 [M]．上海：上海古籍出版社，2012：1393.）

山下五条溪流：新娶，野奴泾，唐家浜，南、北杨树浜，汇成一潭，名曰汇龙，取五龙抢珠之意。汇龙潭景观优美，远眺近观，庙、潭、山三者浑然一体，古意盎然。建于南宋嘉定十二年（1219年）的孔庙，更是教化嘉定的标志，700多年中，重建、修缮、扩建70余次：淳祐九年（1249年），凿泮池，树兴贤坊；咸淳元年（1265年）架泮池桥；明洪武二十三年（1390年），泮池改建石桥三座；元至正十三年（1353年），树儒林坊（育才坊）、筑

棂星门；明正德元年（1506年），建应奎坊（仰高坊）；清同治三年（1864年）孔庙占地26.5亩，规制崇宏，甲于一方。现存建筑虽仅为原来的十分之六七，但仍然不失为上海乃至全国保存最完整的县级孔庙（图2-2-13）。

三、上海县老城厢

上海县老城厢位于黄浦区（老南市区），由修建于填平了的上海县护城河之上，形成椭圆回闭道

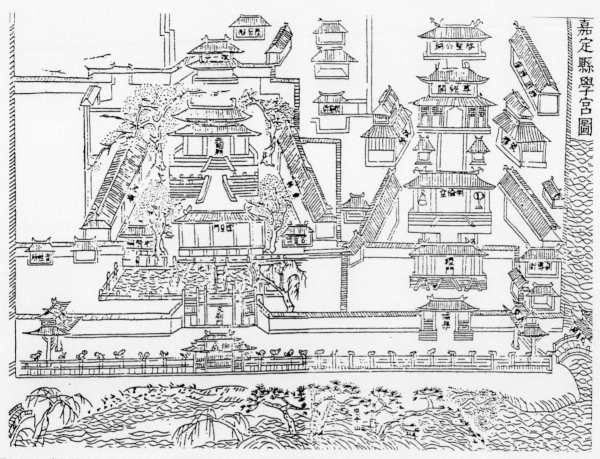

图 2-2-13　嘉定县学宫图（图片来源：上海市地方志办公室，上海市嘉定区地方志办公室编．上海府县旧志丛书·嘉定县卷·康熙嘉定县志 [M]．上海：上海古籍出版社，2012：437．）

路的人民路、中华路包裹环绕。上海县老城厢是上海市中心城历史文化风貌区。

　　1959 年上海县马桥文化遗址出土良渚文化的石器、陶器，表明 4000 多年前已有先民在上海县区域劳动生息。上海县境域变化频繁。唐天宝十年（公元 751 年）置华亭县，上海县地区在华亭县东北境。北宋熙宁十年（1077 年），华亭县设上海务。南宋建炎元年（1127 年），宋室南渡，上海县地区人口大增，经济发展。至景定、咸淳年间，稻棉种植、鱼盐蚕丝、棉纺织业发达，商业繁盛，上海港船舶辐辏，番商云集，成为华亭东北的大镇。因地处"海之上洋"、"滨上海浦"，遂称上海镇。又因为青龙镇河道淤塞，原青龙市舶司分司移至上海镇。元至元二十八年（1291 年）设立上海县，与华亭县共属松江府管辖。明嘉靖二十一年（1542 年），从上海县和华亭县析地设立青浦县。道光二十二年（1842

年），中英《南京条约》签订，上海列为五个通商海岸之一。次年上海开埠，上海县城区及近城区割裂为租界，之外为乡村区域。1912 年上海县隶属于江苏省，直至 1958 年划归上海市（图 2-2-14 ～图 2-2-16）。

　　上海县老城厢是上海历史的发祥地。北宋时期，出现了上海早期的居民聚落和官方机构——上海务，南宋时期形成市镇。1291 年上海建县，从此成为上海政治、经济、文化的中心。作为县治中心的上海县衙最早设于原旧榷场（宋市舶提举分司署）及元运粮千户所，位于今小东门外的外咸瓜街、老太平弄北地段，处于后来县城城墙之外。元大德三年（1299 年）上海县衙又迁入肇嘉浜阜民桥北（今方浜路以南，学院路以北，三四牌楼路之间的光启路北段）原上海市舶司署。至 1302 年，县衙经历了重修，有了较为完整的格局，大堂、二堂及图圄俱备，六房、官

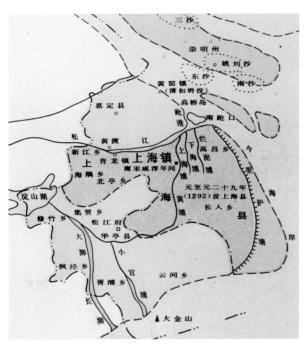

图 2-2-14　宋－元时期的上海县境域（图片来源：上海县县志编纂委员会编，王孝俭主编．上海县志 [M]．上海：上海人民出版社，1993：扉页．）

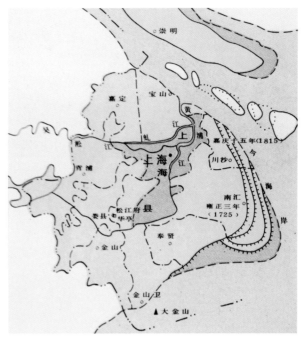

图 2-2-16　清代的上海县境域（图片来源：上海县县志编纂委员会编，王孝俭主编．上海县志 [M]．上海：上海人民出版社，1993：扉页．）

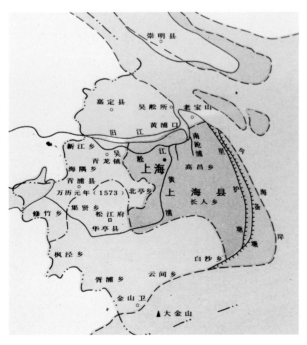

图 2-2-15　明代的上海县境域（图片来源：上海县县志编纂委员会编，王孝俭主编．上海县志 [M]．上海：上海人民出版社，1993：扉页．）

图 2-2-17　上海县城墙（图片来源：熊月之．上海通史（第二卷）[M]．上海：上海人民出版社，1999：349．）

廨齐全，上置谯楼，可登高远望（图 2-2-17）。

　　明弘治（1488 ～ 1505 年）年间，上海县"人物之盛，财赋之多，盖可当江北数郡，蔚然为东南名邑"，并已有了"新衙巷"、"新路巷"、"薛巷"、"康衢巷"及"梅家巷"。明嘉靖年间（1522 ～ 1566 年），县治中心县署东西两侧筑有两条南北干道"三牌楼街"、"四牌楼街"，城中街巷道路系统已经形成，街坊已达 61 个。③

　　在上海设县二百多年后，居民日增、经济繁荣，但是不断遭受来自海上的倭寇侵扰。尤其在明嘉靖三十二年（1553 年）的四至六月间，接连遭受五次寇祸，县署、民居尽为火焚，民众流离失所，街市成为焦土。灾祸之后决心修筑城墙。

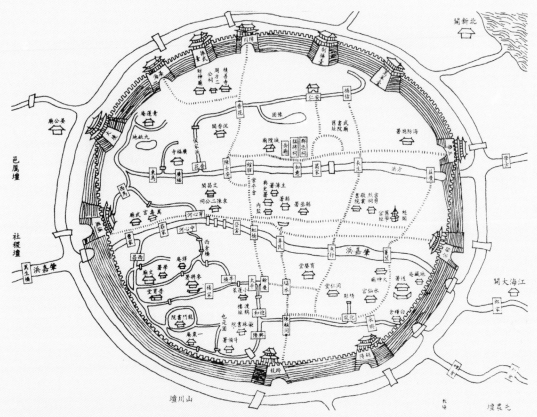

图 2-2-18　清同治年间上海县城图（图片来源：上海县县志编纂委员会编，王孝俭主编 . 上海县志 [M] . 上海：上海人民出版社，1993：扉页 .）

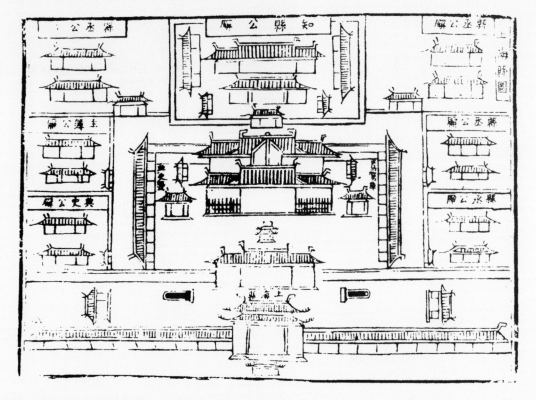

图 2-2-19　明代上海县衙图（图片来源：熊月之 . 上海通史（第二卷）[M] . 上海：上海人民出版社，1999：80 .）

明嘉靖三十二年（1553年），松江知府令上海县筑城。两个多月后上海县城墙建成。初建的上海城墙为椭圆形，周长九里，包围了约4.5平方公里的城区，墙体系泥土版筑，高2.4丈，设城门6座：大东门（朝宗门）、大南门（跨龙门），老西门（仪凤门），老北门（晏海门）、小东门（宝带门）、小南门（朝阳门）。水门4座，肇嘉浜上有2座（分别近大东门与老西门），方浜上有1座（近小东门），薛家浜上有1座。城外有城壕，宽6丈，深1.7丈，周长约1500余丈。为便利英法军队的跑车入城，清同治元年（1860年）加开了一座障川门（新北门）（图2-2-18）。

城墙上有"殿、台、楼、阁"——"殿"为箭台上的关帝殿；"台"为振武台上供奉真武大帝的真武台；"楼"为万军台上的丹凤楼；"阁"为制胜台上的观音阁。其中丹凤楼在其中最高，因此"丹凤远眺"是著名的沪城八景之一。每年端午节，丹凤楼还是观赏黄浦江上龙舟大赛的最佳景点。

城墙之内的上海老城厢以县衙门为中心，东设文庙，西设武庙（关帝庙），其道路系统并非棋盘式规整布局，而多呈曲折、自然的走向，随纵横交错的河流展开，颇具江南水乡特色（图2-2-19）。因为河道交错、桥墩纵横，城厢内舟船出行要比车马出行更为便利。

老城厢内数条河浜中，东西向的有肇嘉浜、方浜、薛家浜，其中肇嘉浜是最大的东西向河流，它流经老西门、老城厢，从大东门出城向东流向黄浦江；方浜东出宝带门，经十六铺桥入黄浦江；薛家浜从朝阳门出城，经薛家浜桥东联黄浦江。南北向的中心河（穿心河）则联通了肇嘉浜、方浜、薛家浜。老城厢内水网密布，桥梁众多。仅肇嘉浜上就有大关桥、里关桥、龙德桥、外郎家桥、里郎家桥、坝基桥、万生桥、斜桥等④。

老城厢的水道不仅是水路交通的要道，还是政治、商业、文化活动集聚的地带。如方浜两岸就曾汇聚了创办于北宋熙宁十年（1077年）的上海酒务、管理贸易的市舶司及栈货场、米仓、巡检司、广福寺、衙署、童涵春堂药店、万有全南货店、老天宝银楼

等场所。

有了城墙的保护，老城厢内的经济、文化发展迅速，市民安居乐业，一批在上海历史上具开创意义的建筑应时而生。1590年，被誉为"江南第一园林"的豫园落成于老城厢；1748年，上海最早的书院"申江书院"创建；1851年，上海最早的营业性戏院"三雅园"在老城厢四牌楼路、方浜中路落成。

元初由海运漕粮兴起的沙船业，沟通了南北航线和长江、内河、远洋航线，促进了上海地区贸易和旧式金融业——钱庄的发展。清代出现"以敦乡谊，以辑同帮"为宗旨的会馆公所组织，成为老城厢一大特色。维护同乡利益、联络乡谊的会馆及控制行业经营权益的同业公所层出不穷，出现了宁波、绍兴、苏州等三十余个会馆，沙船业、钱庄、粮食、棉花、布业等一百多所同业公所。商船会馆、潮惠会馆、三山会馆、四明公所等在老上海经济活动中曾产生很大影响。

老城厢地区教育事业源远流长。宋末设置镇学，元初改为县学，经历代扩建和修整日趋完善。明清时期创办不少制度完备的书院，龙门、蕊珠、敬业、梅溪等四大书院最负盛名，推动了上海文教事业的普及和发展。清末废除科举，书院逐渐为新式学校取代（图2-2-20、图2-2-21）。

图2-2-20　上海县蕊珠书院（图片来源：熊月之.上海通史（第二卷）[M].上海：上海人民出版社，1993：扉页263.）

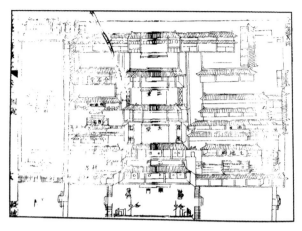

图 2-2-21　上海城内的分巡道署（图片来源：熊月之．上海通史（第二卷）[M]．上海：上海人民出版社，1999：304.）

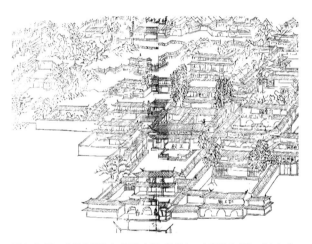

图 2-2-22　上海县城隍庙（图片来源：熊月之．上海通史（第二卷）[M]．上海：上海人民出版社，1999：240.）

图 2-2-23　上海县阁老坊（图片来源：熊月之．上海通史（第二卷）[M]．上海：上海人民出版社，1999：168.）

老城厢地区荟萃了众多名胜古迹。豫园、露香园、也是园、日涉园等私家园林不仅有楼台亭阁之胜，而且有山水自然之美；城隍庙、白云观、沉香阁等寺庙的殿宇建筑和佛像造型均体现了精湛的建筑技巧和雕塑艺术；书隐楼、九间楼是今上海留存不多的明清宅第院落；还有大境阁及古城墙小北门等城墙城楼建筑（图 2-2-22、图 2-2-23）。

上海老城厢还是上海地区宗教建筑的集中地，天主教、基督教、伊斯兰教、佛教、道教俱全。老城厢里有上海最早的佛教寺庙广福寺⑤，建于五代后晋天福年间（公元 936 ~ 943 年）；最早的道教宫观天后宫，建于南宋咸淳七年（1271 年）；第一座天主堂敬一堂，建于明崇祯十三年（1640 年）。此外还有初创于明万历年间（1573 ~ 1620 年）的沉香阁，建于 1847 年的董家渡天主堂，创建于 1852 年的草鞋湾清真寺，创建于 1870 年的基督教城中堂，创建于 1870 年的福佑路清真寺，以及创建于 1882 年的海上白云观等各类型宗教场所。

清乾隆年后，明以来的海禁被取消，老城厢东门外的港口街铺空前发展。十六铺成了当时中国和东亚最大的码头。南来北往的货物要改驳沙船，十六铺内"帆樯如林，蔚为奇观"。在大、小东门和大、小南门外沿黄浦江的二、三公里岸线上，从北向南依次分布着会馆码头、老太平码头、杨家渡码头、盐码头、洞庭山码头、竹行码头、王家码头、万裕码头、公义码头、董家渡码头、徽宁码头、三泰码头、新泰码头、丰记码头、油车码头和南码头等 20 余座码头（图 2-2-24）。

图 2-2-24　上海县护城河（图片来源：熊月之．上海通史（第二卷）[M]．上海：上海人民出版社，1999：183.）

晚清由于人口大量集聚、交通流量急剧增大，老城厢道路日益拥挤。为了方便人、货交通，上海老城厢中的许多河道逐渐被填没拓为街路。为了解决进出城墙的交通拥阻状况，1909 至 1910 年间又新辟尚文门（小西门）、拱辰门（小北门）、福佑门（新东门），并拓宽增高了宝袋门、朝阳门、晏海门。1912 年，为了改善仍然严重的老城厢交通问题，促进城内与城外区域的接轨，存在了三百多年的上海县城墙开始被拆除，原城墙及护城河区域逐渐被辟为环城路。1913 年，城墙的北半圈被改成了民国路（今人民路）；1914 年，城墙的南半圈被改成了中华路。

四、奉城老城厢

奉城镇位于奉贤区东部，距上海市区 56.70 公里。东邻洪庙镇，西至航塘公路，北接头桥镇，南临人民塘，总面积 72.63 平方公里。奉城老城厢则介于川奉公路和浦南运河之间。是上海市郊区历史文化风貌区（图 2-2-25）。

奉城历史悠久，据元代徐硕《至元嘉禾志》记载，该地原名青墩，因海寇来犯时，在墩上点火发信号，又名墩明。因绿树成荫，后改称青林。五代后汉乾祐年间（公元 948 ~ 950 年），华亭置五场，始有青墩、袁部等盐场，隶属于于秀州（嘉兴府）华亭县盐监管辖，宋仍沿袭旧制。北宋皇祐年间（1049 ~ 1053 年），华亭县建旧捍海塘（即今华亭海塘），奉城居塘内侧，盐民、渔民群居于此，渐成村落，青林改名为青村（图 2-2-26）。明洪武十九年（1368 年）设置守御青村千户所，建青村堡（及奉城城墙）以防御倭寇侵犯。明正德年间，改称守御青村中前千户所。清雍正四年（1726 年）辟建奉贤县，县署设于南桥，清雍正九年（1731 年）迁治于青村所城。宣统二年（1910 年），全县划为一城七乡，县城青村为城厢，改为奉贤县城市，简

图 2-2-25　奉城老城厢护城河（徐极光摄）

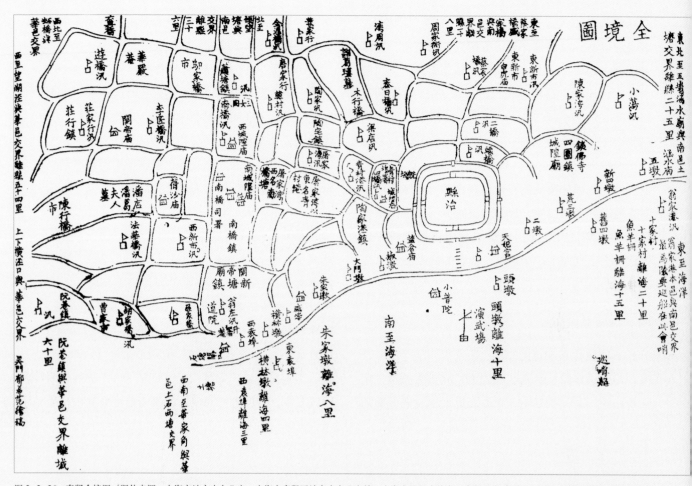

图 2-2-26 奉贤全境图（图片来源：上海市地方志办公室，上海市奉贤区地方志办公室编．上海府县旧志丛书·奉贤县卷［M］．上海：上海古籍出版社，2009：20.）

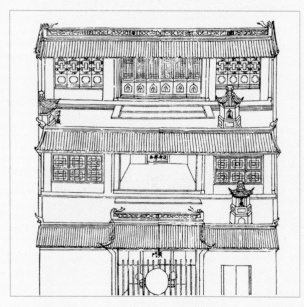

图 2-2-27 先贤言子祠（图片来源：上海市地方志办公室，上海市奉贤区地方志办公室编．上海府县旧志丛书·奉贤县卷［M］．上海：上海古籍出版社，2009：226.）

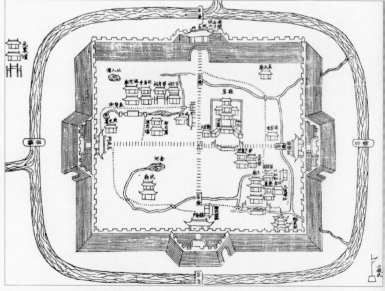

图 2-2-28 奉贤县城图（图片来源：上海市地方志办公室，上海市奉贤区地方志办公室编．上海府县旧志丛书·奉贤县卷［M］．上海：上海古籍出版社，2009：223.）

称奉城。奉贤县的得名，相传春秋时孔子弟子言偃（子游）曾来此，邑人奉仰贤人言偃，而取名"奉贤"（图2-2-27）。

南宋初年，青墩盐场年产盐95650石（每石50斤）。元至正间，青村场盐产量增至17007引（每引400斤）。清代，盐产量渐趋下降。至光绪八年(1882年)，年产盐仅1000引。民国以来，随着荡田被大批开垦，盐田变农田，青村盐场规模逐渐缩小，直至转产，以渔业、耕种、商贸为主。

奉城筑有城墙，城池为规则的方形布局（图2-2-28）。城内老街呈"十"字形，有东街、南街、西街、北街之分。据明正德年间《松江府志》记载："青村城在金山城东一百里，周围六里，高二丈五尺。池广二十四丈，深七尺多。城门四座，上各有楼，外各有月城四座，敌台十一座，箭楼二十八座。"可见奉城城墙与城门楼初建时的规模与形态（图2-2-29）。

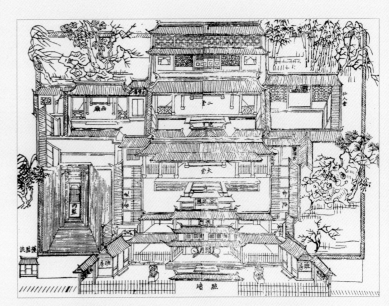

图2-2-29 奉贤县署图（图片来源：上海市地方志办公室，上海市奉贤区地方志办公室编．上海府县旧志丛书·奉贤县卷 [M]．上海：上海古籍出版社，2009：224.）

奉城设县治后，建成县署、都司署、城守署、典史署和监狱等行政设施。后又陆续修建圣人殿(文庙)、关帝庙（武庙）、城隍庙、镇海侯庙、元通庵、三官堂等祠庙建筑（图2-2-30～图2-2-32），同时兴建学署、肇文书院、言子祠、尊经阁等文教建筑（图2-2-33、图2-2-34），并先后创立同善堂、节孝祠、抚孤局、养济院等社会慈善机构。奉城县署，始建于清雍正十年（1732年），有照墙、仪门、大堂、二堂、燕室及牢狱等建筑；文庙，清乾隆二十五年（1760年）建，有万仞宫墙、棂星门、泮池、大成殿、学署等建筑；言子祠，清道光十五年（1835年）建，有头门、道南学舍等建筑；肇文书院，清嘉庆十年（1805年）建，有照墙、头门、仪门、讲堂及文昌阁等建筑；城隍庙，明洪武十九年建，有照墙、头门、仪门、歌台、大堂、二堂、寝宫等建筑；万佛阁，建于明初，有大殿、楼阁等建筑。还有魁星阁、同善堂、先农坛、武庙等。可惜这些古建筑都毁于抗日战争，奉城老城厢的护城河及城内十字老街的框架格局尚存。

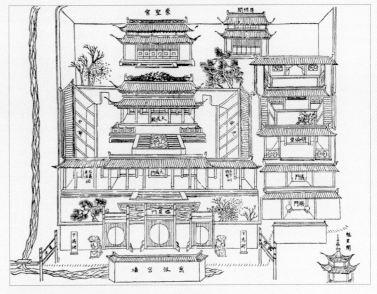

图2-2-30 文庙学宫图（图片来源：上海市地方志办公室，上海市奉贤区地方志办公室编．上海府县旧志丛书·奉贤县卷 [M]．上海：上海古籍出版社，2009：225.）

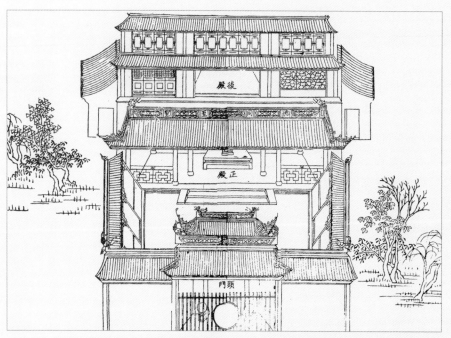

图 2-2-31　武庙图（图片来源：上海市地方志办公室，上海市奉贤区地方志办公室编．上海府县旧志丛书·奉贤县卷［M］．上海：上海古籍出版社，2009：227.）

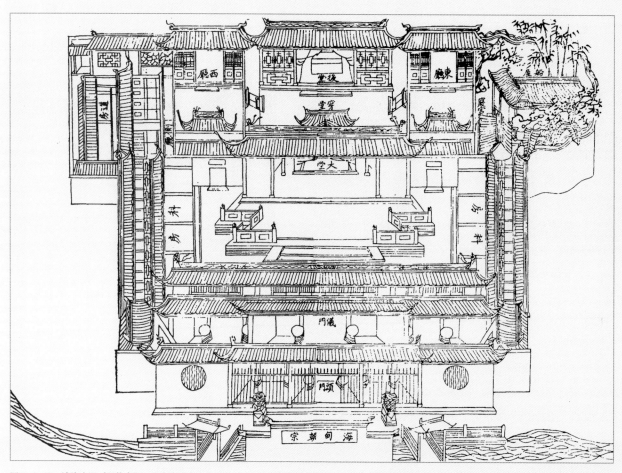

图 2-2-32　城隍庙图（图片来源：上海市地方志办公室，上海市奉贤区地方志办公室编．上海府县旧志丛书·奉贤县卷［M］．上海：上海古籍出版社，2009：228.）

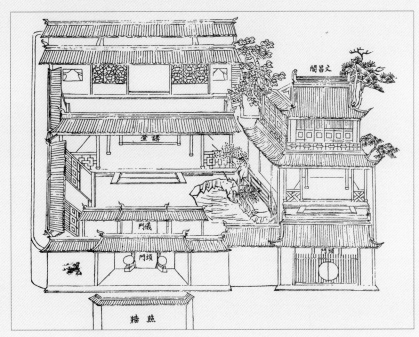

图 2-2-33 肇文书院图（图片来源：上海市地方志办公室，上海市奉贤区地方志办公室编．上海府县旧志丛书·奉贤县卷 [M]．上海：上海古籍出版社，2009：229．）

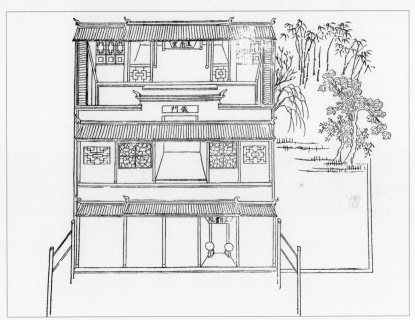

图 2-2-34 文游书院图（图片来源：上海市地方志办公室，上海市奉贤区地方志办公室编．上海府县旧志丛书·奉贤县卷 [M]．上海：上海古籍出版社，2009：230．）

注释

① 陈舜俞(？～1076年)，北宋庆历六年(1046年)进士，字令举，号白牛居士。

② 上海市地方志办公室编著．上海名镇志 [M]．上海：上海社会科学院出版社，2003：418

③ 参见明弘治《上海县志》卷一，疆域志。

④ 大关桥：位于今白渡路外马路处；里关桥：位于今中山南路口；龙德桥：位于今豆市街北端；外郎家桥：位于金外郎家桥街北端；里郎家桥：位于今篾竹路悦来街之间；坝基桥：位于今南坝基街北端。

⑤ 位于现上海老城厢内，现仅剩原广福寺前小路"广福弄"。

上海古建筑

上海古建筑

第三章　宗教建筑

上海宗教建筑分布图

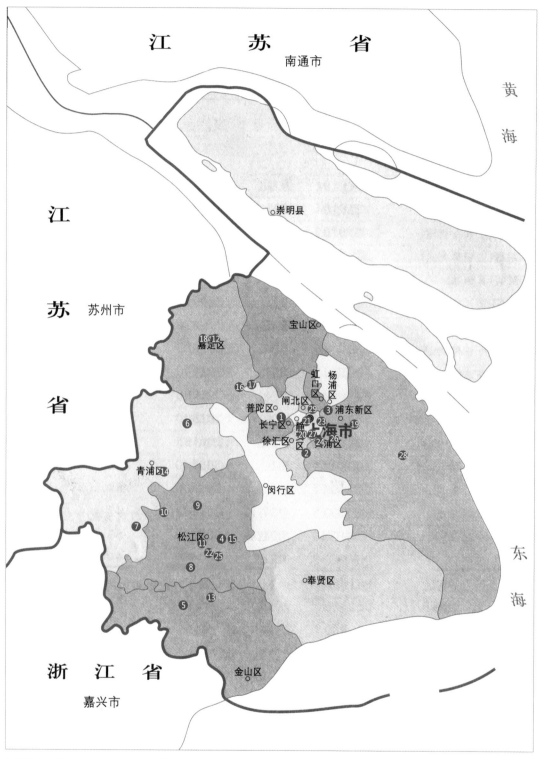

① 真如寺大殿
② 龙华寺、龙华塔
③ 沉香阁
④ 松江方塔（兴圣教寺塔）
⑤ 东林寺大殿
⑥ 青龙塔
⑦ 泖塔
⑧ 李塔
⑨ 秀道者塔
⑩ 松江护珠塔
⑪ 松江西林塔
⑫ 嘉定法华塔
⑬ 金山华严塔
⑭ 青浦万寿塔
⑮ 松江唐经幢
⑯ 南翔唐经幢
⑰ 南翔寺双塔
⑱ 嘉定万佛塔
⑲ 钦赐仰殿
⑳ 海上白云观
㉑ 大镜关帝庙
㉒ 松江清真寺
㉓ 福佑路清真寺
㉔ 敬一堂
㉕ 邱家湾天主堂
㉖ 董家渡天主堂
㉗ 洋泾滨天主堂（圣约瑟天主堂）
㉘ 浦东露德圣母堂
㉙ 上海圣三一基督教堂

（地图引自：中华人民共和国民政部编．中华人民共和国行政区划简册 2014．北京：中国地图出版社，2014.）

古代上海宗教活动历史悠久，其中历史最悠久的当属佛教寺庙。相传三国时期上海就有了龙华寺、静安寺等，南北朝时有南翔寺，从唐宋年间始，因经济繁荣、人文荟萃，佛教在中国盛行，上海地界内（当时的松江府）也大兴寺庙。其中唐代有了普照寺①、超果寺②、青龙寺、澄照禅院（后称福田寺）、陀罗尼经幢、圆智教寺等，五代有广福寺③、兴圣教寺，宋代有云翔寺、李塔、秀道者塔及重建的龙华寺、静安寺等。其中北宋时期重修的静安寺、龙华寺及南翔寺砖塔、龙华塔、兴圣教寺塔都形制完整、做工考究。元代，寺庙建筑大兴土木仍在延续，东林寺、真如寺等佳作仍有出现。明清时期出现了一些华丽精致的佛塔、楼阁，如明西林塔、沉香阁和清万寿塔等。

唐代上海有了道教宫观皋阳庙④，后晋天福年间（公元936～942年）又有了石仙庙⑤。宋代上海的道观有上海镇的崇宁庵、丹凤楼、松江的仙鹤观、浦东三林的崇福道院。元代上海，娄县曾建有"长春道院"，当时的道院住持为镇守广陵的郑将军之子郑君。明代以后是道教的低潮期，道教建筑较为亲民，许多道观还祭祀民间诸神。如创建于明万历年间（1573～1620年）的大境道观同时祭祀关帝；始建于明末的钦赐仰殿，祭祀民间能人"金四娘"。清代上海道教势微，据《宗教钩沉》⑥记载，至鸦片战争前上海道观仅30座，直到开埠以后才有所兴起，海上白云观（原雷祖殿）是其中的代表。现存的上海道教建筑钦赐仰殿、大境关帝庙、白云观均建于清代。

上海地区的伊斯兰教活动始于元末。13世纪初，被编入元朝大军的中亚穆斯林随元军进入了松江，也带来了伊斯兰教。元至正年间（1341～1368年），上海松江城内就有了一座清真寺，它与我国泉州的清真寺同为中国留存最古的伊斯兰建筑。由于地处沿海港口区域，随海上贸易而来的文化交流使上海的伊斯兰教得到了发展。清代后期上海比较有名的清真寺有草鞋湾清真寺、穿心街礼拜堂（福佑路清真寺）及浙江路清真寺、清真别墅等。

基督教（天主教、基督新教、东正教）在中国传播的历史非常悠久。唐代基督教被称为景教；元代景教与罗马天主教相混合，被称为也里可温教（Erkeun）。在上海，明万历三十六年（1608年）徐光启引入天主教传教士郭居静，并在其居所西侧建立了一个私宅小堂，这是上海第一个传播天主教的场所。明崇祯十三年（1640年），徐光启的孙女（教名马尔底纳）购买了原豫园主人潘恩古宅中的世春堂，创立了上海第一座正式的天主堂"敬一堂"。1843年，上海开埠后，天主教、基督新教在上海的传播发展很快，新的教堂也纷纷兴建。1847年，位于徐光启墓附近的徐家汇天主堂（旧堂）、位于江西路九江路的圣三一教堂（Holy Trinity Church）相继建成；1853年，董家渡天主堂落成；1861年，位于洋泾浜南岸的洋泾浜天主堂（又名圣约瑟天主堂）建成；1864年，位于今山东中路、福州路一带（麦家圈）的天安堂落成；1870年，位于老城厢内的礼拜堂"城中堂"建成；1873年，位于佘山山顶的佘山天主堂（旧堂）建成；1886年，位于南苏州路的联合教堂（新天安堂）落成；1897年，位于浦东唐镇的露德圣母堂落成。至19世纪末，上海已有大小教堂300余所。

相对于历史上洋洋洒洒的宗教建筑名录，上海地区存留至今的古代宗教建筑数量偏少。这些古建筑中的大部分还经历了屡建屡毁、屡毁屡建，因此，整体保留完好的古代建筑非常稀少，大多呈新旧杂陈之态，仅有部分构件或局部为古代遗存。有些所谓的古寺庙为完全新建，只是"犹存古刹名"。如浦东川沙的长仁禅寺⑦、浦东顾路的潮音庵⑧等。对于那些在历史上享有盛名，且有图片资料、文字史料留存的古代宗教建筑，我们将在各小节的综述部分予以概述。

第一节　佛教寺塔、经幢

佛教产生于公元前6世纪的古印度，约在东汉时就传入中国。据史料记载，三国吴赤乌年间（公元 238～251 年）上海地区就有了龙华寺、静安寺。《高僧传·康僧会传》记载，康僧会原为康居国[⑨]人，后随经商的父亲移居交趾[⑩]。幼年起康僧会即出家为僧，曾师从汉译佛经的安世高。因感"吴地初染

图 3-1-1 迁至沸井浜的静安寺（图片来源：http://blog.sina.cn/dpool/blog/s/blog_55c85ddb01014976.html?md=gd）

图 3-1-2 《申江胜景图》中的静安寺（图片来源：吴友如.申江胜景图.点石斋，1884 年.）

图 3-1-3 静安寺前的"天下第六泉"（图片来源：http://www.archives.sh.cn/shjy/shzg/201304/t20130407_38290.html）

大法，风化未全"、"佛教未行"，便拜求吴帝孙权，得以创立龙华寺；宋绍熙年间（1190～1194 年）《云间志》记载，静安寺为"吴大帝赤乌中建，号沪渎重玄（元）寺"。可惜静安寺在"文化大革命"中被破坏殆尽[⑪]，只能以相关史料飨读者。

静安寺

位于上海静安区南京西路的静安寺，是上海一座历史悠久的重要寺庙。该寺始建于三国吴赤乌十年（公元 247 年），初名沪渎重玄（元）寺[⑫]，原位于吴淞江北岸，唐代更名为永泰禅院。北宋大中祥符元年（1008 年）更名为静安寺[⑬]。后因吴淞江江水改道，庙宇被冲毁，静安寺于南宋嘉定九年（1216 年）从吴淞江畔迁入芦浦沸井浜边（今南京西路）[⑭]（图 3-1-1）。后规模逐渐扩大，元至元时已累成"静安八景"：三国时的"赤乌碑"、南北朝时期所栽的"陈朝桧"、南宋所建"讲经台"、诗僧寿宁所筑方丈室"绿云洞"及"虾子潭""涌泉""芦子渡""沪渎垒"。从清末出版的《申江胜景图》中，我们可以一睹当时静安寺的形态（图 3-1-2）。在《申江胜景图》的静安寺图景中，右下角的古井清晰可见，这就是后来被称为"天下第六泉"的寺前胜景（图 3-1-3）。因太平天国战事波及，静安寺大部被毁，只有一座大住持殿得以幸存[⑮]。清光绪六年（1880 年），在住持鹤峰及李朝观、姚曦、胡雪岩等缙绅的资助下，静安寺得以重建（图 3-1-4）。光绪二十年（1894 年）住持正生于大殿左、右两侧增建两座楼房，并再次修葺全寺，恢复静安寺旧观。

光绪二十五年（1899 年），公共租界向西扩张至静安寺，因筑路而拆除了寺内大雄宝殿西侧房屋。1919 年，寺前填浜扩路，筑成静安寺路（今南京西路）。1921 年，寺僧常贵会同沪绅姚文栋等人在大殿东兴建三圣殿。1947 年，新建山门及阿育王塔柱[⑯]（为钢筋混凝土结构）。

1966 年，寺庙遭受"文化大革命"的冲击，阿育王塔柱被毁，佛像被破坏，僧众被逐，整座寺庙被改为塑料工厂。1972 年，静安寺大雄宝殿因失火被毁，古寺成为一片废墟。1983 年，国务院确定静

图 3-1-4　1880 年时的静安寺大雄宝殿（图片来源：http://www.archives.sh.cn/shjy/shzg/201304/t20130407_38290.html）

安古寺为汉族地区佛教全国重点寺庙之一。1984 年，上海市佛教协会在征求各方意见的基础上，陆续修复了赤乌山门、天王殿、三圣殿、功德堂、方丈室等建筑。1990 年，修复工程基本完成。1991 年，大雄宝殿重建竣工。1998 年，为配合轨道交通 2 号线静安寺站的建造，静安寺又进行了改造。

佛教建筑在早期以佛塔为中心，佛堂、僧舍等会建在佛塔周围，故佛寺常常也被称为塔庙。唐以后，佛寺开始以大雄宝殿为中心，在中轴线上依次展开各殿堂，并以院落相连接，形成廊院式布局，而佛塔的位置则相对自由，可在寺前、寺后，或另建塔院。

上海地区的古代佛塔，基本上都是楼阁式木檐砖塔。这种类型的塔，其附属的木结构（楼梯、楼板、平坐、栏杆、塔刹等）较易损毁，塔身却较为坚固，可以留存很久。许多古塔经历了无数次的修葺，附属的木结构已更换多次，但塔身仍为古代遗存。因此，在上海现存的佛教建筑中，佛塔数量最多。仅宋以前的佛塔建筑就有六处：建于北宋太平兴国二年（公元 977 年）的龙华塔，建于北宋太平兴国年间（公元 976～983 年）的秀道者塔，建于北宋庆历年间（1041～1048 年）的青龙塔，建于北宋熙宁（1068～1077 年）、元祐年间（1068～1093 年）的松江兴圣教寺塔，建于北宋的李塔，建于南宋淳祐五年（1245 年）的松江护珠塔。另有明清以来

所建的佛塔五座：建于明洪武十三年（1380 年）的金山华严塔，建于明洪武二十年（1387 年）的松江西林塔，重建于明天顺年间（1457～1464 年）的泖塔，建于明万历三十六年（1608 年）的嘉定法华塔，以及建于清乾隆三十九年（1774 年）的青浦万寿塔。在以上古塔中，除了松江兴圣教寺塔为 9 层，泖塔为 5 层，其余均为 7 层。

上海地区还留存有类似于塔的古代佛教经幢及小型佛塔数座，它们或由石材雕刻加工而成，或由砖石构件组合而成。经幢是一种唐时较为盛行、宋元后渐趋衰微的佛教建筑。上海现存的唐经幢有三座：建于唐大中十三年（公元 859 年）的佛顶尊胜陀罗尼经幢是上海地区现存最古老的地面文物，也是全国唐代经幢中最完整和高大的一座；南翔古猗园内收存的两座唐经幢分别建于唐咸通八年（公元 867 年）、唐乾符二年（公元 875 年），为原白鹤南翔寺旧物。小型石塔多为实心佛塔，可为石柱雕刻或砖石构件组合而成。上海现有小型佛塔四座，它们是：建于五代至北宋初年（公元 907～960 年）的南翔寺双塔（实心砖塔）、建于宋代的嘉定万佛塔（石塔）及建于南宋嘉定十五年（1222 年）的普同塔[17]（石塔）。

除了佛塔建筑、经幢、小型佛塔以外，上海现存的佛教建筑仅剩佛殿单体两座、群体建筑两处。两座佛殿分别为建于元延祐七年（1320 年）的真如寺大殿和建于清道光九年（1829 年）的东林寺大殿，前者是上海现存最早的佛殿，也是上海最早的木结构大殿，后者是上海现存最大的古代佛堂单体；两处群体建筑分别为龙华寺及沉香阁，前者还有部分建于清同治、光绪年间的古建筑，且保留了宋代禅宗的"伽蓝七堂制"，后者则完全重建于 20 世纪 90 年代。

一、真如寺大殿

真如寺大殿位于上海普陀区真如镇真如寺[18]，建于元延祐七年（1320 年），是上海地区唯一保存完好的元代佛寺大殿，也是上海现存最古老的木结

图3-1-5 1894～1962年的真如寺大殿（重檐歇山顶）（图片来源：上海现代建筑设计（集团）有限公司编．共同的遗产——上海现代建筑设计集团历史建筑保护工程实录 [M]．北京：中国建筑工业出版社，2009：59.）

图3-1-6 1964年修缮的真如寺大殿（单檐歇山顶）（图片来源：上海现代建筑设计（集团）有限公司编．共同的遗产——上海现代建筑设计集团历史建筑保护工程实录 [M]．北京：中国建筑工业出版社，2009：56.）

图3-1-7 真如寺大殿侧面

构大殿。真如寺大殿于1959年被列为市级文物保护单位，1996年被列为全国重点文物保护单位。

真如寺初建在官场（今大场附近）。南宋嘉定年间，僧人永安改建了寺庙，取名真如院，取佛经《成唯识论》中"真实""如常"之义。元延祐七年（1320年），僧妙心移建寺庙至今址，并改名为真如寺。元至顺三年（1332年）、明洪武（1368～1398年）及弘治（1488～1505年）年间，寺庙数度重修、扩建。明初曾易名万寿寺、宝华教寺。至清乾隆年间，真如寺已具较大规模。清咸丰十年（1860年），战火摧毁了十王殿、文昌祠、大悲阁、东岳行宫、地藏殿以及旁边的城隍行宫。一·二八事变中，韦驮殿又被炸毁。1950年，头山门被拆除，东配殿被改建为2层楼房。真如寺仅剩大殿（大雄宝殿）及西配殿三间。

真如寺大殿建筑规模并不大，处于现真如寺中轴线上。大殿面阔及进深均为三间，呈方形平面，为接近正方形的九宫格布局，面积达158平方米。建筑的梁柱布置与功能空间高度吻合：中心空间由四根内柱围合而成，为佛域空间，其前为礼拜场所，侧背为绕行的拜佛空间。该建筑原为单檐歇山顶，清光绪二十年（1894年）大修时，曾被改成五间重檐形式（图3-1-5）。1963年，该大殿又经历了落架重修，恢复了单檐三间的元代式样（图3-1-6、图3-1-7）。真如寺大殿（图3-1-8～图3-1-12）的梁架结构为四椽栿对后乳栿用四柱，四根内柱均后移一步架，形成精巧的梁架结构，满足了内部功能的需要。大殿内有16根棱状柏木柱，其中金柱6.45米高，直径40厘米，檐柱4.28米高，直径32厘米。正间的柱身都略向内侧倾斜，金柱内倾16厘米，檐柱内倾8厘米，其平面布局与全国著名的元代建筑山西芮城永乐宫龙虎殿相同。斗栱为四铺作小斗栱，后尾斜向挑出。补间铺作当心间置四朵，次间各用二朵。大殿明间内额下小枋底面有刻字（图3-1-13），可知该殿建于元延祐七年（1320年）。真如寺大殿构架简洁、举折平缓，且屋面硕大，出檐深远，层角起翘平和大方，具有元代建筑较为典

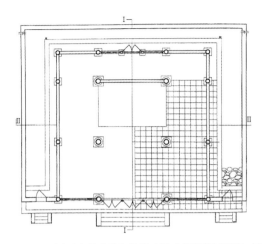

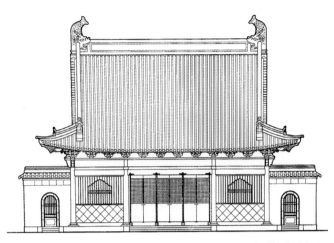

图 3-1-8 真如寺大殿平面图（图片来源：上海现代建筑设计（集团）有限公司编 . 共同的遗产——上海现代建筑设计集团历史建筑保护工程实录［M］. 北京：中国建筑工业出版社，2009：64.）

图 3-1-9 真如寺大殿南立面图（图片来源：上海现代建筑设计（集团）有限公司编 . 共同的遗产——上海现代建筑设计集团历史建筑保护工程实录［M］. 北京：中国建筑工业出版社，2009：66.）

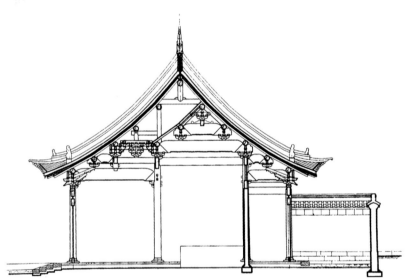

图 3-1-10 真如寺大殿横剖面（图片来源：上海现代建筑设计（集团）有限公司编 . 共同的遗产——上海现代建筑设计集团历史建筑保护工程实录［M］. 北京：中国建筑工业出版社，2009：68.）

图 3-1-11 真如寺大殿檐下斗栱内跳（陈淑霞摄）

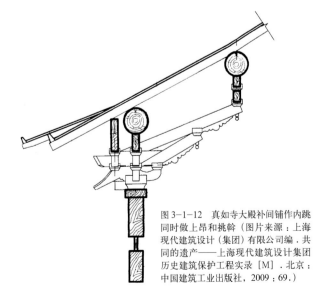

图 3-1-12 真如寺大殿补间铺作内跳同时做上昂和挑斡（图片来源：上海现代建筑设计（集团）有限公司编 . 共同的遗产——上海现代建筑设计集团历史建筑保护工程实录［M］. 北京：中国建筑工业出版社，2009：69.）

图 3-1-13 真如寺大殿室内斗栱、吊顶及枋底面刻字（陈淑霞摄）

型的特点。大殿明间前金柱前后两椽部位有覆水椽构成的假屋顶，形成后四椽"人"字形顶和前两椽斗栱支撑平綦的格局[19]。真如寺大殿的柱基处理比较特殊：柱础周围180厘米×30厘米范围内采用黄土、铁渣分层夯筑，深度达180～200厘米，最下为铁滓层。

据考证，大殿内有十根柱子为元代柏木，其中六根为完整元代原物，并有六个石柱础为元代旧物。在1963年的整修过程中，发现元代构件的榫卯处均写有构件或部位的名称，其中部分与宋《营造法式》中的名称相同。大殿内的释迦牟尼佛像，经鉴定为明代雕塑，可惜在"文化大革命"期间被损毁。后大殿曾被用作会场。1979年、1986年大殿又重新得到了翻修。现真如寺内供奉四大天王、韦驮菩萨、铜弥勒佛的天王殿及观音阁、藏经楼均为20世纪90年代新建的仿古建筑。

二、龙华寺、龙华塔

龙华寺、龙华塔位于上海徐汇区龙华街道（原龙华镇）龙华路。据清人张宸记载[20]，吴赤乌五年（公元242年），康僧会从交趾往建业（今南京）途中路过龙华荡，见"水天一色，藻荇交横"，是"尘辙不到，颇宜清修"之地，遂在龙华荡"建立茅茨，设像行道"。后康僧会觐见吴帝孙权，获赐建佛塔。初时的佛塔很简陋，且有13座，以供13颗舍利。因此，后人据此认为龙华寺始建于三国吴赤乌五年（公元242年），龙华塔始建于吴赤乌十年（公元247年）。

唐垂拱三年（公元687年）龙华寺得到武则天赏赐钱物，修缮了圆通宝殿和寺塔[21]，后毁于唐末的黄巢起义[22]。北宋太平兴国二年（公元977年）吴越王钱俶又重建龙华寺塔。北宋治平元年（1064年）改名为"空相寺"[23]。元末明初该寺再次被毁，仅存塔。明永乐年间（1403～1421年）又得到重建，成为松江府第一大寺。明嘉靖三十二年（1553年），明世宗敕赐"万寿慈华禅寺"，明万历年间，又获敕赐"大兴国万寿慈华禅寺"，并兴建了阿陀佛殿、

轮藏殿、大藏经阁等殿堂。清顺治年间，韬明禅师任寺院住持，中兴寺庙，先后修建了韦驮殿、东西照楼、怀香楼、藏经阁等。据张寰《龙华志》记载，当时龙华寺主要殿堂有：大雄宝殿、三大士殿、圆通宝殿、韦驮殿、天王殿、千手观音殿、大悲殿、真武殿、禅堂、祖师堂、法堂等，另外还有钟鼓楼、大藏经阁、文昌阁、方丈室、东西照楼、怀香楼、塔院、东轩、三元祠、张力伯祠、五通祠、僧房禅舍等建筑，整个寺院金碧辉煌，雄伟壮观，使龙华寺达到鼎盛。清咸丰年间（1851～1861年）又遭兵燹，寺庙殿宇大半毁于战火。

清光绪元年至二十五年（1875～1899年），经过僧俗的募捐，该寺院得以重建，只是由于龙华路的修筑，寺与塔于光绪十七年（1891年）起分踞于路之南北。至光绪二十四年（1898年），龙华寺又建成了大雄宝殿、方丈室、金刚殿、三圣殿、弥勒殿、罗汉堂、钟鼓楼等建筑，成为颇具规模的江南名刹（图3-1-14、图3-1-15）。

至1936年，龙华寺尚存有大雄宝殿、大悲阁、方丈室、金刚殿、三圣殿、弥勒殿、伽蓝殿、观音殿、祖师殿、地藏殿、罗汉堂、钟楼、鼓楼、客堂、斋房等建筑[24]。其中的大雄宝殿气势恢宏（图3-1-16）。1937年日军侵入上海，龙华寺建筑又有毁坏。"文化大革命"期间，建于明正德十一年（1516年）的

图3-1-14 清末的龙华寺（图片来源：http://www.360doc.com/content/12/1214/14/98463_253995630.shtml）

图 3-1-15 清末龙华寺鸟瞰（明信片）（图片来源：http://blog.sina.com.cn/s/blog_548212d30101egp2.html）

图 3-1-16 20 世纪初龙华寺大雄宝殿内景（图片来源：http://www.360doc.com/content/12/1214/14/98463_253995630.shtml）

古山门被拆除。

1953 年，寺院各殿宇经历了重修，并新建了藏经楼。1954 年，由刘敦桢、陈从周、乔舒祺先生按宋式重修了龙华塔。1957 年、1979 年、1984 年、1992 年该寺又经历了多次整修。

1959 年，龙华寺被列为上海市文物保护单位。1983 年，龙华寺被定为汉族地区全国重点寺院。2006 年，龙华塔入选第六批全国重点文物保护单位。

1. 龙华寺

现存的龙华寺建筑群主体建于清同治、光绪年间，保存了宋代禅宗的"伽蓝七堂制"[25]。中轴线上有牌坊、山门（图 3-1-17），第一进为弥勒殿，两侧为三重飞檐的钟楼、鼓楼，钟楼内悬青龙铜钟[26]，鼓楼置一直径为 1.7 米的大鼓；第二进为天王殿，两侧各有 4 米高的四大天王两尊，正中供奉一尊天冠弥勒像；第三进是面阔五间的大雄宝殿，正中供奉毗卢遮那佛像，左右有文殊、普贤，两侧沿壁为二十诸天和十六罗汉等塑像，后面有观音、善财童子等塑像；第四进为三圣殿，在三圣殿东有染香楼和牡丹园；第五进为方丈室，处于一个封闭内院中；第六进为藏经楼。龙华寺建筑群中，大雄宝殿、三圣殿为重檐歇山顶建筑（图 3-1-18、图 3-1-19）。

2. 龙华塔

龙华塔与龙华寺相对而立。始建于吴赤乌十年（公元 247 年），唐末毁于战火，北宋太平兴国二年（公元 977 年）重建。北宋治平三年（1066 年）、南宋绍兴十七年（1147 年）、明嘉靖二十年（1541 年）、明崇祯三年（1630 年）龙华塔均进行了修建。清光绪十八年（1892 年）遭遇火灾，龙华塔的底层围廊被毁，后经修复（图 3-1-20）[27]。

1920 年代曾被当时的驻军施以钢筋水泥，整修了平坐、栏杆，仅砖砌塔身和塔基部分仍系北宋兴国二年（公元 977 年）重建时的旧物。1954 年，在刘敦桢、陈从周、乔舒祺的设计下，该塔经历了重修，恢复了宋代的面貌。1984～1986 年，又更换了腐烂的塔心木和塔刹，重修了六、七层腰檐、平坐。

图 3-1-17　龙华寺山门（李东禧摄）

图 3-1-18　龙华寺大雄宝殿（李东禧摄）

图 3-1-19　龙华寺三圣殿（李东禧摄）

图 3-1-20 清末外国明信片上的龙华塔（图片来源：http://blog.sina.com.cn/s/blog_686ea4670101fhsx.html）

龙华塔为楼阁式砖木结构塔，塔高七层32.3米，加顶部塔刹，总高40.64米。塔身外壁为八角形，上有红砖砌出的仿木梁柱装饰。塔身内为方室，底层高大，向上各层面积与高度逐渐收缩，形成密檐。每层四面设壶门及壁龛，且逐层转换，使外立面上各层门窗依次变换。各层楼板下隐出砖栱，栱头卷刹分三瓣，外檐转角铺作施鸳鸯交手栱，底层围廊柱子的柱头呈梭状，枋上有七朱八白之装饰，各层栏杆为"卐"字形，宋代特征明显（图3-1-21、图3-1-22）。

龙华塔的基础处理颇有特色，体现了一千多年前中国匠人对软土基地采取加固的智慧：龙华塔的塔基采用木桩，桩与桩之间满铺石子三合土。木桩之上先垫一层13厘米厚的垫木，再铺砌五批菱角牙子砖（厚46厘米），然后砌筑170厘米厚的砖基础，基础每边比塔身大70厘米。

三、沉香阁

沉香阁位于上海黄埔区（原南市区）的沉香阁路29号，初创于明万历年间（1573～1620年），供奉一座沉香木观音像，为潘氏的家庙，也是上海唯一供奉沉香观音的寺院[28]。现存的沉香阁建筑群修复于1992年，仿明清格局和风貌[29]。其四柱三间三牌楼的山门，保存了明代的石柱和部分构件（图3-1-23）。1959年，沉香阁由上海市政府公布为市

图 3-1-21 龙华塔现状（李东禧摄）

图 3-1-22 龙华塔细部（李东禧摄）

图3-1-23 沉香阁山门（李东禧摄）

图3-1-24 沉香阁（李东禧摄）

图3-1-25 沉香阁大雄宝殿（李东禧摄）

级文物保护单位。1983年4月，被国务院确定为全国第一批汉族地区佛教142个重点开放寺院之一。1996年11月20日，沉香阁被由国务院公布为全国重点文物保护单位。

沉香阁供奉的沉香木观音佛像来源颇为神奇。相传豫园主人潘允端于明万历二十八年（1600年）奉命办理漕运，在疏浚淮河时从一艘沉船中获得一座沉香木观音像，遂运抵上海，并在家祠前建一佛阁供奉之。该座佛像为坐姿，高3尺许，且每逢阴雨天气便芳香四溢。清代潘氏家族渐衰，其家祠也逐渐破败。清康熙二十三年（1684年），曹垂灿又重修了殿堂。清嘉庆六年（1801年），上海巡道李亭敬、知县汤焘发起募捐，将沉香阁迁至城隍庙西北重建，并改名慈云禅寺。嘉庆十九年（1814年），僧振锡募资营建大雄宝殿。清道光二十九年（1849年），僧清如募资营建两厢楼。至此慈云禅寺方具大丛林规模。清同治三年（1864年），又募建鹤轩。至同治年间，寺院前有山门石坊、弥勒殿，中有弥勒殿、大雄宝殿，后有沉香阁、鹤轩、禅堂、厢楼等建筑（图3-1-24、图3-1-25）。

沉香阁是慈云禅寺的主体，为2层。在上海未建万寿宫前，该处是上海百姓祈晴祷雨之处，也是上海官员每逢皇帝诞辰举行朝贺之场所。1983年、1990年沉香阁得以重新修复。1992年，牌坊、天王殿等建筑得以重新整修，沉香阁也改为比丘尼道场。现供奉的沉香观音像由海外佛门信众捐献的泰国沉香木雕成。

四、兴圣教寺塔（松江方塔）

兴圣教寺塔位于上海市松江区中山路方塔园内（原松江城厢东南谷市桥西），建成于北宋熙宁、元祐年间（1068～1093年）。因其平面为方形，故俗称"方塔"。兴圣教寺塔除了七至九层系清代重建，其余各层的月梁、罗汉枋、撩檐枋等构件大部为宋代原物，不少地方保存了唐、五代的木作手法，尤其是斗栱保留了宋代原物的60%以上，是江南古塔中保留原构件较多的一座。1962年、1977年兴圣教寺塔两次被列为市级文物保护单位，1996 年被列为全国重点文物保护单位。

兴圣教寺始建于五代后汉乾祐二年（公元 949 年），北宋熙宁、元祐年间（1068～1093 年）始有宝塔。元末兴圣教寺遭遇兵燹，寺庙殿宇皆毁，独剩寺塔及钟楼。后明清历代均有所修葺。清咸丰十年（1860 年）兴圣教寺钟楼及寺院建筑遭毁，仅塔幸存（图 3-1-26）。1937 年，寺庙殿宇又遭日军轰炸，唯塔与庙前照壁幸存。从 1959 年出版的邮政明信片中，我们可以看出那时塔身外的平座破损严重（图 3-1-27）。

1975～1977 年，该塔得到了修缮。1978 年，上海市园林局以方塔为中心，动迁了周边的苗圃、工厂、居民，建成了方塔园（图 3-1-28）。松江方塔塔身修长，共有 9 层，高达 42.5 米，是上海现存次高的古塔。该塔虽建于北宋，但因袭唐代砖塔形制，呈四方形，具有唐代建筑风格（图 3-1-29～图 3-1-31）。塔底层边长为 6 米，往上逐层收缩。砖塔外壁为"砖夹木"，每隔五六皮至十余皮砖会

图 3-1-26　清末的松江方塔（上海凯利和沃尔什图书有限公司出版的明信片）（图片来源：http://www.997788.com/pr/detail_736_25958911.html）（左）

图 3-1-27　1959 年明信片上的松江方塔（图片来源：http://blog.sina.com.cn/s/blog_686ea4670101fhsv.html）（右）

图 3-1-28　方塔园内的方塔（李东禧摄）

图 3-1-29　松江方塔外观（李东禧摄）（左）
图 3-1-30　松江方塔底部檐廊（李东禧摄）（中）
图 3-1-31　方塔檐角（李东禧摄）（右）

嵌入一根长方形的横木，以加强墙体。塔身每面被砖柱分为三间，正中设壶门。每层设木质平坐、栏杆，有木斗栱承托。底层楼梯在围廊内图，二层以上楼梯均在塔身内。顶层为攒尖式屋顶，长达 13 米的塔心木在八层设支撑，穿出屋面 8 米多，套以铁质塔刹，并有覆盆、露盘、相轮、宝瓶等。有四根铁索（风浪索）从塔尖拖向顶层的檐角，塔檐四角设铜铃，取名"警鸟"，可驱赶鸟儿落塔做窝。

该塔在南宋和元明时曾多次进行修葺，清乾隆年间该塔又经历大修，更换了原七、八、九层的斗栱，并于清乾隆三十五年（1770 年）更换了塔心柱和塔刹。清道光二十六年（1846 年）又在修理时，在塔心木外包裹一层柏木。1974～1977 年的重修过程中，发现保留下来的 177 朵旧斗栱中有 111 朵是宋代原物，各层券门上的月梁（两端砍成六瓣卷杀）、部分腰檐上的罗汉枋等亦为宋代原物，并在第三层西面外檐柱头铺作与补间铺作间的栱眼壁上，发现宋代彩色佛像画两尊。1974 年，上海博物馆的人员在清理地宫时，在底层砖铺地面下发掘出有 1.5 平

方米的地宫方室，出土不少镇塔文物。

1975 年，该塔整修时保存了部分宋代原构件，如部分斗栱、部分券门上的月梁、外檐之罗汉枋等，换下了腐蚀构件，如塔心木、塔刹、相轮，以及扶梯、楼板、平坐、腰檐、栏杆、围廊等。

五、东林寺大殿

东林寺大殿位于金山区朱泾镇东林街。该寺始建于元至大元年（1308 年），原名观音堂，元黄庆二年（1313 年）改名为东林寺。元至正元年（1341 年）该寺曾毁于兵灾。明洪武、清乾隆曾经历二次重建。清道光五年（1825 年）东林寺大殿毁于大火。清道光九年（1829 年），又获重建。该建筑为典型的清代重檐歇山顶宫殿式建筑（图 3-1-32、图 3-1-33），面南背北，面阔五间带轩廊，进深六间，高大宽敞，肃穆宏伟，建筑面积 348 平方米，是上海地区现存佛教殿堂中单体最大的古建筑。1987 年列为上海市文物保护单位。1998 年，由上海市文物管理委员会和金山区人民政府出资，并在社会各界支持下，对

图 3-1-32　东林寺大殿外观（李东禧摄）

图 3-1-33　东林寺大
殿木构架（李东禧摄）

殿内外进行了全面整修，并采用顶升技术，将大殿整体抬高 60 厘米。

六、青龙塔

青龙塔位于上海市青浦区白鹤乡青龙村，又称隆福寺塔、吉云禅寺塔[30]、青龙雁塔，始建于

图 3-1-34　青龙塔残存的塔身（图片来源：http://blog.sina.com.cn/s/blog_50d277090101pwq5.html）

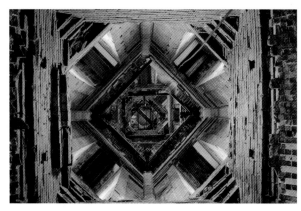

图 3-1-35　青龙塔内部仰视（整修前原貌）（图片来源：http://blog.sina.com.cn/s/blog_50d277090101pwq5.html）

唐长庆年间（公元 821 ~ 824 年）。北宋庆历年间（1041 ~ 1048 年）又重建，为七层八边形砖木结构塔。该塔原高 41.5 米，后因台风吹倒塔刹，仅剩残高约 30 米。1962 年、1982 年该塔两次被列为上海市文物保护单位。

青龙塔不仅是一座佛塔，在当时它还起到了为沪渎港内船只导航的灯塔作用[31]，是上海古青龙港的标志。元大德三年（1299 年）到至正三年（1343 年）任仁发及其子任贤德、孙任士质历经三代完成对该塔的修缮，后明崇祯十七年（1644 年）、清顺治五年（1648 年）又有所修葺。清嘉庆三年（1798 年）该塔遭火灾，清咸丰十年（1860 年）又罹兵燹，致塔身破损，腰檐平坐尽失（图 3-1-34、图 3-1-35）。

1956 年，青龙塔的塔刹被台风吹倒，刹上落下紫铜铸就的葫芦状宝瓶，上书"明崇祯十七年三月铸"等字。由于塔顶损坏，雨水漏进塔体，造成塔内木楼梯腐烂，楼梯尽毁，仅存塔身，且呈倾斜状，岌岌可危。1992 年，经专家纠偏，该塔重新恢复了垂直（图 3-1-36）。1993 年，青龙塔、寺得到重新修整，并对外开放。现存的青龙塔塔身为原来的古塔，每层四面设壶门，各层方向交替转换（图 3-1-37）。

七、泖塔

泖塔位于上海青浦区沈巷镇张家圩村，距青浦镇 13 公里，始建于唐乾符年间（公元 874 ~ 879 年），现存塔体重建于明天顺年间（1457 ~ 1464 年）。1962 年、1980 年泖塔两次被列为市级文物保护单位。

泖塔位于原泖湖中的一个小洲上，由老僧如海主持筑成，既是"澄照禅院"的佛塔[32]，又是当时泖河中来往船只的导航灯塔[33]。因具备灯塔的功能，泖塔于 1997 年入选国际航标协会评选出的 100 座最古老的"世界历史文物灯塔"[34]，是中国历史上最古老的人工灯塔之一（图 3-1-38）。

宋朝以后，上海的海岸线逐渐外移，泖湖周围水域也逐渐缩小，泖塔渐渐失去了其兼作航标灯的功能。宋景定年间（1260 ~ 1264 年），因寺院更名为"福田寺"（也称"长水塔院"），故该塔也被称为"福

图 3-1-36 青龙塔现状（李东禧摄）

图 3-1-37 青龙塔细部（李东禧摄）

田寺塔"（俗称"泖塔"）。明天顺年间（1457～1464年），宁波僧道泰募修塔园。明嘉靖年间，又有僧明智建大雄宝殿，信士林茂捐助修塔。明万历年间，福田寺陆续建造了藏经阁、放生台、迦蓝殿、潮音阁等建筑，其间还有僧人于万历四十一年（1613年）募捐大修泖塔，更换了塔心木，重铸了塔刹。此后300余年间，泖塔无大修。至民国7年（1918年），塔身仍完整，飞檐四翘[35]。至20世纪50年代，泖塔已残破不堪，塔的平坐木结构、腰檐破落殆尽，

图 3-1-38 水边的泖塔（李东禧摄）

图 3-1-39 泖塔旧照（图片来源：http://andonglaowang. blog.163.com/blog/static/8448753220111123357683/）　　　　图 3-1-40 泖塔现状（李东禧摄）　图 3-1-41 泖塔底层檐廊木构（李东禧摄）

栏杆失落，露出平坐底下的菱角牙子叠涩三道，仅余塔身、塔刹及相轮（图 3-1-39）。1995 年经修缮，该塔焕然一新，重新成为水中胜景，颇有明代书画家文徵明诗句的意境："昔年如海有遗迹，五级浮屠耸碧空。三泖风烟浮槛外，九峰积翠落窗中……"[36]（图 3-1-40）。

　　泖塔为 5 层砖木结构方塔，高达 27.09 米，每层两面有壸门，壸门过道上有砖砌叠涩藻井。底层有围廊（图 3-1-41、图 3-1-42），各层腰檐坡度平缓、斗栱粗壮，颇具唐风（图 3-1-43、图 3-1-44）。根据文物部门对塔身及塔基砖块的热释光法测定，确定该塔始建于唐代，宋、元两代均有"圮坏"，现存的塔体实为明天顺年间（1457～1464 年）所推倒重建的[37]。

八、李塔

　　李塔位于上海松江区石湖荡镇李塔街 130 号（原李塔汇乡集镇北），处在黄浦江上游的横潦泾畔，也被称为礼塔，创建年代不详，但不应晚于宋代。塔下原有延寿院，后仅存一塔。2002 年李塔被认定为市级文物保护单位。

图 3-1-42 泖塔外观（李东禧摄）

图 3-1-43 李塔腰檐、平坐（李东禧摄）

图 3-1-44 李塔檐角（李东禧摄）

图 3-1-45 整修前的秀道者塔（图片来源：http://andonglaowang. blog.163.com/blog/static/8448753220111123357683/）

李塔是一座砖木结构的楼阁式方塔，高约 33 米，共 7 层（图 3-1-42）。底层为壁内折上式，不设扶梯，须从围廊登梯。二至七层为空筒式，内置木梯，可至外面平坐。每层四面设壶门，壶门上置木梁，各层壶门外的壁上嵌有 200 尊形态各异的佛雕。由于年久失修，李塔的木结构多已缺失，只留下塔身、塔刹。李塔的塔身结构呈宋式，但其檐椽、斗栱等木结构则为清式（图 3-1-43、图 3-1-44）。1997年，在上海市文管会和当地政府共同出资下完成修缮。塔身砖缝用黄泥与白灰相砌，每层有楠木过梁。塔心木置于六层，以三根木梁承重。1999 年，塔下恢复了延寿寺。

九、秀道者塔

秀道者塔[38]位于上海松江区佘山镇外青松公路佘北公路路口西南，又名月影塔，建于北宋太平兴国年间（公元 976～983 年）。1961 年秀道者塔被公布为全国重点文物保护单位，2002 年该塔被公布为上海市文物保护单位。

该塔砖木结构塔，七级八面，高约 29 米，塔身修长，每层四面设壶门，壶门方向各层交替转换。因年久失修，其腰檐、平坐、栏杆、木楼梯、楼板及底层围廊俱已损毁，仅存塔身及塔刹（图 3-1-45）。1997～1998 年，政府对该塔进行了修缮，恢复了腰檐、平坐、栏杆、楼梯等（图 3-1-46、图 3-1-47）。

十、松江护珠塔

松江护珠塔位于松江区佘山镇莱乐东路 78 号（天马乡天马山中峰之右），建于北宋元丰二年（1079

图 3-1-46　秀道者塔现状（李东禧摄）

图 3-1-47　秀道者塔底层（李东禧摄）

图 3-1-48　护珠塔旧照（图片来源：http://andonglaowang.blog.163.com/blog/static/84487532201111123357683/）

图 3-1-49　护珠塔全貌（李东禧摄）

年）。该塔原名圆智教寺塔[39]。因于南宋绍兴二十七年（1157年）得宋高宗赐五色舍利珠，故又名护珠塔，也称宝光塔、护珠宝光塔。后因其塔身倾斜，也被人们称为"斜塔"。1983年，该塔被列为市级文物保护单位。

天马山是"云间九峰"中第八峰，也是九峰中最大的一座。建于天马山上的圆智教寺也是当时较大的一座佛寺。护珠塔由横山乡的许大全建造。南宋淳祐五年（1245年）重修，为七层八边形楼阁式砖木结构。该塔内室为方形，四角设圆形砖柱，底层四面设门。每隔一层，塔内方室的方位旋转45°，使塔壁上各层的门洞位置也相应旋转45°。

清乾隆五十三年（1788年），因佛事引发的火灾烧毁了护珠塔的塔心木、楼板、扶梯、腰檐、平坐等木构件，仅留存下砖砌的塔身。火灾后，当地百姓因相信塔中有舍利宝珠，大肆挖掘，致使塔基倾斜。现存塔身高18.82米，向东南倾斜6°51′52″，中心位移达2.27米，斜度超过意大利比萨斜塔（图3-1-48）。1984～1987年，该塔经历了大修（图3-1-49），采取横向层层加箍，纵向面面加筋的措施，并用钢筋混凝土灌注"蟹脚撑"，加固了塔基和塔身（图3-1-50、图3-1-51），使7层古塔与塔基、山岩结成一体，保持了斜而不倒的形态。

十一、松江西林塔

松江西林塔（又名崇恩塔、圆应塔）位于上海松江区中山中路666号（原华亭老街西端），始建于南宋咸淳年间（1265～1274年），与西林禅寺[40]为"前塔后寺""寺塔合一"，原名"崇恩主塔"，俗称"西林塔"。明洪武二十年（1387年）重建，为纪念西林寺的创建高僧圆应，改称"圆应塔"。1982年该塔被列为市级文物保护单位。

图3-1-50　加固后的护珠塔（李东禧摄）

图3-1-51　护珠塔局部
（李东禧摄）

图 3-1-52　西林塔旧影（图片来源：http://blog.sina.com.cn/s/blog_548212d30101egp2.html）（左）
图 3-1-53　拆除了腰檐、平坐、栏杆的西林塔（图片来源：http://www.360doc.com/content/14/0201/12/11807844_349154994.shtml）（右）

明正统九年（1444 年），僧人法珍扁将圆应塔迁建于殿后，并重修大殿为毗卢阁，获明英宗亲赐匾额，敕封"大明西林禅寺"。后明万历四十一年（1613 年）及清乾隆五十八年（1793 年）、道光二十五年（1845 年）、光绪初年（1875 年）该塔又经历了修缮。该塔系砖木结构，七层八边形，高 46.5 米，为上海现存最高的古塔。塔身底层每面为 3.05 米，往上逐层收缩，每层四面设壶门，外墙嵌有佛像砖，砖身内藏有登高石级。该塔塔身围廊、斗栱、平坐为清代式样，外檐斗栱用砖砌部分为宋代式样（图 3-1-52），塔身上嵌有精美砖雕佛像。

1965 年，为保安全拆除了破落的塔檐、平坐、栏杆诸物（图 3-1-53）。1993 年经上海市文管委立项修复，更换了塔刹，修复了平坐、栏杆等构件，恢复了昔日的宋塔原貌（图 3-1-54、图 3-1-55）。在古代的松江城内，城西的西林塔与东部的兴圣教寺塔（方塔）东西对峙，相互呼应，是松江古城内的重要两景。

十二、嘉定法华塔

嘉定法华塔（又名金沙塔）位于今嘉定区嘉定镇州桥畔（原嘉定镇南大街登龙桥南），处练祁河与横沥河交汇处。该塔始建于南宋开禧年间

图 3-1-54　西林塔全景（李东禧摄）（左）
图 3-1-55　西林塔局部（李东禧摄）（右）

（1205～1207年），位于当时的"练祁市"，为方形七层塔。后嘉定设县时，即以此塔为中心，设置东、南、西、北四条大街。在古代嘉定，"金沙夕照"是嘉定的胜景之一。2002年该塔被列为市级文物保护单位。

嘉定法华塔下并无寺院，该塔的兴建是为了激励当地的读书人去发奋争取功名，因此法华塔在当地又被称为"文笔峰"。元至大元年（1308年），法华塔曾经历重修。后几经兴废，至明万历年间已经损毁严重，只有底层还比较完整。明万历三十六年（1608年），知县陈一元募款重修，将塔恢复成七级砖木结构楼阁式塔，高达40.83米。重修后的法华

塔各层有平坐、栏杆、腰檐，层间飞檐翘角，下悬檐铃，颇为引人入胜。该塔的"法华塔"之匾由明末嘉定四先生之一、书法家娄坚所题。

清康熙、雍正、乾隆、嘉庆及民国时期均有不同程度的修缮。可惜的是，该塔在民国年间重修时被拆去了传统的腰檐平坐，改用钢筋混凝土修建了底层围廊、腰檐、平坐、栏杆和七层塔顶，原有风格遭到破坏（图3-1-56）。1994～1996年，上海市文物管理委员会与当地政府联合拨款，按照宋代风格对该塔进行了重新整修，并对倾斜的塔身进行了纠偏（图3-1-57～图3-1-59）。

图3-1-56　嘉定法华塔（1961年上海邮电管理局出版的明信片）（图片来源：http://blog.sina.com.cn/s/blog_686ea4670101fhsv.html）

图3-1-57　法华塔现状（李东禧摄）

图3-1-58　法华塔细部（李东禧摄）

图3-1-59　法华塔斗栱（李东禧摄）

图 3-1-60 华严塔旧影（图片来源：http://andonglaowang.blog.163.com/blog/static/84487532201516733524/）

十三、金山华严塔

华严塔位于上海金山区亭林镇华严塔路 58 号，又名松隐塔[41]。该塔始建于明洪武十三年（1380 年），建成于 1384 年，是上海浦东地区现存唯一的明代古塔（图 3-1-60）。该塔高 31.25 米，为七级方塔，砖木结构，曾与方塔、西林塔、李塔并称为松江府四塔，是江南地区较早使用琉璃构件的古塔之一。1969 年、2002 年华严塔两次被列为市级文物保护单位。

清乾隆四十年（1775 年）、道光二十七年（1847 年）华严塔曾经历两次重修。民国初年，又凿放生池，植莲藕，建藏经楼，造碑廊。1961 年，雷击致该塔顶部倾斜。1963 年经历整修，塔心木被扶正，并于塔尖设置避雷针。1999 年，上海市文物管理委员会与当地政府联合拨款，对华严塔进行了整修（图 3-1-61、图 3-1-62）。

十四、青浦万寿塔

万寿塔（俗称南门塔）位于上海青浦区青浦镇青松路 406 弄 54 号（临），北临淀浦河。该塔始建于清乾隆八年（1743 年），乾隆三十九年（1774 年）重修。为 7 层砖木结构方塔，残高 24.53 米，修复后全高 32.9 米。1956 年，该塔曾被列为江苏省第三批文物保护单位，2014 年被公布为上海市文物保护单位。

图 3-1-61 华严塔现状（李东禧摄）

图 3-1-62 华严塔檐口、平坐（李东禧摄）

图 3-1-63 青浦万寿塔旧影（图片来源：http://andonglaowang.blog.163.com/blog/static/844875322015174534128）

图 3-1-64 修复前的万寿塔（图片来源：http://andonglaowang.blog.163.com/blog/static/844875322015174534128）

图 3-1-65 修复前的万寿塔细部（图片来源：http://andonglaowang.blog.163.com/blog/static/844875322015174534128）

据汪德馨《塔院记》记载："其士大夫与里之父老子弟输金钱，仿浮图象教，岿然建瓴级于南门之外，丹黄璀璨，上耸云霄。工竣而奉以嘉名，谓之万寿……邑之人望云稽首，感百年休养保聚之泽，效万岁歌呼颂祷之声，而藉是以仰报国恩，非徒辉耀文明如雁塔故事，为俊髦题名之地而已。"由上可得知，该塔为青浦文人绅士为庆得朝廷蠲捐，并祝乾隆长寿而建，与佛教关系不大。塔建成之后，附近又建殿、堂、庑等，占地 30 余亩，称万寿塔院。清乾隆三十九年（1774 年），白鹤进士徐恕又独资修塔，使之呈"金碧之光，灿烂天表"之态。乾隆四十三年（1778 年），塔遭雷击，损坏较重。乾隆四十六至四十七年（1781～1782 年），清学者王昶居塔院内修纂《青浦县志》。清光绪九年（1883 年），有一铜匠上塔偷锡，于熔锡时失火，致塔身木结构大部焚毁，塔刹、腰檐、楼梯遭损（图 3-1-63～图 3-1-65）。2009 年，青浦区政府修复了万寿塔，恢复了塔刹、腰檐、平坐、扶梯等（图 3-1-66、图 3-1-67）。修复完成后塔高 32.9 米。

图 3-1-66 万寿塔现状（李东禧摄）

图 3-1-67　万寿塔木构（李东禧摄）

十五、松江唐经幢

松江唐经幢位于上海市松江区中山东路 270 号中山小学内（原华亭县衙前十字街口），全名"佛顶尊胜陀罗尼经幢"，建于唐大中十三年（公元 859 年）[42]。松江唐经幢为上海地区现存最古老的地面文物，也是全国唐代经幢中最完整和高大的一座

（图 3-1-68、图 3-1-69）。1962 年、1977 年松江唐经幢被列为市级文物保护单位。1988 年，松江唐经幢由国务院公布为全国重点文物保护单位。

经幢为石灰岩材质，现存二十一级，高 9.3 米。幢身分上、下两截，皆为八角形，直径达 76 厘米。上段高 177 厘米，刻有《佛顶尊胜陀罗尼经》全文，下段高 45 厘米，有题记及捐助者姓名；幢身下设勾栏平坐、叠涩，其下有三重束腰、三层托座（图 3-1-70）；从下至上三段束腰上分布刻盘龙、蹲狮及菩萨壶门，三座托座分别为海水纹座、莲瓣卷云座、唐草纹莲座。三段图案寓意地下、地上、云间的自然；幢身上部共有十级（图 3-1-71），从下至上有狮首华盖、联珠、卷云纹托座、四天王座像、八角腰檐、仰莲托座、礼佛浮雕圆柱、八角攒尖盖等。经幢通体雄伟秀丽、造型优美、层次组合匀称，幢身浮雕生动形象，技法洗练圆熟，极具盛唐艺术风格。

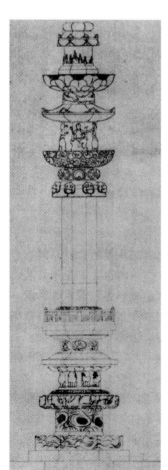

图 3-1-68　松江唐经幢立面图（图片来源：杨嘉祐.上海地区古建筑[J].建筑学报,1981,(07):48.）（左）

图 3-1-69　松江唐经幢全貌（李东禧摄）（右）

图 3-1-70　松江唐经幢局部（勾阑平坐、托座）（李东禧摄）

图 3-1-71　松江唐经幢局部（幢身以上部分）（李东禧摄）

从幢身上的题记可以发现，这是蒋复、沈直珍为父母、亡弟、亡妻早升天界而造。至 20 世纪 60 年代初，该经幢仅有十级露出土墩，其余皆埋于土内。经发掘、修复始恢复全貌。

十六、南翔唐经幢

南翔唐经幢（共两幢）原位于云翔寺（即南翔寺）大雄宝殿前，1959 年被迁入南翔古漪园中，立于南厅和微音阁前。两座经幢于唐咸通八年（公元 867 年）动工开凿，唐乾符二年（公元 875 年）落成，北宋太平兴国五年（公元 980 年）经历重修。该经幢所在的南翔古漪园于 2014 年被列为市级文物保护单位。

两座经幢高为 10 米，为仰莲基座，八角七级幢柱，飞檐幢顶，造型挺拔秀丽，上刻《佛顶尊胜陀罗尼经》全文。元元统二年（1334 年）重修南翔寺大殿时，经幢被前移，并因幢身经文模糊，又重镌经文。清乾隆五十四年（1789 年），其中一幢经幢被飓风吹倒，后于嘉庆年间修复。清咸丰六年（1856 年），因太平军战事，南翔寺毁于兵燹，经幢断成数段。1959 年，古漪园修复时，搜罗齐集的经幢被移入园中，分别放于微音阁与南厅前面。后南厅前的经幢于 1968 年遭遇雷击，损坏了 1/3，微音阁前的经幢于"文化大革命"时期被凿去佛像。1979 年，古漪园改建时，两幢经幢再次整修（图 3-1-72 ～图 3-1-74）。

十七、南翔寺双塔

南翔寺双塔（又名南翔寺砖塔、云翔寺砖塔）位于嘉定区南翔镇解放街香花桥北，原为南翔寺[43]山门前东、西两塔，其创建时间已无记载。根据

图 3-1-72　南翔唐经幢（古漪园南厅前）（李东禧摄）　　图 3-1-73　南翔唐经幢（古漪园微音阁前）（李东禧摄）　　图 3-1-74　南翔唐经幢（幢身佛像被凿去）（李东禧摄）

其形制推测，该塔始建于五代至北宋初年（公元907～960年），距今已有千年历史，是上海唯一的佛教双塔，是著名的南翔八景之一，名为"双塔晴霞"，也是国内仅存的一对年代久远的仿木结构楼阁式砖塔。1962年、1980年该双塔被列为市级文物保护单位。

清乾隆三十一年（1766年），一场大火将南翔寺烧毁，仅剩砖塔及原位于寺内九品观荷花池的普同塔[44]及大殿前的石经幢。至20世纪80年代初，古砖塔隐没于民居之中，塔身下埋、塔顶坍塌、塔身面砖风化，各层腰檐和斗栱已损坏，塔刹和相轮不知去向。1981年，陈从周教授应邀主持修复设计。根据古塔留存的构件、痕迹及地下散落的实物，陈先生确定了以唐宋建筑风格为主的复原方案。1983年，当地政府又动迁了塔旁的居民。1986年底，古塔修复完成。恢复原貌的南翔寺砖塔为仿木结构，塔高七层，平面八边形，总高11米，底面直径为1.86米，每层有腰檐、平坐、阑板，四面有壶门，另四面为砖制直棂窗（图3-1-75）。腰檐坡度平缓，檐下有斗栱并出昂。外立面上，火焰形的壶门、简朴

图 3-1-75　南翔寺砖塔（李东禧摄）

图 3-1-76　南翔寺砖塔细部（李东禧摄）　　图 3-1-77　南翔寺砖塔的整体环境（李东禧摄）

图 3-1-78　万佛塔 1（李东禧摄）　　　　　　　　图 3-1-79　万佛塔 2（李东禧摄）

的直棂窗、精巧的斗栱比例匀称，且门窗位置隔层交替相错（图 3-1-76）。修缮后的两塔位于一个开敞式的小塔院之中，塔基底座仍位于原位，四周有石块铺装，比周边地面要低 1 米左右，有石级可登达路面（图 3-1-77）。

十八、嘉定万佛塔

嘉定万佛塔位于现嘉定区汇龙潭公园西北角，建造于宋代，又被称为石佛塔。该塔原位于嘉定镇石塔弄石塔寺中，后庵堂建筑逐渐毁坏，只留石塔下立于嘉定南门外的石塔弄中，1979 年被迁至原县博物馆，1980 年起被放置于汇龙潭公园内。该塔为一座方形石塔，有两级基座，塔身六节，总高 4.3 米，花岗石材质（图 3-1-78）。方形塔柱三面刻有佛像图（图 3-1-79），下级为莲花座坐佛，上级为莲花座立佛，一面刻有经文。塔刹为莲花瓣状，下部仰莲上承覆莲，石刻宝珠置于仰莲之上。下层北面竖刻"万佛宝塔"四字。

第二节　道教建筑

道教是在中国本土"土生土长"的一种宗教。它奉老子为教祖，信奉"道"为天地万物之根源。人们可以通过修炼而"得道"。道教起始于东汉中叶，鼎盛于唐宋，元代以后主要分为正一、全真两大教派。明中叶后逐渐衰弱。清代朝廷重视佛教，抑制道教。道教在社会上层的地位日趋式微，逐渐走向民间[45]。

上海地区最早的道教活动，有文字可考的始于唐代。唐时在语儿泾东有皋阳庙。后晋天福年间（公元936～942年）又在杨思桥有了石仙庙[46]。据《松江府志》记载，宋以后松江的道教宫观不下10余所[47]，如上海镇的崇宁庵、丹凤楼、松江的仙鹤观、浦东三林的崇福道院等。其中建于宋咸淳七年（1271年）的丹凤楼是当时的名胜，上有宋代陈珩手书的匾额、元代赵孟頫所写的记事碑及杨维桢的诗作《丹凤楼》。明嘉靖三十二年（1554年），上海县治筑城墙。到了明万历年间（1573～1619年），城楼上的箭台废圮，有道士于此建庙。位于西门箭台的即为"大千胜境"，因其供奉关帝，故也称大境关帝庙。明清以后，上海地区的道教实力渐趋微弱。至鸦片战争前，上海仅余道观30座左右。但是，在上海开埠以后，有江浙一带的道士来沪谋生。其中，苏州道士曹瑞长于同治七年（1869年）首先领到上海县道会寺颁发的"外方流道执照稽查"，得以开办道观。此后，还有一些外地道观也到上海建下院。海上白云观就是这样一座先由外地道士创办，后又成为北京白云观下院的道教宫观。

道教的正一、全真两派中，在上海占主导地位的是正一派，现存的钦赐仰殿、大境关帝庙均为道教正一派宫观。全真教派传入上海地区大约是在元代。据《松江府志》记载，元大德十年（1306年），娄县曾建有"长春道院"。道院名为"长春"，当是为了纪念全真道龙门派祖师丘处机（号长春子）而建。元至治元年（1321年），杨载撰《长春院记》，记述长春道院前殿祀老子，"其外两庑，其后为堂，

院之东北隅，曲径深邃，有池水业竹之胜。"[48]但是，1321～1874年的500余年中，上海地区很少有全真道活动的记载，直到杭州道士王明真于清同治十三年（1874年）来沪创立全真教派的雷祖殿。

一、钦赐仰殿

钦赐仰殿位于上海浦东新区源深路476号，又名"金四娘殿""金师娘殿""东岳行宫""太清宫"，为道教正一派宫观，是上海地区最古老的道教宫观之一，也是上海道教正一派最大的道观。有关该建筑始建年代的说法有几种：因其大殿梁上有"信官秦叔宝监造"字样，有人推断该建筑建于唐代，且为唐太宗敕建，故称钦赐仰殿；另据《护城备考》记载[49]，该殿建于明崇祯年间，原为供奉为民众驱除蝗虫的农业保护神祇金四娘（金师娘）而建，后因沪语谐音（沪语中"金四娘"与"钦赐仰"谐音）被传讹为钦赐仰殿。

明末清初，该建筑被毁。清乾隆三十五年（1770年）又得以重建。重建后该道观被改名为钦赐仰殿，改为供奉东岳大帝，后为三清大殿，左右十五殿，道舍配房20余间，占地20多亩（图3-2-1）。清末又募建了三清殿、四御殿（图3-2-2）。"文化大革命"期间钦赐仰殿建筑曾被用做加工厂，三清殿等建筑被拆毁。至"文化大革命"结束时，钦赐仰殿仅剩东岳大殿。

图3-2-1　《申江胜景图》中的钦赐仰殿（图片来源：吴友如．申江胜景图．点石斋，1884．）

图 3-2-2 钦赐仰殿原山门（图片来源：http://www.shtong.gov.cn/node2/node4/node2250/chuansha/node48717/node48722/node48724/userobject1ai35319.html）

图 3-2-3 钦赐仰殿正面（李东禧摄）

图 3-2-4 钦赐仰殿侧面（李东禧摄）

现存建筑中，大部经 20 世纪八九十年代的新建，仅东岳殿为古建筑遗存（图 3-2-3）。"文化大革命"期间，殿宇被毁。现在的钦赐仰殿新建于 1983～1991 年（图 3-2-4）。

二、海上白云观

海上白云观现位于黄浦区大境路 259 号，与大境阁相邻，系市政动迁由原西林后路 100 弄 8 号搬来。

海上白云观的历史并不很长。清同治十三年（1874 年），杭州显真观道士王明真在上海北门外新桥朝阳楼（今浙江路北海路附近）创建了全真道观"雷祖殿"。清光绪八年（1882 年），原位于北门外新桥朝阳楼（今浙江路北海路附近）的"雷祖殿"⁵⁰因道路拓宽需搬迁，住持徐至成在士绅资助下购买了老西门西林后路的观址，重建了雷祖殿。光绪十二年（1886 年），徐至成又扩建了斗姥殿、客堂和斋堂等。光绪十四年（1888 年），该观住持徐至成进京，在北京白云观方丈高仁峒的协助下，以白云观下院的名义，请回一部 8000 余卷的明版《道藏》，并增建藏经阁。为了嗣法京师白云观，遂改名为"海上白云观"，确立了其在上海道观的领导地位，也被称为"十方丛林"。

清光绪十九年（1893 年）海上白云观扩建，增建三清殿、吕祖殿、丘祖殿、茅山殿、客堂和斋堂等。1902 年又扩建了玉皇殿、太乙殿和甲子殿。完整的白云观建筑群包括前殿、后殿两部分：前殿中为雷祖殿、藏经阁，东殿为客堂、邱祖殿，西殿为斋堂、斗姆殿等；后殿为三进，中为三清大殿（图 3-2-5），

图 3-2-5　白云观中的三清殿（图片来源：http://www.360doc.com/content/14/0201/12/11807844_349154994.shtml）

图 3-2-7　海上白云观入口（李东禧摄）

图 3-2-6　原西林后路白云观入口（图片来源：http://www.360doc.com/content/14/0201/12/11807844_349154994.shtml）

图 3-2-8　海上白云观灵霄宝殿（李东禧摄）

南为甲子殿，北为四御殿，东为救苦殿，西为吕祖殿、玉皇阁及钟鼓亭等建筑。

民国以后，白云观日趋萧条，道俗混杂，大量殿宇移作他用。1984 年，海上白云观得到修复。2005 年，因市政动迁，位于西林后路的海上白云观（图 3-2-6）被搬迁至黄浦区大境路 259 号，与大境阁相邻，现存建筑有灵宫殿、灵霄宝殿、老君堂、雷祖殿等（图 3-2-7～图 3-2-9）。三清殿内所供奉之八尊天将神铸，均为铜铸，高达 177 厘米，铸

图 3-2-9　海上白云观雷祖殿（李东禧摄）

图 3-2-10　建于箭台上的大境关帝庙（图片来源：http://lifengli2005.
blog.163.com/blog/static/13322232200961982850553/）

图 3-2-11　大境关帝庙（图片来源：蔡育天.沧海－上海房地产 150 年
[M].上海：上海教育出版社，1998：7.）

图 3-2-12　改建为 3 层高阁时的大境阁（图片来源：http://www.
360doc.com/content/12/0407/13/6748870_201645358.shtml）

工精良，为珍贵的道教文物。观内原藏明版《道藏》
被保存于上海图书馆。

三、大境关帝庙

　　大境关帝庙位于上海黄浦区大境路 259 号，建
于原来的上海县城墙上，这也是上海现在仅存的一

图 3-2-13　1914 年的大境关帝庙（大境路 259 号）（图片来源：http://
www.360doc.com/content/12/0407/13/6748870_201645358.shtml）

段城墙。大境关帝庙始建于明万历年间。现存建筑
重建于清宣统二年（1910 年），1959 年、1984 年大
境关帝庙与上海古城墙一起两次被列为上海市文物
保护单位。

　　明嘉靖三十二年（1553 年），上海县为抵抗
倭寇筑起了城墙，并在北城设置万军、制胜、振
武、大境四座箭台。明万历年间，四座箭台之上又
分别修筑了丹凤楼、观音阁、真武庙、大境阁等四
座建筑[51]，其中原大境箭台供奉三国时的关羽，因
此该称为大境关帝庙，是上海道教正一派重要道观
（图 3-2-10、图 3-2-11）。明崇祯七年及清雍正、
乾隆年间，大境关帝庙均有整修。清嘉庆二十年
（1815 年），改建为 3 层高阁，甚为壮观（图 3-2-12），
曾是明清"沪城八景"之一，被誉为"江皋霁雪"。
清道光十六年（1836 年），总督陈銮在东首建石坊，
题额"大千胜境"，后人遂简称为"大境"。1843 年，
上海最早用铅字印刷书刊的"墨海书馆"即开设于
此楼的二层。

　　清咸丰三年（1853 年），大境阁毁于一场大火，
后由住持朱锦涛募资重建。咸丰十年（1860 年）被
驻兵毁坏，宣统二年（1910 年）又重修，易额"大
境"（图 3-2-13）。1947 年经过大修，成现存 3 层
建筑，殿前有戏台（俗称万年台）一座，画栋雕
梁，构造别致。1990 年，原南市区人民政府与上

图 3-2-14 大境阁现状 (李东禧摄)

图 3-2-15 大境阁外观 (李东禧摄)

图 3-2-16 大境阁室内 (李东禧摄)

海市文管会出资,对大境关帝庙及古城墙进行大修(图 3-2-14～图 3-2-16)。

第三节 清真寺

　　伊斯兰教传入中国始于唐代。唐永徽二年(公元 651 年),阿拉伯帝国第三任哈里发派遣使者赴长安觐见唐高宗。上海地区出现伊斯兰教则始于元末。13 世纪初,元朝大军征服了中亚的广阔疆土。一些穆斯林被编入元军,并跟随其来到了中国。1275 年,元朝大军开始进驻松江。当时,驻扎于松江华亭的

元军中就有不少信奉伊斯兰教的色目人,他们也促成了上海地区第一座清真寺"松江真教寺"的诞生。后来,定居松江的穆斯林又陆续向青浦、嘉定、上海、南汇、七宝等地搬迁,也把伊斯兰教传播开来。《青浦县治》就有"青浦真教祠碑记"全文,这应该是上海最早的记述伊斯兰教的文章。明代自朱元璋起,对伊斯兰教就高度褒扬,由穆斯林后裔组成的回族居民遍布上海的村镇。按照伊斯兰教的教义,凡有条件的穆斯林应在一生中去麦加朝觐一次。而中国古代穆斯林赴麦加一般走水路出洋——上海是他们的必经之路。因此,上海成了中国古代以来由海路去麦加朝觐的集散地,是中国内地穆斯林出洋前、回国后的驻足地。1850 年,南京发生水灾,又逢太平军战乱。为躲避水灾兵祸,大批南京、镇江、扬州一带的穆斯林从水路抵沪。他们一部分集居于

小南门附近草鞋湾的一条街上（后被称为南京街），并于1852年创建了"草鞋湾清真寺"；一部分从洋泾浜进入上海北城厢的回民聚居于侯家浜（今侯家路）、九亩地（今露香园路附近）和穿心街（今福佑路），于1870年创立了"穿心街礼拜堂"，又称北寺，后改名为"福佑路清真寺"。

清真寺建筑一般包括礼拜殿、邦克楼（召唤教民来做礼拜的高楼）、水房（供教民沐浴）、讲堂等场所，且其建筑群的中轴线为东西向，西端为圣龛位置，朝向麦加方向。由于伊斯兰教义对人死亡的重视，上海早期的清真寺多在寺外留有大片坟地，强调"寺坟合一"。20世纪60年代以后，上海亚培尔路（今陕西南路）肇嘉浜路两侧就有一个被叫做"清真别墅"的地区。

"清真别墅"位于亚培尔路（今陕西南路）肇嘉浜路的清真别墅原先只是一片回民墓地，后因陆续修建了几处供扫墓人歇息的平房、凉棚，而被人称为"清真别墅"。后来，墓地逐渐扩大，被法租界定名为"回教公墓"，并在原来的小房子扩建了清真寺。该清真寺也被命名为"清真别墅"。

上海地区现有清真寺20余处，建于19世纪以前的仅余两座：松江清真寺、福佑路清真寺。

一、松江清真寺

松江清真寺位于上海松江区岳阳街道缸甏巷75号，又名松江真教寺、清教寺、云间白鹤寺，始建于元至正年间（1341～1367年）。该清真寺是上海地区现存最古老的伊斯兰教建筑。1980年松江清真寺被列为市级文物保护单位，1985年该寺被列为上海市重点文物保护单位。

松江清真寺的创建始于元代军队在松江地区的屯田聚居。由于军队中有一部分人信奉伊斯兰教，松江府达鲁花赤纳速剌丁·灭里在穆斯林众多的景家堰地方（即今缸甏行）建造了清真寺，当时就有窑殿等建筑。明洪武至永乐年间清真寺得以重修，并建有礼拜殿。明嘉靖十四年（1535年）清真寺又建邦克楼。万历年间清真寺又进行修理。清顺治

十五年（1658年）、康熙十六年（1677年）、嘉庆十七年（1812年）、同治九年（1870年）该建筑经历了数次大修。抗日战争期间，清真寺的门厅倾圮，遭受火宅。1985～1987年，该寺得到了大修。

该寺原布局保持了元、明时期伊斯兰教寺、墓合一的传统风格，寺院东南墙外即为松江历代回民陵园。寺大门为南北向的中式门楼，内外均有照壁。入寺门右手边为伊斯兰古墓。二门楼即为邦克楼，前面也有照壁。进入邦克楼，即可见东西向的大殿。寺内东西轴线上对称布置邦克楼、礼拜殿、窑殿、南北讲经堂等建筑。其中，窑殿为元代原构，是寺内最早的建筑，邦克楼建于明代嘉靖十四年（1535年）。邦克楼和窑殿的主体为砖结构。窑殿内部由砖叠涩而成穹顶，外部为重檐歇山十字脊屋顶。礼拜殿为清康熙十六年（1677年）所重建。新中国成立后，该寺曾一度为工厂所占用。1986年政府对其予以恢复、整修。整个清真寺建筑群风格呈混合式，融合了中国传统建筑形式及伊斯兰建筑的形象特征。如礼拜殿为典型的传统厅堂，柱础和月梁均带有明显的明初大木结构的特征，是明永乐年间扩建时所建，邦克楼及窑殿的屋顶也采用中式歇山顶，但是窑殿的内部则以迭涩砌筑的砖块形成高达4米的穹形拱顶，具有阿拉伯风格。此种中国传统风格与伊斯兰建筑风格混合共存的寺院，全国仅存杭州凤凰寺和松江清真寺两例，十分珍贵。

1. 窑殿

窑殿为元代建筑，约8米高，为砖砌穹顶，屋面重檐十字脊，重檐起翘，也被称为无梁殿。窑殿内为方室，四角以长方形砖和菱角牙子砖相间叠涩砌成。墙为空斗，东、北、南三面辟拱形门洞，南北两侧拱门外筑有披屋，每间48平方米。殿内有凹壁，在壁上置镌阿拉伯文的"玄石"。窑殿是全寺的朝拜中心，坐西朝东，"玄石"在西，朝向伊斯兰教圣地麦加的所在地（图3-3-1、图3-3-2）。

2. 礼拜殿

礼拜殿为明代砖木结构建筑，坐西朝东，面阔三间，面积130平方米，为江南扁作厅堂式，外廊

图 3-3-1 窑殿内四角砖砌叠涩（李东禧摄）

图 3-3-3 礼拜殿（李东禧摄）

图 3-3-2 进入窑殿的门洞（李东禧摄）

图 3-3-4 礼拜殿室内（李东禧摄）

有卷棚，檐下设木栅（后廊与栅皆遭毁），殿内木板铺地，柱础隐于其下，以便穆斯林教徒沐浴后脱鞋进入礼拜，且可冬铺地毯，夏铺凉席。1987年的修复工程恢复了礼拜殿的草架、轩廊（图3-3-3～图3-3-6）。

　3. 邦克楼

　邦克楼初建于元代，重建于明嘉靖十四年（1535年）。在伊斯兰教清真寺中，邦克楼本是召唤穆斯林来礼拜的塔楼，松江清真寺中的邦克楼却是一座

融阿拉伯与中国风格为一体的门楼，在全国清真寺建筑中殊为罕见。该建筑为砖砌仿木结构，外观有砖砌斗栱结构，且其柱梁枋椽皆模仿木结构。楼壁内侧为阿拉伯式砖拱穹顶，四角叠涩砖以菱角牙子砖间砌，高约4米，屋面为重檐十字脊，墙壁有精致的砖雕，拱形门洞为出入道（图3-3-7、图3-3-8）。

　礼拜大殿南侧有沐浴室，院南北设有厢房，为讲经堂和伊玛目诵经、会客处。寺内现存伊斯兰教

图 3-3-5　礼拜殿通向窑殿的入口（李东禧摄）

图 3-3-6　礼拜殿木构架（李东禧摄）

图 3-3-7　邦克楼正面（李东禧摄）

图 3-3-8　邦克楼背面（李东禧摄）

碑刻四方，记载了清真寺的历史沿革和明、清修缮经过。

二、福佑路清真寺

福佑路清真寺位于黄浦区福佑路 378 号，始建于清同治九年（1870 年），原名穿心街礼拜堂（也称穿心街回教堂），俗称北寺。该寺占地 1052 平方米，建筑面积 1520 平方米，共有三进大殿，是由信徒们分期逐步捐造的。清同治八年（1869 年），马翰章等集资购地 0.6 亩，创建了第一进大殿。清光绪二十三年（1897 年），信徒们再次集资购地 0.58 亩，扩建二进大殿。光绪三十一年（1905 年），沙云俊等信徒又集资 1 万元，购地 0.58 亩，扩建了三进大殿。

该寺坐南朝北，大门为拱形花格大门，内有拱形内照壁（图 3-3-9）。穿过内门可见东西向的庭院，庭院北侧为 3 层楼房，南侧是 3 进礼拜大殿，为木结构中式厅堂建筑。第一进为正殿（图 3-3-10、图 3-3-11），面阔五间，进深三间，室内有架空木

图 3-3-9　福佑路清真寺外观（李东禧摄）

图 3-3-10　福佑路清真寺正殿室内（李东禧摄）

图 3-3-11　福佑路清真寺正殿木构架（李东禧摄）

地板，西面抱厦部分为圣龛；第二进、第三进均在大殿东侧，面阔三间。庭院北侧的3层楼房系民国25年（1936年）由临街石库门建筑改建而成，采用钢筋混凝土结构，一层为殡殓室、小净用水房、会客室及储藏室，正中为寺门；二层是水房（淋浴室）；三层为行政用房；楼顶平台上建望月亭。该寺在"文化大革命"期间遭破坏，1979年重修一新。

第四节　基督教建筑

基督教是与佛教、伊斯兰教并列的世界三大宗教之一，它起源于1世纪，包括天主教、东正教、基督新教三大流派。在上海地区，天主教进入的时间可上溯至明代，基督新教传入的时间则在19世纪上海开埠之前，东正教的引入则在晚清。

上海境内的天主教活动起始于明代。明万历三十六年（1608年），受徐光启邀请来沪的耶稣会传教士郭居静开始在上海传教。为了方便传教，徐光启在南门附近的"九间楼"西侧建了一座天主小堂[52]。这是上海最早的私宅小堂。明天启七年（1627年），为了方便女教徒集会祈祷，徐光启在其住所附近另建了一所"圣母堂"（圣母玛利亚祈祷所）。明崇祯十年（1637年）、崇祯十三年（1640年），徐光启孙女（教名甘达弟）在松江城内创建了邱家湾天主堂。徐光启第四个孙女（教名马尔底纳）购买了城北安仁里原豫园主人潘恩古宅中的世春堂，创立了上海城厢内第一座天主教堂"敬一堂"（图3-4-1）。到了18世纪初，上海地区已有教徒4万余人，成为中国境内天主教最发达的地区[53]。清雍正五年（1727年）政府发布禁敕令，驱逐西洋教士，改教堂为庙宇、书院或公廨。"敬一堂"于清雍正八年（1730年）被改为武庙（关帝庙），堂侧的传教士住院也于清乾隆十三年（1748年）被改为申江书院（后改为敬业书院）。

上海开埠后，天主教的传教活动得以复活。1842年，法国耶稣会教士南格禄（Gotteland Claude）等人登陆上海。因当时驻上海的南京主教

罗伯济（意大利人）不同意他们在城厢附近设立住院，南格禄等人只得在青浦横塘建造住所。1846年，教士南格禄、梅德尔（Lemaitre Malhunin）等人将住所迁至交通更为便利之地[54]，且靠近徐光启墓及信奉天主教的徐氏子孙。次年（1847年），他们即买地建造教堂、住所。当时所建的徐家汇天主堂（旧堂）[55]仍以中式江南民居为基础，隐约可见十字交叉的屋脊及山墙上的玫瑰圆窗及十字架（图3-4-2）。1850

图3-4-1　上海城内天主堂——敬一堂（图片来源：李琼．上海开埠早期时事画[M]．上海：上海世纪出版有限公司上海书店出版社，2013：235．）

图3-4-2　徐家汇老天主堂（图片来源：李琼．上海开埠早期时事画[M]．上海：上海世纪出版有限公司上海书店出版社，2013：233．）

年，江南发生灾荒。徐家汇的耶稣会即开办了依纳爵公学(后称徐汇公学)以收留灾民的孩子。1851年，教会又聘请西班牙艺术家范廷佐设计图样，在徐家汇住院旁建造希腊式教堂，取名"依纳爵堂"，后改名为"圣母无原罪始胎堂"(也被叫作"老堂"或"始胎堂")(图3-4-3)。清光绪三十一年(1905年)，

教会又在原老堂西南新建哥特式大教堂(今日所见之徐家汇教堂)。1910年，巴西利卡式平面的徐家汇新天主堂落成，成为当时远东第一大天主堂。

此外，风景秀丽的佘山也吸引了天主教教士的目光。1863年，法国天主教耶稣会会士鄂尔毕在佘山购置地皮，在佘山半山腰建"中山"小堂及教士住所，并在山顶建六角亭，供圣母像。1870年，上海耶稣会在中山堂至山顶间筑起一段有14道弯折的"经折路"，以象征耶稣受难所走过的"苦路"⑤⑥。1871年，耶稣会开始在山顶建造一所可容纳六七百人的天主堂，并于1873年竣工。1894年，教会还在佘山南坡中央建起"中山教堂"(图3-4-4)，其对面还有圣母亭、若瑟亭、耶稣圣心亭等"三圣亭"(图3-4-5～图3-4-7)。1920年，因旧天主堂的空间有限，无法容纳更多的朝圣者，原山顶天主堂被拆除。自1925年起，历经10年又建成新教堂(即今日所见之佘山天主堂)。

在老城厢市区，清政府为了补偿没收教会"敬一堂"的旧事，划拨了董家渡、洋泾浜和城厢硝皮弄三块地皮给天主教会。后教会新建了董家渡天主堂和洋泾浜天主堂，并于1861年重新讨还了敬一堂。此外，位于浦东唐镇的露德圣母堂也于1897年落成。

基督新教进入上海的时间要远远晚于天主教。1832年传教士郭实腊(Karl Firedrich Gutzlaff)视察沿海口岸并抵达上海，后各教派相继来到上海。与天主教不同，基督新教宗派林立，互不相通，其传教、立教堂等事宜都各自独立。

如英国伦敦会(London Missionary)麦都思博士(Dr. W. H. Medhurst)于1835年到达上海，初以租赁民居的形式布道，后于清同治三年(1864年)在麦家圈(今山东中路、福州路一带)建天安堂。同治九年(1870年)伦敦会宣教士在老城的三牌楼路创建了福音礼拜堂。1885年，麦氏又在位于苏州河畔的南苏州路建联合礼拜堂⑤⑦(新天安堂)，专供英国人做礼拜。

英国安立甘会(Anglican)的麦格基(Rev. T. M'Clatchie)于1844年抵达上海。初于大马路(今

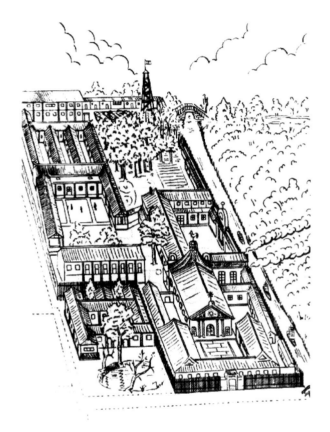

图3-4-3　1861年的徐家汇教堂

图3-4-4　佘山中山教堂

图 3-4-5　三圣亭 1　　　　　　图 3-4-6　三圣亭 2　　　　　　图 3-4-7　三圣亭 3

南京东路）开设布道所，后因租界道路拓宽，移至老城石皮弄布道。1847 年，位于江西路、九江路的圣三一教堂（Holy Trinity Church）建成（后该教堂于 1866～1869 年重建）。

美国圣公会（The Protestant Episcopal Church）进入上海是在 1845 年。1853 年，圣公会在上海的第一座教堂"救主堂"在蓬路百老汇路落成，这是上海苏州河以北最早的教堂。之后圣公会又建了位于新闸桥一带的圣彼得堂和位于城厢内的天恩堂。

美国浸信会的晏马太（Rev. Matthew T. Yates）夫妇于 1847 年抵上海，并于当年在老北门建立第一浸会堂；美国监理会（American Methodist Episcopal Mission）传教士秦右（B. Jenkins）、蓝柏（J.W.Lambuth）于 1848 年起就在郑家木桥一带传教。1850 年，该会建福音堂（即后来三一堂），后又建化善堂。清光绪十三年（1887 年），该会传教士李德（C.F.Reid）建监理会堂（后于 1890 年改称慕尔堂）。

东正教进入中国最早在元代，后随蒙元帝国的覆亡而销声匿迹了。清雍正五年（1727 年），中俄两国签订《恰克图条约》，东正教在中国的传播受到了清政府的准许。东正教开始重新在中国传播。清晚期，东正教有了在上海地区的活动。据《上海通志》记载，清光绪二十一年（1895 年），沙俄意图在沪建东正教堂，被清政府拒绝。《辛丑条约》签订后，才在闸北建"主显堂"[58]，这是上海地区的第一座教堂。该教堂在 1932 年的一·二八事变中被毁。现上海仅存的两座东正教教堂"圣尼古拉斯教堂"和"圣母大堂"均建于 20 世纪 30 年代。

至 19 世纪末，上海已有大小教堂 300 余所。留存至今的基督教古建筑仅有敬一堂、邱家湾天主堂、董家渡天主堂、洋泾浜天主堂、浦东露德圣母堂、圣三一教堂等。其中，除圣三一教堂为基督新教教堂，其余均为天主教教堂。

一、敬一堂

敬一堂位于黄浦区梧桐路 137 号（现梧桐路第二小学内），创建于明崇祯十三年（1640 年），是上海最早设立的向公共开放的天主教堂，也是我国江南地区第一座天主教堂，也被称为"老天主堂"[59]。1959 年，敬一堂被公布为上海市文物保护单位。2014 年，以世春堂为名重新被公布为上海市文物保护单位。

该建筑原为创建上海豫园的明代刑部尚书潘恩旧宅世春堂，为中国传统木结构建筑，故敬一堂又是上海现存唯一中式建筑风格的天主教建筑（图 3-4-8、

图 3-4-8　敬一堂旧影 1（图片来源：侯燕军．上海旧影 [M]．上海：上海人民美术出版社，2011：122.）（左）
图 3-4-9　敬一堂旧影 2（右）

图 3-4-10　敬一堂外观 1（李东禧摄）

图 3-4-9）。敬一堂的诞生与天主教在上海的传播密不可分。明万历三十六年（1608 年），意大利传教士郭居静在徐光启旧居（今乔家路九间楼）附近创办了祈祷所，这是上海最早的私宅小堂。明崇祯十年（1637 年），另一个意大利传教士潘国光来上海。他见小堂已不敷应用，便筹建新堂。1640 年，徐光启孙女便购下世春堂，并将之交予潘国光，改建为天主教堂，取名为"敬一堂"，取"崇敬一主"的意思。

敬一堂为中式大屋顶建筑，其"高四丈六尺（15.53 米），阔四丈八尺（16 米），进深三丈六尺（12 米）"，建筑面积达 1300 余平方米。敬一堂正中

三间为大厅，左右各一间花厅，两侧建有 2 层厢房。正堂中间有六根高约 9 米的楠木圆柱，粗大至一人无法合抱，该楠木柱的柱础为明代石刻青石。该建筑的结构形式为抬梁与穿斗混合式，屋顶有飞檐翘角，正堂前有檐廊，梁、枋、枕、斗栱均镂以精细的雕刻，梁和斗栱上还涂金染彩，地面铺设防潮的空方砖。作为一座中国化的天主教建筑，除了屋顶矗立的十字架以外，敬一堂有一些区别于一般的中式建筑之处：其门窗玻璃分隔形式颇具西式教堂风格，其入口设于山墙面，而不是传统的南向正面，以满足教堂入口面向东方的需要。此外，敬一堂西

图 3-4-11　敬一堂外观 2（李东禧摄）

图 3-4-12　敬一堂屋顶翼角（李东禧摄）

侧还设有教士住院，院中有太湖石叠成的观星台。

随着清政府对天主教政策的变动，该建筑的用途就变换多端，曾先后被用作关帝庙、申江书院、敬业书院⑩。清咸丰十一年（1861 年），法国天主教收回老天主堂产权。后创办了教会上智小学，即后来的梧桐路小学。现在仅存的楠木正厅主体框架至今犹存，明间有抱厦，翼角轻盈起翘，梁枋和木格窗上彩画依稀可见（图 3-4-10 ～图 3-4-12），内部木构架有山雾云、一斗三升等雕饰构件，楠木圆柱保持完好（图 3-4-13 ～图 3-4-15）。大厅内的戏台藻井有彩色玻璃装饰（图 3-4-16、图 3-4-17）。

图 3-4-13　敬一堂木构架 1（李东禧摄）

二、邱家湾天主堂

邱家湾天主堂位于松江区方塔北路 10 号，由徐光启孙女（教名甘达弟）创建于明崇祯十年（1637 年）。1724 年，清雍正皇帝禁止天主教，邱家湾教堂被没收，并逐渐损毁。清同治十一年（1872 年），重新收回教堂的教会只能拆除原建筑，由法籍修士马历耀重新设计，在原来的基地上造起了一座新的天主堂，并于两年后竣工，取名为"耶稣圣心堂"。清同治年间新建的邱家湾天主堂按拉丁十字形建筑

图 3-4-14　敬一堂木构架 2（李东禧摄）

图 3-4-15　敬一堂室内（李东禧摄）

图 3-4-16　敬一堂内戏台（李东禧摄）

图 3-4-17　戏台藻井（李东禧摄）

扩建，又融入中国传统的建造工艺。该建筑采用砖木结构，面阔三间，进深七间，门面采用了中国传统的磨砖对缝工艺，屋面用筒瓦，但立面形式、屋顶形状、内部装修皆为西式，建筑呈中西结合的特征。清光绪十二年（1886 年），因松江府科考学生与教会人员的冲突，教堂建筑又被烧毁一半，后于次年获知府赔偿而重修。1993 年，天主堂得以重新修葺（图 3-4-18、图 3-4-19）。

图 3-4-18　邱家湾天主堂正立面（李东禧摄）

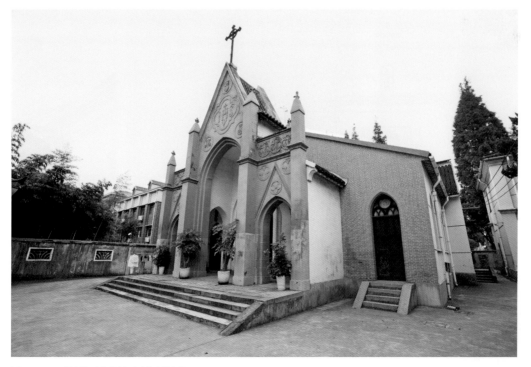

图 3-4-19　邱家湾天主堂侧面（李东禧摄）

三、董家渡天主堂

董家渡天主堂原名为"圣方济各沙勿略堂"（La Cathedrale Saint-Francois Xavier）位于上海黄浦区董家渡路185号，始建于1847年，落成于1853年（图3-4-20），由西班牙裔传教士范廷佐

图3-4-20 董家渡天主堂（图片来源：李琼．上海开埠早期时事画[M]．上海：上海书店出版社，2013：234.）

设计。该教堂的用地系教会从当时的上海政府手中所获，是上海开埠以后，清政府对教会的赔偿。董家渡天主堂是当时中国最大的天主教教堂，可容纳2000余人，也是上海地区的第一座主教堂。在徐家汇天主堂建成前，它是天主教江南地区主教坐堂。1993年，该建筑被列为上海市文物保护单位。

与后续建成的徐家汇天主堂相比，董家渡天主堂的建筑形态呈中西杂糅的特点。该建筑平面为拉丁十字，结构采用砖木混合结构，正立面为具有西班牙巴洛克建筑风格的三段式。下段有四对爱奥尼式立柱，中有三座大门，门上各有明窗，两侧有放置神像的壁龛；中段墙面正中原嵌有一只圆形大自鸣钟（上海地区第一只大自鸣钟[61]），两侧各有一个巴洛克式小钟塔。大钟可联动两侧钟楼的铜钟，以钟声报时；上段墙面为具巴洛克风格的卷涡形式，顶部竖有铁十字，长近4米，约有1吨重。由于建设资金的短缺，该教堂的完成高度只是原来设计高度的2/3，因此其正立面上升态势不足，比例有些扁平、矮胖（图3-4-21、图3-4-22）。

建筑室内柱子较粗（原设计高度较高），为

图3-4-21 董家渡天主堂外观1（李东禧摄）

图3-4-22 董家渡天主堂外观2（李东禧摄）

图 3-4-23 董家渡天主堂室内 1（李东禧摄）

图 3-4-24 董家渡天主堂室内 2（李东禧摄）

图 3-4-25 董家渡天主堂室内 3（李东禧摄）

1 米见方的砖砌实心柱。装饰呈中西合璧态势，一进门旁的双柱中间有砖砌的中国式对联，墙面浮雕有莲、鹤、葫芦、宝剑、双钱等中国传统吉祥符号，大堂内部是拱顶，辅之以青绿藻井图案构成天花（图 3-4-23 ~ 图 3-4-25）。

　　该教堂的平面原为巴西利卡式拉丁十字。1984 年修复时，教堂进深长度被缩短，原纵横交汇处成为现教堂的尽端。整个平面只有侧廊前部两侧的耳室凸出在外，呈"丁"字形。

四、洋泾浜天主堂（圣约瑟天主堂）

　　洋泾浜天主堂（又名圣约瑟天主堂）位于上海黄浦区四川南路 36 号（原洋泾浜南岸），始建于 1860 年，建成于 1861 年，由葡萄牙籍神甫路易斯（Helot Louis）设计，现位于四川南路小学校园内。与董家渡天主堂一样，该教堂的用地系当时清政府对教会的赔偿。因其英文名为"St.Joseph's Church, Shanghai"，故该教堂又名圣若瑟堂，是澳门圣若瑟堂天主堂在上海的总堂。

　　该教堂为典型的西式乡村教堂形式，正门朝东，为典型的拉丁"十"字平面。立面为单钟塔式构图，门窗为半圆券，有尖塔、玫瑰窗、飞扶壁，具有哥特式与罗马风混合的倾向（图 3-4-26）。教堂内部采用束柱、肋骨穹顶，花窗为彩色镶嵌玻璃。其玫

图 3-4-26　圣若瑟天主堂（李东禧摄）

图 3-4-27　浦东露德圣母堂正立面（李东禧摄）

瑰窗上部有一平台，置四个小尖顶和一个大尖顶。该建筑的屋顶大尖塔高度为 50 米，是上海当时最高的建筑。教堂后面有小圣堂，另有 2 层楼房一座。

五、浦东露德圣母堂

浦东露德圣母堂位于浦东新区唐镇老街 40 号，邻近唐陆路，由浦东唐墓桥堂区的法国传教士若望－玛利亚·鄂劳德神父（JOAN-MARIA GOURAUD）创建于 1894 年[②]。

此教堂仿法国露德圣母大殿式样，为"哥特式"。教堂坐东朝西，平面为拉丁十字，长 61 米，正厅两翼宽 43 米，钟楼高 47.5 米，可容纳约 2000 人，是当时奉贤、南汇、川沙三县总铎座堂。民国 4 年（1915 年），该堂南侧建假山一座，洞中供有露德圣母和圣女伯尔纳德像。"文化大革命"中，教堂建筑遭到严重破坏，后于 1968 年被用作农机厂厂房，1983 年又被改为铸钢厂厂房。1990 年开始修复，

1992 年 9 月竣工（图 3-4-27 ～图 3-4-29）。该建筑的室内有束柱、穹顶（图 3-4-30、图 3-4-31），哥特式特征明显。

六、上海圣三一基督教堂

上海圣三一基督教堂（Holy Trinity Cathedral, Shanghai）位于上海市黄浦区九江路 219 号，俗称"红礼拜堂"、"大礼拜堂"、"圣书公会堂"，是上海现存最早的基督教新教教堂。

该教堂原建于 1847 年，仅供英国圣公会的侨民礼拜，是一座较为简易的教堂，后因暴雨而坍塌。1851 年该教堂曾经历了一次重修，因实在不敷使用，又于 1862 年拆除重建。1869 年 8 月，新的教堂（即现存教堂的主体部分）建成。该教堂原由英国建筑师乔治·斯科特（George Gilbert Scott）设计，后经上海同和洋行的英籍建筑师威廉姆·凯德纳（William Kidner）修改，从全石建筑变为砖

图 3-4-28　浦东露德圣母堂侧面（李东禧摄）

图 3-4-29　浦东露德圣母堂背面（李东禧摄）

图 3-4-30　浦东露德圣母堂室内 1（李东禧摄）　图 3-4-31　浦东露德圣母堂室内 2（李东禧摄）

石建筑（图3-4-32、图3-4-33）。1893年，教堂北面增建一座钟楼（图3-4-34、图3-4-35）。这是上海当时的制高点及地标。1875年5月，上海圣三一堂被升格为圣公会北华教区的主教座堂，其教政由坎特伯雷大主教直接掌管。现在，该教堂为中国基督教三自爱国运动委员会和中国基督教协会（基督教全国"两会"）总部附属大圣堂。1989年被公布为第一批上海市优秀历史建筑。

该教堂的外观大体上属于哥特复兴式，平面为拉丁"十"字形，是典型的巴西利卡式。建筑长约51米，宽约19米，高约19米，内外墙均采用清水红砖墙面，只在外墙发券处夹杂一些蓝灰色砖。为了应对上海的松软地质，圣三一堂在建造期间曾在约1000平方米的地基上打下了8000多根木桩，以避免建筑沉降的发生。教堂内外两侧皆为尖券石柱

廊（图3-4-36、图3-4-37），侧廊和中厅之间采用有柱帽的单根矮柱，上部顶住连续尖券拱廊，但未见哥特式教堂中常见的飞扶壁和束柱。教堂中厅为木拱结构，屋面铺石块。教堂室内为大理石拼花，其玻璃窗一部分为清玻璃，一部分为彩色玻璃[63]。圣坛、讲台、洗礼池等处都有精美浮雕装饰。走廊上的壁画为1873年从别处教堂迁移而来，窗框和座椅背上都钉有铭牌。刻有捐献者姓氏。建于1893年的钟楼也是由红砖砌筑而成，其四角的四个小尖顶衬托着中心高耸的尖塔，塔内装有八音大钟，能与教堂内圣诗的音韵相和。该塔外形与法国夏特尔

图3-4-34　三马路礼拜堂——加建钟楼的圣三一基督教堂（图片来源：李琼. 上海开埠早期时事画[M]. 上海：上海书店出版社，2013：238.）

图3-4-32　红礼拜堂——初期的圣三一基督教堂（没有钟楼）（图片来源：李琼. 上海开埠早期时事画[M]. 上海：上海书店出版社，2013：237.）

图3-4-33　未建钟楼时的圣三一基督教堂（图片来源：李琼. 上海开埠早期时事画[M]. 上海：上海书店出版社，2013：236.）

图3-4-35　建钟楼后的圣圣三一基督教堂（图片来源：上海市房地产行业教育中心. 上海优秀建筑鉴赏[M]. 上海：上海世纪出版社股份有限公司远东出版社，2006：311.）

图 3-4-36　圣三一基督教堂室内（图片来源：李琼．上海开埠早期时事画 [M]．上海：上海书店出版社，2013：238.）（左）
图 3-4-37　圣三一基督教堂室内旧影（图片来源：上海市房地产行业教育中心．上海优秀建筑鉴赏 [M]，上海：上海世纪出版社股份有限公司远东出版社，2006：311.）（右）

图 3-4-38　圣三一基督教堂现状 1（李东禧摄）

图 3-4-39　圣三一基督教堂现状 2（李东禧摄）

大教堂西南角的塔楼非常相似。

　　圣三一堂还是上海最早安装管风琴的教堂。1855 年，圣三一堂的管风琴安装完毕，由斯金纳先生做了第一次演出。1908 年，该教堂开始使用电力照明。1914 年，该教堂安装了电动鼓风的大型管风琴，这是当时远东第一个使用电鼓风的管风琴[64]。

　　1966 年，圣三一堂的钟楼遭到毁坏。1977 年，教堂的内部空间被改造成为剧院和办公室。2007 ～ 2014 年，经上海华东建筑设计院设计人员的努力，教堂建筑得以修复（图 3-4-38、图 3-4-39）。

注释

① 普照寺，原位于松江镇通波塘中桥西侧，中山中路北侧，初建于唐肃宗乾元年间（公元 758 ～ 760 年），今已废，仅存古银杏二株、"十鹿九回头"石雕一幅。

② 超果寺，原位于松江镇南，现松江一中校园内。建于唐咸通十五年（公元 874 年）。1959 年被拆除。

③ 位于现上海老城厢内，现仅剩原广福寺前小路"广福弄"。

④ 建于语儿泾东。

⑤ 建于杨思桥。

⑥ 王宏逵．宗教钩沉（上海历史文化丛书）[M]．上海：

上海画报出版社，1991：60.

⑦ 长仁禅寺，位于浦东川沙镇王桥街 12 号，始建于宋中叶，原为"长人乡庙"，明嘉靖年间（1521～1566年)改为寺庙。现存寺庙重建于 20 世纪八九十年代。

⑧ 潮音庵，位于浦东顾路镇南李家盘 14 号，始建于明景泰七年（1456 年）。现存部分建筑重建于 1934 年。1989 年增建二层讲经幢，1995 年新建 51 米高的报恩塔。

⑨ 康居国为今吉尔吉斯斯坦。

⑩ 交趾为今越南北部，当时属吴地。

⑪ 重建于 20 世纪八九十年代的静安寺已非原貌。

⑫ 宋绍熙《云间志》载："静安寺，在沪渎。按寺记，吴大帝赤乌中建，号沪渎重玄寺"。相传该寺的创始人即龙华寺的创建人康僧会。

⑬ 清乾隆载《上海县志》："静安教寺，初在沪渎。吴赤乌中建，号重元寺。唐更永泰禅院，宋祥符初改今额。"

⑭ 清同治《法华乡志》："华亭东北百里，松江绕焉。有寺在沪渎，曰重玄。大中祥符元年，因避讳改今额为静安。嘉定九年，僧促依以旧基迫近江岸，涛水冲汇，迁于芦浦之泉，即沸井浜也"。

⑮ 该大殿也于光绪初年坍塌。

⑯ 建于寺前"涌泉"旁，后于 20 世纪 60 年代被拆毁。同时，井眼也被填。

⑰ 原位于嘉定南翔寺内，后寺毁塔存。现位于南翔古猗园中的荷花池中。

⑱ 真如寺初创于南宋嘉定年间，原名"万寿寺"，俗称"大庙"。元延祐七年（1320 年）重建后改名为真如寺。

⑲ 参见：罗小未.上海建筑指南［M］.上海：上海人民美术出版社，1996：213.

⑳ 清人张宸于康熙十二年（1673 年）所撰《龙华志卷之二·建置志》记载："后汉吴赤乌五年，有神僧自康居国来，卓锡于此，吴主权命致佛牙舍利，为建塔寺，赐额龙华寺以局。"

㉑ 清乾隆年间的《上海县治》记载："龙华教寺，相传寺塔为赤乌年建，殿宇创于唐垂拱三年"。

㉒ 唐末诗人皮日休在其《龙华夜泊》中写道："今寺犹存古刹名，草桥霜滑有人行，尚嫌残日清光少，不

见波心塔影横。"可见，当时寺塔俱毁。

㉓ 据《云间志》记载："（空相寺）在龙华，张仁泰请于钱忠懿王始建，旧号龙华寺，治平元年改今额"。

㉔ 据 1936 年出版的《上海研究资料》记载。

㉕ "伽蓝七堂"制形成于宋代。"伽蓝"意为"僧园"，"伽蓝七堂"即指包括七种建筑物的僧院。佛教中不同宗派对"七堂"的解释有所不同，如禅宗的七堂包括山门、佛殿、法堂、方丈、僧堂、浴室、东司（厕所）等。

㉖ 龙华寺得铜钟高约 2 米，钟声悠扬，因此"龙华晚钟"在明代被列为"沪城八景"之一。

㉗ 图片来源：http://blog.sina.com.cn/s/blog_686ea4670101fhsx.html

㉘ 据清同治《上海县志》载："明万历二十八年，有沉香观音像浮至淮口，时潘允端督漕淮上，奉归建阁。"故名沉香阁，为潘允端的家庵。

㉙ 章明，秦荣鑫.江南古寺沉香阁［J］.时代建筑，1994，（01）：20-22.

㉚ 该塔位于唐天宝二年（公元 743 年)建成的报德寺内，后该寺在宋时改名为隆福寺，故青龙塔又名隆福寺塔；清康熙五十四年（1715 年），康熙帝南巡时赐名隆福寺为"吉云禅寺"，故隆福寺青龙塔又名"吉云禅寺塔"。

㉛ 据《宝塔铭》载：建塔之前，沪渎港"与海相接，茫然无辨"，入港船只，"常因此失势，飘入深波"；建塔后，望塔进止，怵心顿减，得安全入泊。

㉜ 唐僧如海在唐乾符年间在泖湖入海口的小岛上筑台创建塔寺，受赐额为"澄照禅寺"。

㉝ 传说中灯塔每年只能建造一层，如海法师历经五年艰辛才建成此塔。

㉞ 伏彧.百年历史灯塔之五：泖塔［J］.中国海事，2012，（9）：77.

㉟ 引自：上海文物志编纂委员会.上海文物志［M］.上海：上海社会科学院出版社，1997：161.

㊱ 该诗全文为："昔年如海有遗迹，五级浮屠耸碧空。三泖风烟浮槛外，九峰积翠落窗中。夜课灯影疑春浪，秋净铃音报晚风。老我白头来未得，几回飞梦绕吴东"。

㊲ 谭玉峰．上海的塔（一）[J]．上海文博，2002，(1)：84.

㊳ 据传，一位名叫“秀”的僧人在佘山潮音庵附近修行募化，致力于修建此塔，并在塔成后引火自焚，故该塔名为“秀道者塔”，也被称为“聪道人塔”。

㊴ 圆智教寺始建于唐大中十三年（公元859年），原位于华亭县城西南。五代晋天福年间（公元936～942年）遭水灾，遂迁至天马山上。至宋代，该寺又有扩建，并在寺后建护珠塔。

㊵ 西林禅寺初名为“云间接待院”，又名廷恩寺、崇恩寺，其创建人为高僧圆应。

㊶ 元至正十二年（1352年）德然和尚在金山县松隐镇北0.5公里处建松隐庵，明正统年间赐额松隐禅寺。明洪武十三年（1380年）在寺内建宝塔，顶藏血书华严经81卷，故又名松隐塔、华严塔。

㊷ 明崇祯《松江府志》记载：“石幢在华亭县前，相传地有涌泉，云是海眼，大中十三年立幢镇之”。

㊸ 南翔寺，创建于梁天监年间（公元502～519年），南宋绍熙年间（1190～1194年）改称云翔寺，今已不存在。

㊹ 现位于南翔古漪园内的荷花池中。

㊺ 王宏逵．宗教钩沉（上海历史文化丛书）[M]．上海：上海画报出版社，1991：60.

㊻ 因有一位石姓道人在此成仙。

㊼ 王宏逵．宗教钩沉［M］．上海：上海画报出版社，1991：59.

㊽ 王宏逵．宗教钩沉（上海历史文化丛书）[M]．上海：上海画报出版社，1991：61.

㊾ 据《护城备考》记载：“有驱蝗神金姑娘或称金四娘，祀于崇祯间，因田家多赛祭之，钦赐仰殿。殆因是传伪，附会唐建，改奉东岳耳。”

㊿ 由杭州显真观道士王明真创建于清同治十三年（1874年）。

(51) 明万历年间，倭寇绝迹，上海县城安宁，遂于东北面城墙的四座箭台之上修筑了丹凤楼、观音阁、真武庙、大境阁等四座建筑，现前三座箭台和楼阁已毁，仅剩大境阁。

(52) 清同治《上海县治》（卷三十一）《寺观附教堂》记载：“时徐光启假归里居，西士郭仰凤、黎宁石与语契合，乃为建堂于居第之西。”

(53) 王宏逵．宗教钩沉［M］．上海：上海画报出版社，1991：118.

(54) 徐家汇靠近肇嘉浜，去上海县城及松江都方便。

(55) 徐家汇天主堂旧堂位于蒲西路158号，由当时的上海地方耶稣会会长南格禄（Gotteland Claude）、教士梅德尔（Lemaitre Malhunin）创建于清道光二十七年（1847年）。后1851年又建“依纳爵堂”（老堂）。现存的徐家汇天主堂是建成于1910年的新堂。

(56) 王宏逵．宗教钩沉［M］．上海：上海画报出版社，1991：126.

(57) 联合礼拜堂，亦称新天安堂。因位于山东中路的老天安堂（建于1862年）不敷使用，伦敦会教士又在南苏州路建联合礼拜堂。该教堂为砖木结构，中间为塔楼，两边为活动区。1886年7月4日首次做宗教礼拜，专供外籍侨民礼拜。

(58) 1902年，俄国传道团出资购买了美租界内北河南路43号房屋及地皮。1903年2月开始兴建教堂。1904年建成主显堂（俄国礼拜堂）。该教堂为砖木结构，平面外廓呈方形，屋顶有五个葱头式穹窿，中央一个较大，四角四个较小，教堂边设有钟楼，整个建筑具有浓厚的俄罗斯教堂气氛。

(59) 董家渡天主堂建成，敬一堂被称为“老天主堂”。

(60) 清雍正八年（1730年），官府没收了敬一堂，将之改为关帝庙。清乾隆十三年（1748年），敬一堂内原教士居住部分建筑被改为申江书院。清乾隆三十五年（1770年），申江书院又改名为敬业书院。

(61) 薛理勇．余音不绝大自鸣钟［N］．新民晚报，2013-06-16，(B10).

(62) 该教堂开工于清光绪二十一年三月十二日（1894年4月6日），1897年底竣工。

(63) 这座教堂刚建成时全为白玻璃，以后每隔一两年，便换上几扇彩绘玻璃。每一次玻璃的更换，都是为了纪念某一位死去的英国教友。

(64) 圣三一堂的八音钟和管风琴皆毁于1966年。

上海古建筑

上海古建筑

第四章　居住建筑

上海居住建筑分布图

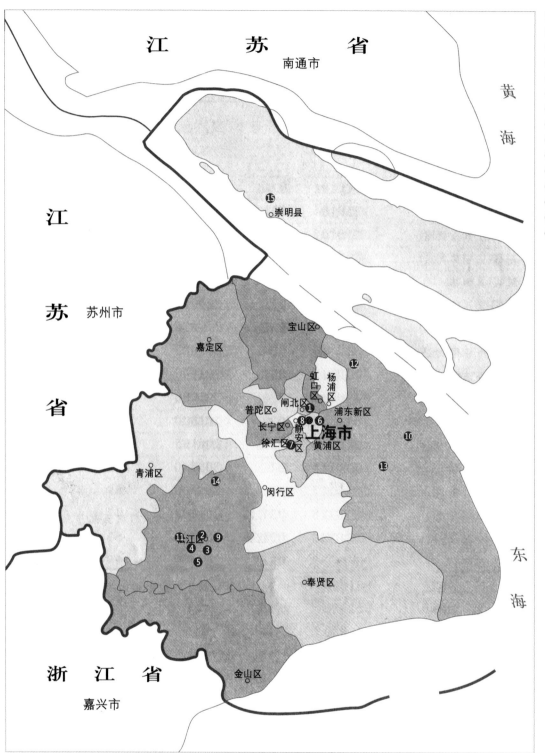

① 九间楼（徐光启故居）
② 兰瑞堂
③ 葆素堂（许嘉德宅）
④ 雕花厅
⑤ 王冶山宅
⑥ 书隐楼
⑦ 南春华堂
⑧ 郁泰峰宅（宜稼堂）
⑨ 张祥河宅
⑩ 浦东川沙内史第
⑪ 杜氏雕花楼
⑫ 高桥恭寿堂
⑬ 浦东艾氏民宅
⑭ 泗泾马家厅
⑮ 崇明姚家宅

（地图引自：中华人民共和国民政部编. 中华人民共和国行政区划简册 2014. 北京：中国地图出版社，2014.）

早期上海是个水网密布、江海交汇的鱼米之乡，与江浙一带"江南水乡"并无二致，具有江南传统民居的典型特征：临水而居、粉墙黛瓦、空间灵活、装饰丰富。与北方民居相比，江南民居多砖雕，少彩画。严格说来，普通民宅的形制与官宦人家的"品官宅第"是有区别的。"品官宅第"多有高墙围筑，内部有严格的中轴线（大宅院可有数组轴线并列），轴线纵深达五进、七进或十进，并设门厅、轿厅、茶厅、仪门、正厅、楼厅等建筑，其正厅可为五间面宽，且多有廊轩或翻轩，室内做彻上露明造，梁架为月梁，楼厅多为走马廊形式，有的还会附有环境别致的宅邸园林；而普通百姓的民宅不能按品官宅邸的形制建造，其面宽多为三间，且进深浅、层高低、庭院小，建筑多为低矮平房，平面布局也较为随意。由于商品经济发达，上海地区许多民宅并不受开间数的约束，许多民居的开间会多至五间。当然，有些有钱的乡绅、地主，为了可以冠冕堂皇地建造高规格的宅第，会出钱捐个功名，或谋个品官的名头。

不管是品官宅第还是普通民宅，上海古代居住建筑的群体组织还是以院落为主体。院落在上海古民居中通常被称为"庭心"或"天井"。天井前后的厅堂或排屋按"埭"计数，如住宅只有一排单体建筑的称为"单埭"，有数排建筑的则为"二埭、三埭"或多至"五埭、十埭"，天井两边为厢房[1]，俗称"龙腰"。一般普通民居以单埭、二埭居多。二埭以上的民宅有的被称为"绞（gāo）圈房子"[2]。多埭的民宅，第一埭中间称"墙门间"，自第二埭始，依次为前、正、后厅，有的也称第二埭为前客堂，再后为后客堂。由于人口密度大、用地紧张，上海地区的传统民居中的"天井"可大可小。有的"天井"成了一种窄而高的小院子，其周围三面或四面建有两层房屋，既节约用地，又有助于夏季遮阳、拔风，形成冬暖夏凉的小气候。

上海古代民居的结构形式有抬梁式、立贴式（穿斗式），前者适合较大的厅堂，后者多被运用于普通民宅。民居建筑的开间通常以"豁"（椽子之间的间距）为计数，可从11豁至25豁不等（为单数豁），进深可以"路"来计算，五柱、七柱或九柱可被称为五路头、七路头及九路头。屋顶多为硬山、歇山等形式。

此外，由于松江、上海老城厢建筑密度较高，街巷空间比较狭窄，很早就出现了"里弄"这种较具上海民居特色的典型空间。"里弄"的"里"指街坊，弄是小巷的别称。明祝允明[3]在其《前闻记·弄》中有："今人呼屋下小巷为弄……俗又呼弄唐，唐亦路也。"因此，上海的里弄又被称为"弄堂"，也叫"弄唐"。在古代上海地区的城镇里，弄堂可以是各家民居宅院之间的分割空间，也可以是一些大宅内部的"夹弄"，它们连通大型宅第的各纵院落，又具防盗、防火功能，其作用与苏州大宅的"备弄"有相似之处。如松江秀南街13号许威宅纵轴有5条之多，其中就有"夹弄"存在。清嘉庆年间（1796～1820年），上海被称为里弄的主要街巷已达63条之多，如"通德里"、"世盖里"、"谈家弄"等。

历史上上海地区的官绅大宅数量并不很多，比较著名但已消失的有元代彭溪的笔议轩，明代县治以北的雪锦楼，吴会世彩堂，华槽永思堂，县治南的东，西唐家弄（唐瑜、唐恂宅），龙华的秀也堂等。这些住宅建筑的形制既严格遵循了传统的等级制度，各自又有差异。上海地区留存至今的明代大宅有上海县老城厢内的徐光启故居（九间楼）、潘允端故居（豫园），松江的王冶山宅、葆素堂（许嘉德宅）、兰瑞堂等。明代宅邸多用料考究，有些建筑的梁柱采用楠木（如兰瑞堂、葆素堂），但雕饰风格简洁古朴。明中叶以后，建筑风格有趋向华丽的特征，如葆素堂出现了彩绘。上海地区遗存的清代著名大宅有老城厢内的咸宜堂（已被拆解保存）、书隐楼、郁泰峰宅（宜稼堂），位于松江的张祥河宅（遂养堂）、杜氏雕花楼，以及位于周浦的苏局仙宅等。上海清代民居大宅总体走向华丽，当然，清初还有明代遗风，民居宅邸鲜有楼房，用材粗大，内外装饰较少，屋顶坡度平缓，呈建筑造型古朴典雅，如老城厢内咸宜堂、位于南汇的苏局仙

宅等；清中叶以后，尤其在解除海禁以后，来沪移民带来了各地的资本和技术，上海官绅宅邸的建筑风格开始向雕饰精美、规模宏大方向发展，其结构形式和平面形式渐显多样，建筑层数开始加高，厅堂进深开始增大，砖石木雕被普遍应用于门楼、影壁、门窗、轩顶等处，且趋于精细、繁复，如老城厢的书隐楼、郁泰峰宅（宜稼堂）、松江的张祥河宅（遂养堂）、杜氏雕花楼等。普通民宅的建筑形态也呈多元化，除了香山帮工匠营造的苏派建筑风格外，还出现了由安徽、福建工匠带来的徽派马头墙、闽派观音兜等建筑符号，如高桥庆誉堂蔡氏民宅④、松江沈氏宅等。

咸宜堂

咸宜堂原位于大南门（今黄埔区中华路705弄10～12号），初建于元末，由官至淮王王府长史的李伯屿为儿子李深所建。宅邸落成后，初名保定堂。因李深成为淮王驸马，因此该建筑又俗称驸马楼。后历经变迁，改名为尊德堂、咸宜堂（曾悬挂元代书画家赵孟頫所题"咸宜堂"）⑤。该建筑占地950平方米，建筑面积533平方米，呈横列状。院内南面有一排平房，北面为五开间正堂，正中三间为厅堂，东西两侧各有一次间，为卧室。梁柱粗壮高大，大厅7梁7柱均为楠木，为抬梁式结构。梁枋及斗栱上雕花装饰。地面、墙面均以大青砖铺砌，厅前设檐廊，出檐较长。落地长窗嵌有透明蛤蜊壳。清顺治年间，该宅邸被转至进士曹垂璨名下。清乾隆时该宅圮，之后以原楠木梁架、圆柱重建，并在前檐廊下增设了美人靠座凳。

20世纪60年代后，因入住户数较多，院内搭建了阁楼，锯短了屋檐，新砌了砖墙。可惜的是，该建筑现已被整体拆除，主要建筑构件（门窗、梁柱等）被保存在上海文庙的专设仓库内。

1843年，上海开埠。租界渐渐成为一个由外国人管理的特殊地区。在1853年的小刀会起义、1860～1862年间的太平军攻打上海县城等事件的推动下，大批华人涌入租界⑥。大量涌入的人口带来急剧上升的住宅需求，于是英国商人相继在今广

东路、福州路、河南路一带建造大批成本低廉的木板房屋以供出租。1854年7月，新的《土地章程》签署，这在制度上保证了华洋杂处的合法化，更促进了房地产开发式的建造热情。至1860年，在英、美租界内已有以"里"为名的住宅约8740幢。这一低层高密度的木板里弄房屋整体呈欧式联排住宅的形式，是上海里弄街坊的雏形。然而，木板排屋在安全、卫生方面有着难以克服的隐患，且满足不了租界内部的规范，于是以砖木、水泥材料建筑的石库门里弄住宅开始出现。

上海最早的石库门里弄民居是1872年建造于北京东路的兴仁里，它由三间二厢房及五开间四合院的两层楼房组成。与上海传统民居一进一进的平房建筑形式不同，石库门里弄建筑把一进一进的平房叠加为二层或三层的楼房民居，前后左右有小巷连通，比较节约土地。类似的老式石库门里弄住宅还有中山南路吉祥里、豆市街敦仁里、中山南路棉阳里，他们均建于清光绪二年（1876年）以前，采用传统的砖木立帖式，外墙多为石灰粉刷，又都以传统马头墙作封火墙。可惜这些石库门里弄建筑群都已不存，现仅保留与它们类似的建于1900年左右的洪德里与兆福里。

上海民宅中还有一座在宅院四周挖壕沟的孤例，它是位于崇明侯家镇的清代民宅姚家宅，其独特的布局具有自我保护、防盗防灾的功能。

第一节 品官宅第

一、九间楼（徐光启故居）

九间楼位于上海黄浦区（原南市区）乔家路234～244号，是原徐光启故宅的一部分，作为上海老城内极为珍贵的明代宅邸，1959年被上海市人民政府列为市级文物保护单位，1983年被公布为上海市纪念地点。

徐光启是明代著名的学者、政治家。其故宅原有3处：老城厢内太卿坊宅邸、老城厢大南门外康衢里（今桑园街）的"柳荫堂"（又名桑园、双园）⑦、

老城厢西徐家汇地区的农产别业等，现仅余太卿坊旧宅局部"九间堂"。徐光启家族的太卿坊（今乔家路234～244号）宅第建于明万历年间，初建时为三进三出式宅第，共有百余间房屋，包括"后乐堂"、"尊训楼"等建筑。太卿坊徐宅是当年徐光启

图4-1-1　九间楼旧影（图片来源：侯燕军．上海旧影［M］．上海：上海人民美术出版社，2011：22.）

为其父守孝的地方，也是万历三十六年（1608年）意大利传教士郭居静来沪传教时的寓居之处，其西边曾建有上海最早的天主堂，附近还有砖木结构的徐定公祠（徐光启祠）。

清顺治二年（1645年）清兵南下，太卿坊徐宅惨遭火焚，仅存后进一排堂楼（原后乐堂的一部分）。因其面阔九间，故被称为"九间楼"。清道光年间该建筑又遭火灾，被焚毁2间[8]，现仅存7间（图4-1-1）。

九间楼坐南朝北，呈横向展开，中间5间为正屋，东西两侧各有双开跨间，东侧双开跨间已毁（图4-1-2）。该建筑为抬梁式木构架两层建筑，双坡硬山屋面，一层设有披檐。山墙为砖墙、山面构架斜式，正面为木板墙面。20世纪20年代后，乔家浜被填没筑路，居民从乔家路进出，一楼槅扇被换为隔墙及玻璃门窗。现存建筑的梁、柱、斗栱、柱础、替木、楼板等为明代原物，梁枋上刻有卷水云等花纹。"文化大革命"房屋修整时又损毁了部分原有房屋的特征，九间楼前的院内还有古井3座。

图4-1-2　九间楼现状（李东禧摄）

图 4-1-3　兰瑞堂（李东禧摄）

图 4-1-4　兰瑞堂木构架（李东禧摄）

二、兰瑞堂

兰瑞堂原位于松江城西仓桥附近（今中山西路包家桥东面），又被称为楠木厅，是清初华亭人朱椿^⑨（曾任江西巡抚）宅邸中的正厅。从其形制、风格来看，该建筑为明中叶建筑。1984 年，为配合市政建设，兰瑞堂（包括穿廊、仪门）从城西包家桥的朱氏住宅群中，移入松江方塔园内（图 4-1-3）。1990 年后，兰瑞堂被辟做朱舜水纪念堂。

该宅邸原有前后四埭房屋，东面设夹弄，连结南北各院，可供仆人、轿夫通行。第一埭房屋为五开间

的门埭房，做门房、轿厅之用；第二埭为兰瑞堂大厅，面阔五间，正中三间为正厅，两侧各有次间，部分梁柱为楠木制成；第三埭为二层走马廊内宅，五开间，中间三间为厅堂，两侧各有耳房一间。楼前设翻轩廊檐，置有 6 扇落地长窗，两侧对应耳房位置各有 6 扇小方格长窗；第四埭为厨房和杂物用房，现已拆除。

兰瑞堂为五间七架厅堂，其梁柱用材硕大，"一梁四柱"为十分罕见的金丝楠木，柱为圆形，粗达 40 厘米。五架梁与三架梁以及童柱之间以荷叶墩承托，椽子粗大（图 4-1-4）。大梁两端饰有雕刻精美的棹木，似乌纱帽双翅。兰瑞堂的梁枋无雕花，前廊柱用八角形截面木料，柱础也为八角形青石鼓墩，较为少见。大厅前有翻轩檐廊，设 10 扇落地长窗。堂后部以屏门为隔断，有 1.5 米宽的廊檐连接仪门。仪门位于后天井风火墙正中，为清朝初年之制，采用磨砖对缝，施补间斗栱、如意纹饰和垂花柱等，横匾上有康熙所书"克昌厥后"四字。建筑外墙用大青砖砌筑，粉白色石灰。屋顶为"人"字形双坡硬山屋面，饰以脊兽，上盖小青瓦，瓦当为双蝠捧寿纹样。从兰瑞堂的石作、大木作可看出，该建筑具明代嘉靖前后时期特征。

三、葆素堂（许嘉德宅）

葆素堂位于松江区中山西路秀野桥西（今中山西路 150 号永丰幼儿园内），为清代平湖知县许嘉德[10]住宅。从其建筑形制、细部来看，该建筑的风格较为素雅，但已比明中叶以前的厅堂稍趋华丽，为明代晚期住宅建筑。葆素堂是原许氏宅院的一座客厅，俗称许家厅。相传原来的许嘉德住宅是一组"十埭九庭心"的建筑群，现仅存葆素堂（图 4-1-5）及其毗连的后宅楼（图 4-1-6）2 座建筑。

图 4-1-5 葆素堂（李东禧摄）

图 4-1-6 葆素堂后宅楼（李东禧摄）

图 4-1-7　葆素堂木构架（李东禧摄）

图 4-1-8　雕花厅内园（李东禧摄）

葆素堂的形制较巨，面阔五间（宽达 30 米），进深九架梁，为扁作厅堂。建筑梁柱粗大，其梁架为江南特有的重椽复水构架（图 4-1-7），前半部是两层屋面，冬暖夏凉。柱头有云板，月梁厚实，桁、枋之间以补间斗栱支撑，斗栱较为繁复。梁枋间的山雾云、樟木、栱垫板的雕刻精细，分别为云鹤、荷、竹等图案。枋桁上施彩绘。柱础为青石覆盆式，柱子披麻作灰，施黑漆。

葆素堂北面的住宅楼高两层，五间七架，为圆作梁架，且用材硕大，形制素雅，与前堂风格相近。在 2000～2002 年的大修中，该建筑（葆素堂及后宅楼）被南移了 2 米，抬升了 0.35 米。

图 4-1-9　雕花厅前厅（李东禧摄）

四、雕花厅

雕花厅原位于松江区松江镇西塔弄底，现位于松江醉白池公园内，是明代书法家、南安知府张弼后裔张祖南宅的主要部分，建于清初。张宅原有三进二庭四厢。首进为门厅、仪门，后二进建筑雕花精美，于 1984 年被迁建于松江醉白池公园内。

迁移至醉白池的雕花厅为一组四合院布局的建筑，由前、后两厅与东西两厢组成（图 4-1-8）。其中，前厅与两厢房为七架梁建筑（图 4-1-9），后厅为五间九架正厅（图 4-1-10）。其前厅梁架上满雕花卉纹饰，正厅的门窗、梁枋上雕有整套三国演义人物故事及精美的花卉，其人物故事、山水草木、建筑形态等表现细腻，雕刻极为精美。雕花厅是上海

图 4-1-10　雕花厅后厅（李东禧摄）

地区仅有的精雕《三国演义》内容的厅堂。门窗槅扇的裙板因年久失修而无存，重修时仍被补以《三国演义》雕绘内容。

五、王冶山宅

王冶山宅位于松江区岳阳街道中山中路488号，始建于明末，后为清乾隆进士、嘉庆年间湖北宜昌知府王冶山所购得。经王冶山及其后代的修缮、扩建，该宅第最终达六进院落。抗战时期因拓宽马路被拆除门厅，现仅存五进四庭心。

现存宅邸第一进为明代厅堂（图4-1-11），为三间七架扁作厅堂，梁架造型古朴，月梁之间有荷叶墩承托，下桁与二、三架梁之间有简朴的山雾云装饰构件，荷包椽尺寸较大。檐柱为八角形，柱础也为八角形；第二进为清代厅，五间七架扁作厅堂，屋架较高，梁架上设有鹤胫轩，椽子为方形，尺寸稍小。梁架上部施有仙鹤云纹山雾云，并刻有浅雕花卉图案；后面两进为走马楼，并有仪门。仪门为清水墙门，以磨砖对缝工艺建成。仪门与走马楼之

间有两厢房，走马楼下为厅，前后梁架处皆施有小轩，甚是精巧。王冶山宅除在中轴线上的五进楼厅外，在东西两侧还有两个左右对称的小院，由小厅、杂屋等组合而成（现已不甚完整），是上海中式传统住宅中整体保存较完整的一座古建筑。

现王冶山宅与另两座古建筑（瞿氏宅、袁昶宅）一起被用作"程十发艺术馆"。

六、书隐楼

书隐楼位于今黄浦区天灯弄77号（原南市小南门竹素堂街），始建于清乾隆二十八年（1763年）。据考证⑪，书隐楼原为明末上海名园"日涉园"的一部分，清初被上海士绅陆明允所购。陈氏收买日涉园后，对景点做了大规模的调整，并新建了藏书楼"传经书屋"。后陆明允的曾孙陆锡熊将"传经书屋"更名为"淞南小隐"⑫，并请同在一起编纂《四库全书》的沈初题写了"书隐楼"的匾额。清嘉庆四年（1799年），书隐楼被转手赵氏。光绪七年（1881年），又被郭万丰船号的郭氏所购，后一直被郭氏

图4-1-11　王冶山宅（李东禧摄）

后人居住（图4-1-12）。1987年被上海市人民政府列为市级文物保护单位。现状损毁较为严重。

书隐楼在当时常被人们叫做"九十九间楼"，其实该建筑有房70余间，共五进，其院落空间的布置方式为上海典型的"绞圈房子"，结构形式为抬梁与穿斗混合式，占地面积达2200余平方米，建筑面积约2100平方米。

书隐楼建筑群的前三进，呈花园式布置，有假山、池沼、轿厅、花厅等。正厅悬"毓瑞堂"匾额（图4-1-13、图4-1-14），东西两侧建有轿厅、船厅、花厅（话雨厅）和戏台，后部东侧为话雨轩、船舫、假山及花圃等。船厅原是三面临水，建有形象逼真的船篷轩。

建筑群后部的第四、五进为两层走马廊建筑，

图4-1-12　书隐楼旧影（图片来源：侯燕军.上海旧影[M].上海：上海人民美术出版社，2011：23）

图4-1-14　书隐楼正厅木构架（李东禧摄）

图4-1-13　书隐楼正厅（李东禧摄）

图 4-1-15　书隐楼第四进与第五进之间的院子（李东禧摄）

图 4-1-16　书隐楼内的封火墙（李东禧摄）

中间有庭院（图 4-1-15），四周有高 12 米、厚 0.6 米的风火墙。其中第四进为五开间的藏书楼，楼上悬有沈初所题"书隐楼"匾额；第五进为"口"字形走马楼居住建筑，属后院，朝南五开间，左右各有厢房，后有天井，植有石榴和柿树。第四、五进建筑组合成"开"字格局，并围以厚两尺、高三丈六尺的封火墙（图 4-1-16）。进出大门、侧门均为"石库门"，在木质大门前后都贴有方砖，具防火功能。

在建筑装饰方面，书隐楼的砖木雕刻极其珍贵：第五进内宅门头上"古训是式"题额周围的砖雕，人物众多、姿态生动（图 4-1-17）。其两侧兜肚及上下枋上有"周文王访贤"、"穆天子朝觐西王母"、"老子骑青牛出函谷关"等砖雕；第四进正楼前东、西两侧厅与厢房之间，各有一块一人余高的镂空砖雕屏风——东侧雕有"三星祝寿"（图 4-1-18），西侧为"八仙游山"（图 4-1-19）；刻以"福寿无比"

图 4-1-17　书隐楼内宅门头（李东禧摄）　　　　图 4-1-18　书隐楼"三星祝寿"砖雕（李东禧摄）　　　　图 4-1-19　书隐楼"八仙游山"砖雕（李东禧摄）

的边框，顶部中间是"二龙戏珠"，底部中间是"鸾凤和鸣"，背面为"云中飞舞"的蝙蝠；花厅旁的花墙洞门上，刻有"凤穿牡丹"图案，门框边刻有松鼠葡萄；面向庭院的落地长窗上都雕有精致的图案，如"雄狮吼日"、"太狮少狮嬉戏"、山水楼阁等，其精美程度堪为江南民居中的精品。

书隐楼集藏书、居住功能为一体，曾与宁波天一阁、南浔嘉业堂并称为"明清江南三大藏书楼"。

七、南春华堂

南春华堂原位于闵行区梅陇乡梅陇镇东，为明代张姓达官告老还乡所建，原名裕德堂，建于明弘治末年至正德（1505～1521年）年间。因其北面有诗人黄瑾的别墅春华堂，故加"南"字以区别。2003年，南春华堂按原貌修复，并整体迁移至徐汇区光启公园内，被用作徐光启纪念馆（图4-1-20）。1959年，南春华堂被公布为上海市文物保护建筑。

南春华堂原建筑为三进，头进大门内有仪门及石鼓，左右各有房屋2间，门前石狮4头；二进为裕德堂正厅，为七开间建筑；三进为五开间起居厅。二、三进之间有厢房相连，各有7间。后两进建筑损毁，仅剩中进厅堂，包括仪门、中央主间及

与之相连的东头1间和西端2间。中央主间的门窗已荡然无存，仅能从托梁上的精细雕刻一窥当年该厅的奢华。仪门上有砖刻，内额为篆书"视履考祥"，外额是行楷"克洽雍熙"。仪门前2尊石鼓，今仅存其一，为明代原物。4尊石狮也遭破坏，被埋入土中。南春华堂面阔7间，明间五架梁，月梁与枋底有雕花，柱头云板、山雾云、抱梁及荷叶墩等构件有镂雕，柱础为明式，屋面为坡度较缓的歇山顶。1958年、1961年该建筑曾得到修葺。

八、郁泰峰宅（宜稼堂）

郁泰峰[13]宅位于上海原南市区（今黄浦区）乔家路（原老城厢乔家浜东端），由当时的上海首富、沙船大王郁氏建于清嘉庆、道光年间。郁泰峰宅格局呈"三进九庭心"（四埭三进），是当时老城厢内首屈一指的大宅。

当时的郁宅头埭为二层六开间的门楼，底层中间两间为"墙门间"，内放条凳及"肃静"、"回避"硬牌[14]，楼上六间面河有阳台，均挂大灯笼，被称为"灯楼"，墙门后有天井通首进院落的仪门；首进仪门门楣有砖雕，正中嵌刻有"履中蹈和"四字的大方砖，两侧安放石狮，仪门内为正厅前面的天

井，天井内有东、西两座砖台，各置四只大水缸，平时植荷花、养金鱼。正厅名为"田耕堂"，为一座方形大厅，面阔五间（三间为正厅，左右各有次间），两侧厢房为两层。田耕堂正厅梁、柱、桁、栱均用材粗大，且有卷水云等镂刻花饰；第二进仪门的门楣上刻"竹苞松茂"，正堂悬"存素堂"匾额。第二进堂屋为五开间两层楼，两侧厢房高二层，楼上楼下共有14间房。郁氏藏书颇巨的"宜稼堂"即位于该进堂屋的二楼正中。相传当时宜稼堂[15]有藏书数10万卷，且多宋元佳本，引得江苏巡抚李鸿章常来借书；第三进院落的仪门上刻"玉树生庭"，正堂悬"述训堂"匾额。郁泰峰宅的二、三进房屋在二楼可以走通，其"口"字形的二层廊道架于天井之上，呈走马廊的格局，方便内眷走动。郁氏宅在中轴线上有三进院落，且每组正厅与厢房间皆有小天井，故共有"三进九庭心"。郁宅主轴的东西两侧还设有备弄，备弄前通墙门间，后达宅院，与二、三进院落的房屋有甬道相联，是杂役奴仆等走动的地方，也是通达灶间、茶房、柴间等生活用房的交通空间。此外，郁氏宅在主轴线房屋的东侧还建有双开间东厅，其前排为戏台，中为天井，后为花厅，屋后为假山及船厅；在主轴线房屋的西侧设有长廊避弄，南端为轿厅，北端为厨房，中设三道门，与各进宅院相同，方便轿夫、侍从通行。郁宅的后花园名为"借园"，其前身是由清进士周金然创建于康熙二十一年的"宜园"[16]。清咸丰年间被郁泰峰购下，改名"借园"。宜园内原有乐山堂、吟诗月满楼、寒香阁、琴台等建筑。清末著名实业家王一亭购得郁氏祖居及花园，并再兴园林，并将之改名为"梓园"[17]。

郁泰峰宅现主体尚存，门楼已被拆除。因住户众多，各进房屋被分割成多个小间（图4-1-21、图4-1-22）。另梓园中尚存的一幢中西混合风格塔式洋楼，及一座两层佛阁，均建于近代。

九、张祥河宅

张祥河宅原位于松江区松江镇中山中路444号，

图 4-1-20　南春华堂（图片来源：http://blog.sina.com.cn/s/blog_af4379240101dsj6.html）

图 4-1-21　郁泰峰宅现状 1（李东禧摄）

图 4-1-22　郁泰峰宅现状 2（李东禧摄）

又名"遂养堂"[18]，始建于清嘉庆十四年（1809年），落成于道光二十六年（1846年），为清工部尚书张祥河[19]宅邸。1998年，因松江城区改造，张祥河宅被迁移至李塔汇延寿寺，后又被迁建于松江区中心医院对面的思鲈园中（图4-1-23、图4-1-24）。

该宅邸由原西门外明代松风草堂改建、扩建而成，占地近10亩，位于里仁弄西，是松江城内规模较大的古代宅邸之一。该宅邸原有九进屋宇，以3条南北向的纵轴线为基准展开布局。在西部轴线上，有五进房屋：第一进是门厅、轿厅、茶厅、仪门等建筑（已毁于抗日战争期间）。仪门之内的

第二进、第三进建筑均为五开间走马楼，左右建厢房。第四、五两进为后屋；中部轴线上，南部是松风草堂，为三开间明式圆作厅堂，堂中悬清初沈荃书"松风草堂"匾额。厅堂之南设有高墙深院，院内垒有湖石假山，错落有致。草堂之北有两进8厅杂屋。院内东西两侧有廊屋联系南北厅堂，东廊墙壁镶嵌有"四铜鼓斋"藏石，为元代书法家赵孟頫书《幽兰赋》、《梅花十绝》等10块大方石刻；东部轴线上的一组庭院是张氏园林的精华：院的北隅是曲尺形平面的"四铜鼓斋"，内有张祥河于粤西所得汉代伏波将军铜鼓4只，其屋面为歇山顶，与

图4-1-23 迁至思鲈园中的遂养堂（李东禧摄）

图4-1-24 遂养堂（张祥河宅）（李东禧摄）

西部回廊相连。斋南凿有"漱月池",池边垒有湖石假山。

在东、中、西三路纵轴线之间,设有夹弄,南北贯通,有通行、防火及两院分隔之用。中、东路纵轴线之间的隔墙为蜿蜒的龙墙,与东部的园林相呼应。遂养堂建筑群庭院组合多变,既有规整的宅院,又有充满自然意趣的园林,是松江明清大宅的典范。

十、浦东川沙内史第

"川沙内史第"位于上海浦东新区川沙镇新川路218号,由晚清举人、著名书画收藏家沈树镛先生的祖上所建。该住宅原称被为沈家大院,后因沈树镛于清咸丰九年(1859年)中举,官至内阁中书,遂改名为内史第。

"内史第"原来共有三进宅院,南靠现今的新川路,西傍南市街。第一进是一个长方形院落,天井内有个小花园,东西两侧是二层厢楼,为宋庆龄、宋美龄等宋氏家族成员的出生地;第二进为正厅,被称为立本堂,有黄炎培题写的"立本堂"匾额(图4-1-25、图4-1-26);第三进为内宅,砖雕门楼后是一狭长的天井,通向二层的正楼及东西厢

图4-1-25 内史第正厅(李东禧摄)

图4-1-26 内史第立本堂(李东禧摄)

图 4-1-27　内史第第三进内宅（李东禧摄）

房。该格局一直保持至 20 世纪 80 年代中期，可惜在 1987 年，前两进房屋被拆除，只留下了第三进宅院，占地面积约 700 余平方米（图 4-1-27）。因我国老一辈国家领导人黄炎培先生（1878～1965 年）出生于"内史第"的第三进宅院的东厢房内，故该宅院也被称为"黄炎培故居"。1991 年修复的第三进院落占地面积 306 平方米，建筑面积 480 平方米，为两层砖木结构建筑。2010 年，市政府又重新补建了于 1987 年被拆除的前两进住宅，并于 2012 年对外开放。复原的建筑因退让城市干道新川路，较原址后退了 5 米，少了一堵门墙。1992 年该建筑被公布为上海市文物保护单位。

川沙"内史第"的空间格局，富有清代江南民居的特色，其建筑细部包含了丰富的雕刻装饰。内史第的雕花仪门飞檐翘角，正面有晚清建筑风格装饰特征的"凤戏牡丹"、"状元游街"等砖雕图案，中间镶有"华堂映日"四字，仪门背后有"凤戏牡丹"图、下有"德厚春秋"四字。门楼两旁为"状元游京城"、"状元献宝"砖雕图案。

十一、杜氏雕花楼

杜氏雕花楼位于松江区中山西路 266 号，为当地名绅杜氏故宅。该建筑建于明代旧宅基础上，现存建筑为清末与民国建筑风格的混合体，呈四埭三进格局。首进为一组清代建筑（图 4-1-28、图 4-1-29），第二进的主楼为建于民国时期"雕花楼"，后进为杂物后院。

杜氏雕花楼的前三埭建筑均为走马楼，其中第一、二埭为清代老楼（图 4-1-30、图 4-1-31），第三埭建筑厅堂内雕梁画栋，栏杆、挂落、雀替、斗栱等处均施花卉、云纹、人物、鸟兽等精美木刻浮雕、通雕，椭窗、格扇均镶嵌进口玻璃和蛤蜊，装饰图案、花纹呈中西结合韵味。

图 4-1-28　杜氏雕花楼的首进建筑（建于清代）（李东禧摄）

图 4-1-29　杜氏雕花楼的清代老楼（李东禧摄）

图 4-1-30　杜氏雕花楼第二进院落（李东禧摄）

图 4-1-31　杜氏雕花楼清代楼室内（李东禧摄）

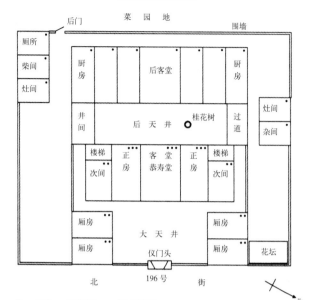

高桥恭寿堂平面示意图

注：• 平房　•• 二层楼房　••• 假三层楼房
　　仅门头与东北面街面房之间原有一进客堂和厢房，早已拆除。

图 4-2-1　高桥恭寿堂平面（图片来源：上海市浦东新区发展计划局等编．上海浦东新区老建筑 [M]．上海：同济大学出版社，2005：55．）

图 4-2-2　高桥恭寿堂门头（李东禧摄）

第二节　民宅

一、高桥恭寿堂

高桥恭寿堂位于浦东新区高桥镇季景北路 814-816 号巷内，始建于清咸丰年间（1851～1861年）。该宅坐西朝东，原为四进院落，现仅剩第三、四进（图 4-2-1～图 4-2-3），为砖木结构，并有高达 9 米的封火山墙（图 4-2-4）。

该住宅的主人是孙叔馨、孙才干兄弟俩，他们一人为乡里小吏，一人为开办高桥至上海城厢之间浦江航线的轮船公司老板。恭寿堂的建设花费了 10

图 4-2-3　高桥恭寿堂内院（李东禧摄）

图 4-2-4　高桥恭寿堂封火墙（李东禧摄）

年时间。该建筑原占地面积 5400 平方米，建筑面积 2000 平方米，施工建造时间长达 10 年，第三进楼下中间大厅为恭寿堂。恭寿堂是典型的清代江南民居，用料讲究，至今在廊檐上还保存着船篷轩顶和精美木雕的挂落及木雕花篮（图 4-2-5），其天井宽阔，有 150 平方米，被誉为高桥第一大天井。

二、浦东艾氏民宅

浦东艾氏[20]民宅位于浦东新区孙桥镇中心村养

图 4-2-5　高桥恭寿堂檐廊挂落（李东禧摄）

正宅 61 号，始建于清代。该住宅坐北朝南，由东西 2 座四合院构成，是上海较为典型的双绞圈房子（图 4-2-6 ~ 图 4-2-9）。

早期仪门设于东、西两庭心之间的过道之间，并设有"回避、肃静"座牌。东、西亭心分别有 80 平方米、60 平方米。东庭心稍大，正中有客厅，厅内高悬写于宣统初年的匾额"恒心堂"（图 4-2-10）。建筑为立帖式砖木结构，落地长窗镶嵌蛤蜊壳，两侧木板支摘窗保存完好。屋前有菜园，后院有百年树龄的银桂、竹园。浦东艾氏民宅是上海郊区有历史价值和地域特征的清代传统民居。

三、泗泾马家厅

泗泾马家厅位于松江区泗泾镇开江中路 312 号，原名"泗浜草堂"，其原宅主为马池宾，故也称马家厅。从建筑形制、风格来看，该住宅建筑为清初建筑。建筑群面南，前为三开间门厅，后为仪门、庭院、走马楼，占地面积约 246 平方米。门厅与仪门之间旧建筑已被拆除。

图 4-2-6　浦东艾氏民宅南面 1（李东禧摄）

图 4-2-7　浦东艾氏民宅南面 2
（李东禧摄）

图 4-2-8　浦东艾氏民宅北面
（李东禧摄）

图 4-2-9　浦东艾氏民宅内院
（李东禧摄）

图 4-2-10　浦东艾氏民宅室内（李东禧摄）

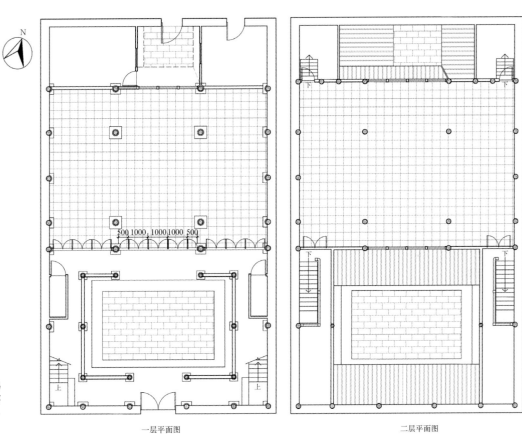

图 4-2-11　泗泾马家厅平面（绘图：宾慧中、董捷、黄鸣飞、李晗玥、肖慧敏）

一层平面图　　　　　　　　　二层平面图

　　马家厅建筑空间结构和仪门形态十分特殊。其走马楼三面皆能走通，一层檐廊围绕天井布局，檐下设廊轩，单檩，方椽，制作精致；仪门为木结构，突于南面廊之外，顶部有斗栱出排承托门楼屋檐，可惜现在已损毁（图 4-2-11、图 4-2-12）。

　　马家厅的后楼为上下双草架结构（图 4-2-13）。

楼下兼作正厅，室内不见平顶楼板，做装饰性屋架坡顶，梁、檩、椽、望砖一应俱全，雕梁刻栋。厅内南北还有两列翻轩，南面为双檩翻轩，北面轩较窄，无檩。这种做法可以使有限的底层高度显得更高一些。楼上南侧也做成双檩翻轩，顶部也是草架顶。楼上抬梁结构粗壮，雕刻简单，使用圆椽。天

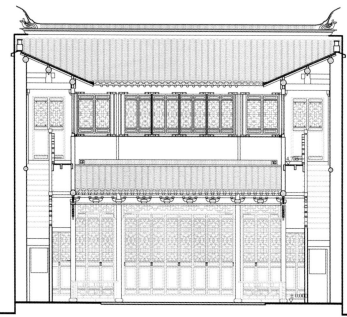

图4-2-12 泗泾马家厅剖面（绘图：宾慧中、董捷、黄鸣飞、李晗玥、肖慧敏）

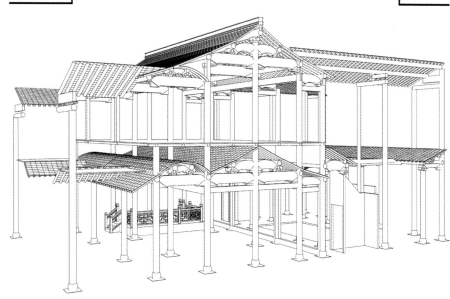

图4-2-13 泗泾马家厅构架透视（绘图：宾慧中、董捷、黄鸣飞、李晗玥、肖慧敏）

图4-2-14 崇明姚家宅

井铺青石，周边的青石台阶上刻有明式花纹图样。

四、崇明姚家宅

崇明姚家宅位于崇明侯家镇南村东首，建于清，中间是一座"四进三场心"[21]的宅院，四周挖有壕沟，以挖出的泥土筑坝防洪，沟内可养鱼养鸭，沟上搭起浮桥，方便进出，呈"其业耕者，中田有庐，庐旁有沟环之，间植竹木，家自成村"的布局[22]。崇明当地人称这种民居为"四厅头宅沟"，具安全防卫、防盗防灾的功能（图4-2-14）。

注释

① 如天井两边各有一间厢房被称为"双厢房"，两边各有两间厢房则被称为"四厢房"。

② 清光绪九年（1883年）由徐家汇土山湾孤儿院天主教出版社出版的《松江方言教程》一书中，有"绞圈房子"的记载："五开间四厢房各一绞圈房子，自备料作，包工包饭，规几好银子末，肯造个者。"这是最早记载绞圈房子的文献。

③ 祝允明即为明朝著名文人祝枝山（1460～1527年）

④ 蔡氏民宅位于浦东新区高桥镇北街104弄11号，建于清末，现为不可移动文物。

⑤ 薛顺生，楼承浩.上海老建筑[M].上海：同济大学出版社，2002.144.

⑥ 1853～1855年，上海租界的华人由500人增至2万人以上；1865年公共租界的人口增至9万多人；后太平天国运动结束时，已有超过11万中国人搬进了外国租界。

⑦ 徐光启为了"艺桑植棉"，从事农业研究，在上海县城大南门外开辟一个桑园（因分东、西两部分，也称双园），种植了一片桑树和一片麻。桑园内也还建有少量亭台廊榭，别有一番风景。

⑧ 又说该两间房毁于1937年"八一三"事变时的日机轰炸。

⑨ 朱椿，字大年，娄县人。曾任浙江金华府知府、广西按察使、云南布政使、广西布政使，后升任江西巡抚，旋以兵部侍郎内召迁都察院左都御史，乾隆四十九年（1784年）卒於官。

⑩ 许嘉德（清道光至光绪年间），字修来，华亭人。道光元年（1821年）举人，考取国子监学正，擢助教，历任浙江镇海、山阴、平湖县知县，且精于书画，是历史上著名的"杨乃武与小白菜案"的第一审县官，年六十六卒。

⑪ 王蔚秋.隐去的园林隐存的楼[N].新民晚报，2008-04-20（6）.

⑫ 陆锡熊曾任《四库全书》编辑，深得乾隆皇帝赏识，受赐乾隆亲自题字、杨基所绘《淞南小隐》图，遂将其父所建的传经书屋改名为"淞南小隐"。

⑬ 郁泰峰（1789～1865年），上海著名的沙船大王，曾拥有近200条沙船、100余家钱庄、商号，被戏称为"郁半城"。

⑭ 郁泰峰因捐资获朝廷授"从二品盐运使"官衔，故有此硬牌。

⑮ 郁氏曾编纂《宜稼堂丛书》计一百二十九卷，名震海内外。

⑯ 清乾隆年间"宜园"易主乔光烈，人们于是把老城厢内宜园附近的一条河浜称为乔家浜。乔家浜东联朝阳门（小南门）水关，西至圆浜，仅长500多米。

⑰ 因院内有棵百年梓树，故改名为梓园。

⑱ 清光绪《娄县志·名迹》记载："遂养堂，工部尚书张祥河宅。"

⑲ 张祥河，字符卿、号诗舲，出生于松江的书香门第，嘉庆二十五年（1820年）中进士，曾任河南布政使、广西布政使、甘肃布政使、陕西巡抚、礼部侍郎、吏部侍郎及工部尚书。其能书善画，花卉、山水、书法都有所成，著有《小重山房初稿》（24卷）、《诗舲诗录》、《诗舲诗外录》、《小重山房诗续录》（12卷）等，编有《四铜鼓斋论画集》及《会典简明录》等。

⑳ 浦东艾氏为明嘉靖进士、太常寺博艾可久后人。艾可久为官清正廉洁，病故后被葬于今浦东孙桥地区，并获万历皇帝赐7块御碑。

㉑ "四进三场心"指该建筑群由4排南向住宅及3个内院组成。

㉒ 侯瞻秋.从明清两代看上海传统民居[J].城建档案，2000，（05）：43.

上海古建筑

上海古建筑

第五章　园林建筑

上海园林建筑分布图

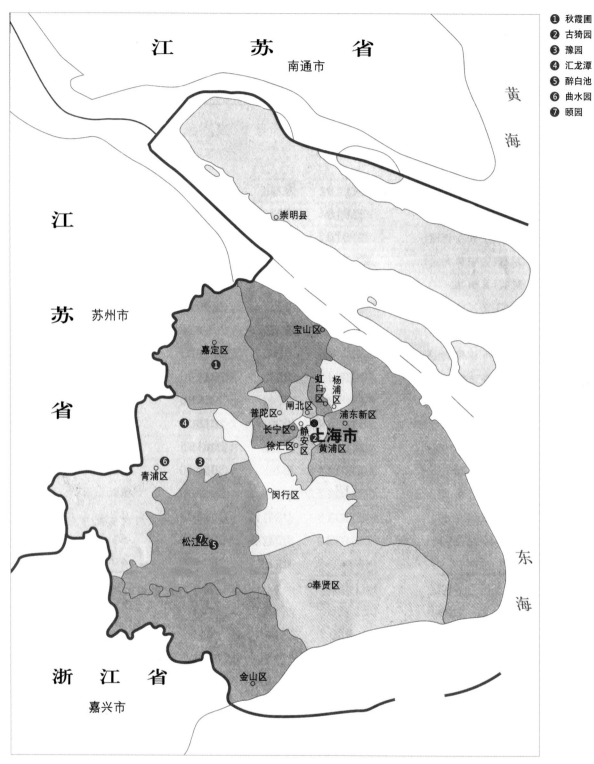

① 秋霞圃
② 古猗园
③ 豫园
④ 汇龙潭
⑤ 醉白池
⑥ 曲水园
⑦ 颐园

江 苏 省
南通市
黄 海

崇明县

江 苏 省
苏州市

宝山区
嘉定区 ①
虹口区 杨浦区
闸北区
普陀区 浦东新区
长宁区 静安区 上海市
徐汇区 黄浦区

④
⑥ ③
青浦区
闵行区

⑦
松江区 ⑤

奉贤区
东 海

浙 江 省
嘉兴市
金山区

（地图引自：中华人民共和国民政部编. 中华人民共和国行政区划简册2014. 北京：中国地图出版社，2014.）

中国古代园林的雏形是供王公贵族狩猎、游乐的"囿"。秦汉以后，"囿"中逐渐有了宫室，且增加了植物、山水的元素，于是"苑"出现了。魏晋南北朝以后，比"苑"更精致、有封闭界限的"园"开始形成。上海园林的起步始于南北朝①，因此直接跨越了"囿"、"苑"的阶段。由于地处偏僻、经济较弱，上海地区并没有规模宏大、富丽堂皇的皇家权贵园林。早期的上海园林常随寺观而建，或依附于私人宅邸、墓园，较少单独出现。据传在三国时期，上海地区曾有带有寺观园林的大型庙宇②。

南北朝时期，上海开始有了宅邸园林。南朝梁天正元年至陈太建十三年（公元551～581年），顾野王在金山亭林附近的茂林深处结茅筑舍，创建了一个用以隐居读书的宅院，后人称之为"读书堆"③。这是上海境内有文字记载的最早的私家宅邸园林。

读书堆

由顾野王创建的"读书堆"遗址位于今金山区亭林镇寺平南路西大通路北，建于南朝梁天正元年至陈太建十三年（公元551～581年）间。因其园中有一座大假山，形状如墩，故被人们称为读书墩，后因当地人"墩"、"堆"谐音，逐渐被人通称为"读书堆"。据明、清两代《松江府志》记载，读书堆在宝云寺后，"高数丈，横亘数十亩，林樾苍然"，"梁黄门侍郎顾野王于此修舆地志时呼野王读书堆，其北有湖，湖南有林，因呼顾亭湖，亦曰顾亭林"④。从史料中我们可以得知，当时的读书堆有湖、有林，且"有沼深黑、冬夏不竭，云野王墨池"。看来，从纷乱的朝政中隐退的顾野王，已经陶醉在这有山、有水、有树木的园子里。他潜心用功修成《舆地志》30卷，在不知不觉中把一个水池染成了墨池。读书堆的现址仍可见一高约10米的土堆，占地约数百平方米（图5-0-1）。

唐宋以后，随着经济实力的增强，文人士大夫的积极参与，中国园林的山水意趣和文人气质开始出现。许多园林的场景取自诗词书画，强调"以画入园，观园如画"。上海地区官绅、士人营建的宅邸园林或别业园林渐趋成熟，许多较有规模的住宅均配有园林，有些更以园名取代其宅名。

宋代的松江城有谷阳园（朱之纯别业）、柳园、施家园、东皋园（钱知监别业）和云间洞天（宋参政钱良臣园）等名园，嘉定有赵氏园、怡园、浦式园，松江有施家园，南汇有瞿氏园。以建于南宋淳熙十年（1183年）的"云间洞天"为例，有兴庆寺堂、东岩堂、巫山十二峰、观音岩、桃花洞、雪窗、云榭、来禽渚、流杯亭、朋云亭、桃溪、柳村、龟巢、桔坞、明月湾、檐葡林、围绣、香风、露香、笼锦等36景，园内亭台楼阁、假山峰峦、林木佳卉之华美令人赞叹，宋光宗曾为该园题额"云汉昭回之阁"。元代上海名园有松江的陈家园、青浦小蒸的曹氏园、乌泥泾的最闲园、奉贤陶宅的云所园等⑤。其中曹氏园规模最大，广袤数10里。

明朝以后，江南园林的蓬勃发展造就了中国园林史上的巅峰。在上海，工商业的发达使一批富足的乡绅"有闲"、有钱去追求精致、华丽的私家园林，也给文人雅士提供了发挥的空间。杨维桢、嘉定四君子、富林二曹、松江画派诸才子、几社诸君子等文人给上海地区的私家园林增添了浓郁的文人气息。例如，松江画派的崛起使不少画家择地筑园，并带动了文人隐士、达官显贵纷纷在邑郊广建别业。在佘山，就有董其昌、施绍莘等人修筑的东山草堂、半间精舍、白石山房、神清之室等。在天马山有篆园⑥、万松园⑦、太虚楼。如今已辟为公园的醉白池，也是一座明代园林，后清初重新修建。当时，知名书画家董其昌等文人墨客常在园中聚会觞咏。另外，

图5-0-1 顾野王读书堆（图片来源：http://blog.sina.com.cn/s/blog_55c85ddb0102vjx1.html）

文人雅士也常将身边名园的景致作为画中之物、赏咏对象。日涉园园主陈所蕴就曾邀请许多著名书画家赏景作画，得《日涉园图卷》36幅；由文徵明之侄绘制的《南溪草堂图》，现被藏于北京的故宫博物院；百余位书法家曾在吾园挥毫泼墨，出版书画集《春雪集》。

明代上海地区的造园名家也层出不穷，张南阳⑧、张涟⑨、朱邻征⑩等不但在上海叠造名园，其影响力还辐射江南诸地。仅上海老城厢区域，知名明代园林就有豫园、露香园、日涉园、渡鹤楼（也是园）、朋寿园、南园、后乐园、南溪草堂⑪等，其中日涉园就由张南阳所设计营建；露香园不但园林精致，还是古松江府顾绣⑫的发源地，且其所产水蜜桃闻名沪上；脱胎于渡鹤楼的也是园小巧玲珑，是当时是豫园以外的上佳园林⑬。当时的嘉定地区还有秋霞圃、古猗园、檀园等名园，松江有秀甲园、濯锦园、颐园、竹西草堂等。其中的秀甲园，曾2次被南巡的康熙皇帝临幸，并被御赐"蒸霞"二字。

露香园

露香园原址位于上海县城北黑山桥（今黄埔区大境路、露香园路一带），由顾名儒、顾名世两兄弟于明嘉靖三十八年（1559年）所建，初名万竹山房，后因凿池过程中得一旧石，上有元代赵孟頫手书"露香池"三字，遂改园名为露香园。露香园还是古松江府"顾绣"的发源地。顾绣是比湘绣、粤绣、京绣、蜀绣等更广为人知的民间刺绣，是唐宋以来中国绣艺的新高峰，其代表人物顾缪氏为顾明世长子之妻。

当时的露香园占地近40亩，主体建筑为碧漪堂，堂前有广约10亩的露香池，池上架曲桥，堂后有名为积翠岗的大假山，计有碧漪堂、露香阁、露香池、碧漪堂、阜春山馆、潮音阁、独管轩、积翠冈、分鸥亭、青莲池等景点。园内还有供奉观音菩萨的潮音庵。园中多桃树，其水蜜桃名闻沪上。明末顾氏家族衰落，崇明水师曾驻该园，假山、水池、建筑受到破坏，至清代仅存古石二三，池水亩许。清道光十六年（1836年），徐渭仁重修露香园，疏浚水池，

图 5-0-2　日涉园三十六景图——日涉园（林有麟绘）（图片来源：http://blog.sina.com.cn/s/blog_4bda4c5d01009r5d.html）

建万竹山房，大体恢复园林旧观⑭。道光二十二年（1842年），因设在园中的火药局失火爆炸，造成全园皆毁。后来，该园址成为演武厅校场的一部分，俗称"九亩地"。民国初年，又在此建有万竹学校（即今上海市实验小学），现整个园林已不复存在，只留下一条名为"露香园"的道路。

日涉园

日涉园位于原上海县城东南梅家弄（今黄浦区梅家街、药局弄之间），建于明万历二十年至三十八年（1592～1610年），占地约20亩。该基地原属唐氏，后被明进士陈所蕴⑮购得，并延请造园名师张南阳设计精心营造。后张南阳去世，曹谅继任督造。先后经历12年始建成。落成之日，友人李绍文和诗云："为圃与为农，岂是公卿事。园林最近家，不妨日一至。"陈所蕴灵机一动，遂欲将园林命名为"日至园"，后因读音不和，改称意思相同的"日涉园"。

日涉园当时与豫园、露香园齐名，共有尔雅堂、素竹堂、飞云桥、来鹤阁、明月亭、桃花洞、殿春轩、（友石轩、五老堂、啸台）等36景。（图5-0-2）园中主体建筑为竹素堂，堂南有水池。园中假山取名"过云"，"高可二十寻"⑯。园主陈所蕴还曾邀请当时许多出名书画家来园中赏景作画，得《日涉园图卷》36幅。明末陈氏家族衰落，日涉园归陆明允、陆起凤父子所有。后《日涉园图卷》在清嘉庆年间散佚。抗战期间，嘉兴刘少岩偶然购得10幅，包括林有麟绘的日涉园全景、沈士充绘的蒸霞径、李

图 5-0-3 日涉园三十六景图——偃虹桥（时芳绘）（图片来源：http://blog.sina.com.cn/s/blog_4bda4c5d01009r5d.html）

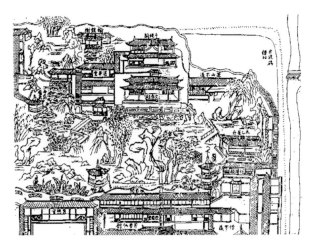

图 5-0-4 古渡鹤楼（图片来源：上海园林志编纂委员会.上海园林志[M].上海：上海社会科学出版社，2000：55.）

图 5-0-5 也是园（图片来源：吴友如.申江胜景图.点石斋，1884.）

图 5-0-6 被移入豫园的积玉峰

绍箕绘的过云峰、黄孝初绘的春草轩，常莹绘的香雪岭，徐元皖所绘的浴凫池馆。新中国成立后，刘氏将所藏的日涉园图卷捐于国家，藏于上海历史博物馆内。日涉园于鸦片战争后颓败，至清末仅剩五老堂⑰，现今已经湮灭（图 5-0-3）。

也是园（渡鹤楼）

也是园的前身是位于原上海老城厢南部（今黄浦区凝和路、乔家路口）的渡鹤楼（图 5-0-4），建于明天启年间（1621~1627 年），园主为礼部郎中乔炜。因此园位于城南，故又名南园。园中古木、叠石、水池一应俱全，筑有明志堂、锦石亭、息机山房、珠来阁等建筑。园中水池与黄浦江连通，能在潮汐来时听见水声。

清代以后，渡鹤楼易主，先后归曹垂灿、李心怡所有。曹垂灿得园后，曾作《园居诗》两首描写园内景致："开帘香入座，谷口画堪图。岸柳青垂涧，溪篁翠拂隅。鸟声途客媚，花态逼晴殊。三径名贤至，黄公忆酒垆"；"辟疆聊散步，花影入帘时。爱竹常留笋，吟松不去枝。溪深兔睡稳，树密鸟归迟。况有携琴客，高潭酒满卮"。李氏获得该园后，因该园小巧玲珑具"不是园也是园"的意趣，故易名为"也是园"（图 5-0-5）。钱曾（号也是翁）曾将园内渡鹤楼作为藏书室，并编有《述古堂书目》、《也是园书目》。清乾隆五十五年（1790 年）后，此园改为蕊珠宫，供奉道教三清，也曾做过书院，称"蕊珠书院"。后又增建斗姆阁、纯阳殿。至咸丰初年，园中花木繁茂、园池宽阔、景点无数，是豫园以外的上佳园林⑱。该园后因香火渐衰，只能出租其部分房屋，并部分用作军政机关办公场所。1937 年，园林毁于"八一三"事变的战火。仅剩的积玉峰等山石于 1956 年被移入豫园（图 5-0-6）。

清代的上海名园有松江的醉白池、古倪园、青浦的曲水园、上海县的城隍庙东园、吾园、淞溪园（东园）、丛桂园（北园）[19]、半泾园[20]、啸园、奉贤的一邱园、兴园等。

吾园

吾园原址在原上海城厢西面吾园弄（今黄浦区尚文路的龙门村），由富商李筠嘉于清嘉庆四年（1799 年）辟建。园中有带锄山馆、红雨楼、潇洒临溪屋、清气轩、绿波池等景点，种植有大量的竹和桃树。因园主长于书法，故其于嘉庆八年（1803 年）与李廷敬创立"吾园书画会"，广纳百余位书法家在吾园挥毫泼墨，并以《春雪集》为名予以出版。道光初年，江苏巡抚陶澍收买了吾园的一部分，以扩建上海县城内的黄道婆祠（先棉祠）。后园林

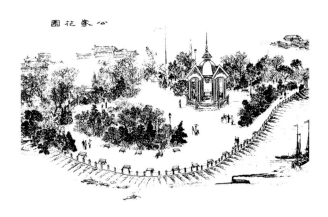

图 5-0-7　公家花园（图片来源：李琼. 上海开埠早期时事画 [M]. 上海：上海书店出版社，2013：129.）

图 5-0-8　公家花园鸟瞰（1918 年）（图片来源：http://sh.eastday.com/m/20131002/u1a7692946.html）

易主改归杨氏，新园主将园林改名为托园。清同治四年（1865 年），上海道衙门买下托园，设龙门书院，内辟讲堂、宿舍等 40 余间。光绪年间，上海道台袁树勋又将其改为龙门师范学堂。民国后数次更名，分别为江苏省第二师范学校、第一商业学校、江苏省立上海中学。现园林已荡然无存，仅存吾园街名[21]。

上海地区第一座向公众开放的园林出现在清乾隆二十五年（1760 年）。当时，由官民集资修缮完成的西园（原豫园）向公众开放，上海出现了第一座公园。

清后期以来，由于城市发展变迁、战事（倭寇入侵、鸦片战争、太平军战事、小刀会起义、日军入侵等）破坏，上海地区大部分优秀园林逐渐荒废，仅剩秋霞圃、古猗园、豫园、曲水园、醉白池、汇龙潭及颐园等。这些园林中，许多也经历了数次重建、扩建（或缩小）、改建，致园林格局失去原貌、古今建筑杂糅并存。

1868 年，苏州河黄浦江交界处的滩地上出现了一座西洋风格的公共园林——公家花园（又称"黄浦滩公园"，今为黄浦公园）。这是中国历史上第一座具现代特征的公共园林。

公家花园

公家花园位于苏州河黄浦江交界处，由当时的英租界建于 1868 年。公园内有修剪得惟妙惟肖的"中国十二生肖"植物，总体是一座欧式园林。公园内曾有一座漂亮的六角凉亭，因常被用作音乐演出之用，故又被称为"音乐亭"[22]。音乐亭后有喷水池，左右还各有一茅亭（图 5-0-7、图 5-0-8）。

随后，上海又出现了一些中西合璧、向公众开放的大型商业性园林，如张园、愚园、杨树浦大花园等。这些园林既有中式的亭台楼阁、小桥流水，又有西洋建筑及大草坪，还有球场、弹子房、餐饮店、动物园等娱乐服务设施，颇符合当时上海商业发展的需求。

张园

张园位于上海南京西路以南的泰兴路南端，初

图 5-0-9 张园入口（图片来源：张爱华. 风华张园[M]. 上海：同济大学出版社，2013：18.）

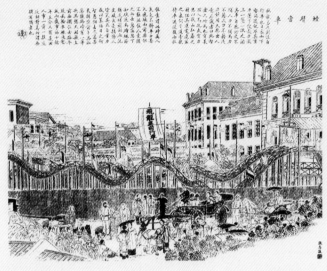

图 5-0-10 张园内的游乐场（图片来源：张爱华. 风华张园[M]. 上海：同济大学出版社，2013：168-169.）

图 5-0-11 张园内的风筝会（图片来源：张爱华. 风华张园[M]. 上海：同济大学出版社，2013：44-45.）

图 5-0-12 张园内的"安垲第"（图片来源：蔡育天. 沧海－上海房地产150年[M]. 上海：上海教育出版社，1998：98.）

由英国商人格龙（Groome）造园于 1878 年，占地约 20 余亩。清光绪八年（1882 年），中国商人张叔和从和记洋行手中购得此园，更名为"张氏味莼园"（简称张园）。后张园又屡获增修，至 1894 年，全园面积已达 60 余亩。

张园不似中国传统园林的小巧、封闭，仿照西洋园林的风格，以大草坪、绿树、曲池、荷沼、建筑为筑园要素，开敞疏朗，且向社会公众售门票开放[23]，游客的马车可以直接进入园门（图 5-0-9）[24]，是一座具现代意义的综合性游乐公园，颇具海派新潮的特征。张园内除了拥有奇花异木、荷塘假山之外，还有弹子房、点膳铺、抛球场、茶座、照相馆、旅馆、戏院、动物园等（图 5-0-10）。各式中西风俗的活动在园内皆可见到：春秋两季的跑马赛、四季常有的赏花会、春季的风筝会（图 5-0-11）[25] 及夏季的焰火晚会。

1892 年，张园内出现了一幢高大洋房——"安垲第"（Arcadia Hall）（图 5-0-12）。此建筑由英国工程师景斯美、庵景生二人设计，当中为大厅，可容纳 50 余桌宴席，四周为两层，如戏院之看楼。

内有高览台、佛兰台、朴处阁等，二楼西北角有望楼，为当时上海最高点，登楼可览全上海之景。

20世纪初以后，随着上海其他新建游乐场所的建成（如哈同花园、大世界等），张园逐渐衰落，并终于在1919年歇业。1949年后，张园原址现为里弄建筑，部分建筑被改建为上海市政协礼堂。

愚园

愚园的前身为沪上最早的游艺型园林"申园"和西园[26]，位于静安寺东北半里许，后被四明张氏于清光绪十六年（1890年）购得，扩建后改名为愚园[27]。后几经易手，终因地价飞涨而废园改建其他建筑，仅剩愚园路名。

当时的愚园占地约30亩，内部景点甚多，小桥、水池、假山俱备，园中水池的东、西、南三面，均筑有亭、榭（倚作轩、湖心亭），假山上为花神阁（图5-0-13）。园之西北设有球场、弹子房等，还蓄有珍禽异兽，如虎、豹、猩猩、孔雀、仙鹤等，可供人观赏。愚园既有传统园林的景致，又有从西方引入的球场、弹子房等娱乐设施，还饲养动物供游客观赏，且能为游客提供茶点酒肴，是个综合性的公共园林，其规模虽不及张园，但更清净、雅致。

1890年，租界当局又在苏州河涨滩附近（今四川中路、虎丘路之间的苏州河南岸地带，近乍浦路桥）新造了一座占地仅6亩多的华人公园[28]（图5-0-14），专向华人开放。该园用地为长方形，地形较为狭小，南向有3处园门。园内建有茅亭四座、花径数条（图5-0-15）。园正中有石刻飞龙托日晷的雕塑，形态为中西合璧式（图5-0-16）。

相对于曾经繁盛的上海古代园林来说，留存至今的实属凤毛麟角，且其位置、规模、地形

图5-0-13 愚园（图片来源：吴友如. 申江胜景图. 点石斋，1884.）

图5-0-14 华人公园（新大桥公园）（图片来源：http://difang. kaiwind.com/shanghai/kfplsy/201408/21/t20140821_1864784.shtml）

图5-0-15 华人公园（图片来源：http://difang.kaiwind.com/ shanghai/kfplsy/201408/21/t20140821_1864784.shtml）

图5-0-16 华人公园中的日晷（图片来源：http://difang.kaiwind. com/shanghai/kfplsy/201408/21/t20140821_1864784.shtml）

都发生了或多或少的变化。所幸的是，由于大量文人书画、游记的存在，我们还能对许多湮灭的海上名园一窥概貌。为了尽可能完整地描述、记录上海古代园林建筑的风貌，除了对有实物遗存的古园林做出详述，另将部分尚有图像资料、文字记录的海上名园放在本章综述中作简要梳理。

第一节　上海古园林

现存的上海古园林中，秋霞圃、古猗园、豫园等均建于明代；汇龙潭源于嘉定孔庙，原为孔庙的一部分，故也成园较早；醉白池、曲水园、颐园皆为清代园林。其中秋霞圃、古猗园、豫园、醉白池、曲水园被誉为现存古园林中的"五大名园"。"五大名园"中，秋霞圃创建时间最早，豫园有张南阳唯一的传世之作"大假山"，古猗园以"绿竹猗猗"而著名，醉白池与文人雅士结缘最多，曲水园小而精致。

一、秋霞圃

秋霞圃位于上海嘉定区嘉定镇东大街，占地面积约 3.3 公顷，创建于明成化、弘治、正德、嘉靖年间[29]，是上海现存五大名园中创建时间最早的一座园林。1962 年、1984 年秋霞圃两次被认定为市级文物保护单位。

秋霞圃由原龚氏、沈氏、金氏三大家族的私家园林和原邑庙合并而成。龚氏园的园主是明代龚弘，他于明成化十四年（1478 年）考中进士，官至工部侍郎，正德十六年（1521 年）退休，被赐工部尚书衔。龚弘去世后，龚氏宅院几经易手。至清顺治二年（1645 年），因嘉定遭清军三屠，龚氏宅第遭受严重毁坏，仅剩几堵危墙。后有汪氏接手辟为秋霞圃（俗称汪氏园），园中有松风岭、莺语堤、寒香室、百五台、岁寒径、层云石、数雨斋、桃花潭、题青渡、洒雪廊等 10 景。清雍正四年（1645 年），汪氏将园子捐给城隍庙，秋霞圃遂被改作邑庙后园；沈

氏园在龚氏园东侧，由秀才沈弘正建于明万历、天启年间。内有扶疏堂、权舟、聊淹堂、开襟楼、闲研斋、籁隐山房、觅句廊、洗句亭、游骋堂、涉趣桥等景。后此园归申氏。清乾隆二十四年（1759 年），申氏将此园并入邑庙后园；金氏园在龚氏园之北，为明举人金兆登祖父金翊所建，其时约为明嘉靖中期，园中有柳云居、止舫、霁霞阁、冬荣馆等景点；嘉定邑庙始建于宋嘉定年间（1208～1224 年），原址为南门富安坊（今李家弄旧址），明洪武三年（1370 年）移建于现址。

清咸丰十年至同治元年（1860～1862 年），太平军与清军及洋枪队数度激战于嘉定县城，邑庙后园及金氏园被破坏殆尽。清光绪年间，池上草堂、从桂轩、延绿轩陆续得以重建，园林景色逐渐得到恢复。民国期间，嘉定教育会会长戴思恭将启良学校迁入园内，并发动实业界人士出资整修了园内 20 余处建筑。抗战时期，园址被日伪军占用。抗战胜利以后，启良学校恢复使用该园。1963 年，曾在邑庙大殿前建造两层教学楼一幢。1980～1982 年、1984～1987 年，上海市政府 2 次对其进行了整修，由市园林局设计室田丽菊、顾正负责规划及设计，同济大学陈从周、上海文物管理委员会杨嘉佑等提供指导，先修复了原龚氏园，后修复了沈氏园、金氏园和邑庙大殿，疏浚了清镜塘。修复工程本着尊重历史、照顾现状、因地制宜的原则，对遗存园林建筑进行翻建或整修，对已毁建筑则参照有关资料重建。

现存的秋霞圃包括了桃花潭景区（明代龚氏园）、凝霞阁景区（沈氏园）、清镜塘景区（金氏园）及邑庙 4 个部分，占地 45.36 亩（图 5-1-1）。其中以桃花潭景区最为精致（图 5-1-2），其水面开合有致、蜿蜒逶迤，周围环绕湖石、黄石假山，点缀池上草堂、碧光亭、延绿轩、碧梧轩等建筑（图 5-1-3～图 5-1-5），全园小中见大、曲折有致。园林建筑建于清代的有池上草堂[30]、从桂轩[31]、延绿轩[32]等。其中"池上草堂"之名源于唐代诗人白居易的《池上篇》和《草堂记》，三面临水；从桂轩

清河支路

归家弄

东　大　街

① 西大门　　　　㉓ 屏山堂
② 仪慰厅　　　　㉔ 闲研斋
③ 南山　　　　　㉕ 数雨斋
④ 霁霞阁　　　　㉖ 聊淹堂
⑤ 晚香居　　　　㉗ 游聘堂
⑥ 桃花潭　　　　㉘ 亦是轩
⑦ 池上草堂　　　㉙ 清镜塘
⑧ 丛桂轩　　　　㉚ 三隐堂
⑨ 北山　　　　　㉛ 柳云居
⑩ 即山亭　　　　㉜ 秋水轩
⑪ 碧光亭　　　　㉝ 青松岭
⑫ 碧梧轩　　　　㉞ 岁寒亭
⑬ 延绿轩　　　　㉟ 清轩
⑭ 观水亭　　　　㊱ 城隍庙大殿
⑮ 凝霞阁　　　　㊲ 寝宫
⑯ 依依小榭　　　㊳ 井亭
⑰ 环翠轩　　　　㊴ 东大门
⑱ 扶疏堂　　　　㊵ 厕所
⑲ 文韵居　　　　㊶ 售品部
⑳ 彤轩　　　　　㊷ 办公区
㉑ 觅句廊　　　　㊸ 教育楼
㉒ 洗句亭　　　　㊹ 花圃

N

0　10　20　30m

图 5-1-1　1987 年秋霞圃平面
图（图片参考：程绪珂，王焘．
上海园林志 [M]．上海：上海社
会科学院出版社，2000：260．）

图 5-1-2　秋霞圃桃花潭景区
（李东禧摄）

图 5-1-4　秋霞圃丛桂轩（李东禧摄）

图 5-1-3　秋霞圃池上草堂（舟而不游轩）（李东禧摄）　　　图 5-1-5　秋霞圃碧光亭（李东禧摄）

位于桃花潭西端，临池向东；延绿轩位于北山北麓，碧吾轩西。

二、古猗园

古猗园位于上海嘉定区南翔镇，由明代河南府通判闵士籍所创，建于明嘉靖年间（1522 ～ 1566年），经嘉定著名的竹刻、书画家朱三松设计，具"十亩之园，五亩之宅"的规模[33]。现园林占地面积约为150亩，四周环水，含逸野堂、戏鹅池、松鹤园、青清园、鸳鸯湖、南翔壁等6个景区（图5-1-6）。2014年古猗园被公布为市级文物保护单位。

该园初名"猗园"，取《诗经·卫风·淇奥》的"绿竹猗猗"之意。闵士籍去世后，猗园在明万历末被

转让给翰林李名芳之子李宜之。明末清初，猗园又先后归陆、李两姓所有。清乾隆十一年（1746年），洞庭山人叶锦购得猗园，又大兴土木，予以扩充。乾隆十三年（1748年），竣工后的园子取名"古猗园"，以示为前朝（明朝）古园。当时的古猗园园门位于园北、西向，园南围墙外有河，船可进入园内。"园中以逸野堂和戏鹅池为中心置景（图5-1-7），山有小云兜、小松岗和2座无名土山，水有戏鹅池、泛春渠和通园外的河道，亭有幽赏亭、孕清亭、梅花亭、怡翠亭、孤山香雪亭、嘉树亭、仿雪亭、荷风竹露亭，廊有承香廊、绘月廊和一无名曲廊，轩有一鸢飞鱼跃轩、西水轩、柳带轩、听雨轩，楼阁有环碧楼、翠霭楼、浮筠阁、岭香阁，桥有磐折渡桥、

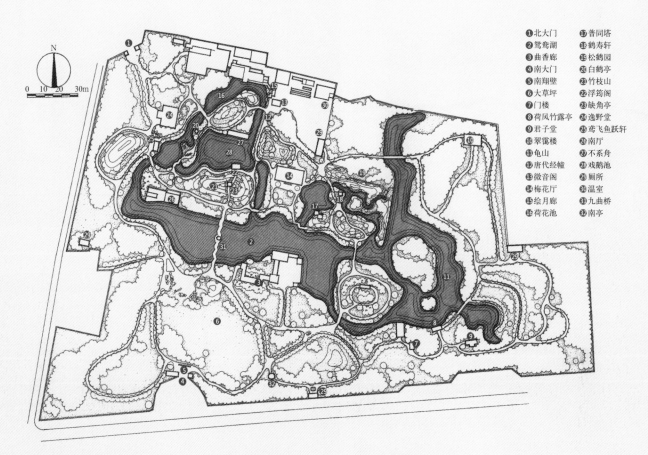

❶北大门　❷鸳鸯湖　❸曲香廊　❹南大门　❺南翔壁　❻大草坪　❼门楼　❽荷风竹露亭　❾君子堂　❿翠霭楼　⓫龟山　⓬唐代经幢　⓭微音阁　⓮梅花厅　⓯绘月廊　⓰荷花池　⓱普同塔　⓲鹤寿轩　⓳松鹤园　⓴白鹤亭　㉑竹枝山　㉒浮筠阁　㉓缺角亭　㉔逸野堂　㉕鸢飞鱼跃轩　㉖南厅　㉗不系舟　㉘戏鹅池　㉙厕所　㉚温室　㉛九曲桥　㉜南亭

图 5-1-6　古猗园平面图（图片参考：程绪珂，王焘．上海园林志 [M]．上海：上海社会科学院出版社，2000：275．）

图 5-1-7a　古猗园逸野堂（李东禧摄）

图 5-1-7b　古猗园戏鹅池（李东禧摄）

图 5-1-8　古猗园"五老峰"（李东禧摄）

图 5-1-9　古猗园不系舟 1（李东禧摄）

浮玉桥，此外还有春澡堂、清馨山房、坐花斋、书画舫、蝶庵、药栏等建筑。"㉞ 为了体现"绿竹猗猗"，园内还专门建有一个竹圃。

　　乾隆五十三年（1789 年），地方人士募捐购置了古猗园，使之成了城隍庙的灵苑，向公众开放。后嘉庆、同治年间，古猗园被扩建至 27 亩，并增建了一些供行业公所议事的场所，还在院内开设酒楼茶肆。游客们可在鸳鸯厅、不系舟上品茗小酌、吟诗作画。

　　1932 年"一·二八"、1937 年"八·一三"两度被日军占领，遭到极大破坏，仅留存"补阙亭"、小云兜及"五老峰"等假山（图 5-1-8）。1946 年，抗战胜利后，爱国人士陈少云重修了独角亭，朱苏吾捐建了南厅，方剑阁捐建了白鹤亭，当地乡绅出资修复了不系舟（图 5-1-9、图 5-1-10）。

　　1958 年，上海市园林管理处拨款整修古猗园，在竹枝山南面新挖水面，建九曲桥，重建了白鹤亭、浮筠阁、鸢飞鱼跃轩，并把园林范围向西、向南扩

图 5-1-10　古猗园不系舟 2（李东禧摄）

图 5-1-11　荷花池中的普同塔（李东禧摄）

图 5-1-12 移入古猗园的万安塔（李东禧摄）

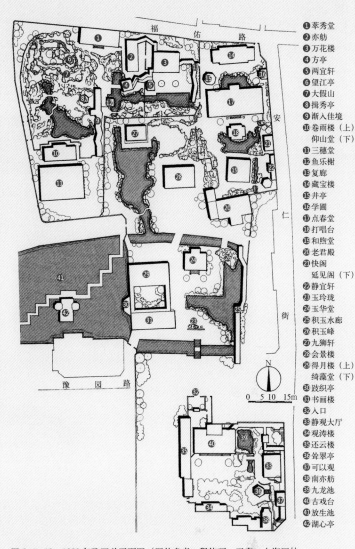

① 萃秀堂
② 亦舫
③ 万花楼
④ 方亭
⑤ 两宜轩
⑥ 望江亭
⑦ 大假山
⑧ 揖秀亭
⑨ 渐入佳境
⑩ 卷雨楼（上）
　 仰山堂（下）
⑪ 三穗堂
⑫ 鱼乐榭
⑬ 复廊
⑭ 藏宝楼
⑮ 井亭
⑯ 学圃
⑰ 点春堂
⑱ 打唱台
⑲ 和煦堂
⑳ 老君殿
㉑ 快阁
　 延见阁（下）
㉒ 静宜轩
㉓ 玉玲珑
㉔ 玉华堂
㉕ 积玉水廊
㉖ 积玉峰
㉗ 九狮轩
㉘ 会景楼
㉙ 得月楼（上）
　 绮藻堂（下）
㉚ 跂织亭
㉛ 书画楼
㉜ 入口
㉝ 静观大厅
㉞ 观涛楼
㉟ 还云楼
㊱ 耸翠亭
㊲ 可以观
㊳ 南亦舫
㊴ 九龙池
㊵ 古戏台
㊶ 放生池
㊷ 湖心亭

图 5-1-13　1989 年豫园总平面图（图片参考：程绪珂，王焘.上海园林志[M].上海：上海社会科学院出版社，2000：269.）

展，面积扩充至 87.6 亩。新的整修工程加建了竹篱笆院墙、大草坪、儿童乐园，并挖河堆山，形成南山和熊山。1959 年，园中又迁入原置于云翔寺的唐经幢一对[35]。至 1963 年，公园面积扩充至 117 亩。"文化大革命"期间，园林古建筑受到破坏。1973 年，重建了白鹤亭、浮筠阁、鸢飞鱼跃轩，翻建了缺角亭。1978 年，在原址重建了绘月廊和柳带轩。1980 年新建松鹤轩，次年将宋代的普同塔迁至荷花池中（图 5-1-11），又将原南翔槎溪万安寺的万安塔移入园内（图 5-1-12）。1982 年，新建了砖雕照壁，重建了具明代建筑风格的逸野堂。1985-1987 年，向东扩建青清园，并将原南市火神庙打唱台迁至园内。

三、豫园

豫园位于上海黄浦区安仁街 218 号，北邻福佑路，南与豫园商城、上海老城隍庙相接，始建于明嘉靖三十八年（1559 年），初时面积约 70 亩，现占地面积约为 2 公顷（图 5-1-13）。在 400 多年的历史中，由于业主的更替、时事转换，豫园经历了数次兴衰，其占地范围、景观格局、建筑功能一再变更。1959 年，豫园成为上海市文物保护单位。1982 年，豫园成为全国重点文物保护单位。

明嘉靖三十八年（1559 年），潘恩之子潘允端为排遣科考失意之落寞，在安仁街自宅西面的数畦菜地中营筑小园——这便是豫园之始。3 年后，潘允端科考中了进士，无暇再顾及造园之事。万历五年（1577 年），潘允端称病从四川卸官回乡，重又操持建园之事。他延请淞沪造园名匠张南阳，每年投入财力扩充园子、增添景物，至万历十八年（1590年）始建成豫园，形成占地70余亩、亭台楼阁30余座、假山水池俱备的规模。当时的豫园足与苏州拙政园、太仓弇山园媲美，被称为"江南名园"、"奇秀甲于东南"。

明末崇祯年间，因潘氏家道中落，豫园落入潘允端孙女婿张肇林之手。其实正逢清军灭明，为防清兵报复潘氏家族[36]，张肇林请来僧人，在厅堂内放置佛像，把豫园改作寺院。张肇林去世后，豫园日渐荒芜，一些园地甚至重新沦为菜畦。

至清乾隆二十五年（1760年），一些乡绅集资买下了荒废的园子，重新修建园林，并将之划归为上海城隍庙的西园。1784年，重修后的豫园（即西园）竣工，它与城隍庙原有的东园一起成为上海城隍庙的庙园，向全城百姓开放（图5-1-14）。修复后的西园（图5-1-15）、东园虽然已不是明豫园时的

图5-1-14　城隍庙（邑庙）内园（图片来源：吴友如.申江胜景图.点石斋，1884.）

图5-1-15　清代的西园（图片来源：http://www.360doc.com/content/12/0407/13/6748870_201645358.shtml）

私家园林，但是其格局还是保留了潘氏豫园的文人气质，一些新建的房屋也依托损毁建筑的原有基址而建。如形制高大的三穗堂即建于颓圮的乐寿堂原址上。

随着上海工商业的发展，重修后的清豫园还出现了很多行业公所，如康熙年间（1662～1722年）在豫园旧址上建得月楼、绮藻堂的布业公所、乾隆三十二年（1767年）创建于西园湖心亭的青蓝布业公所、乾隆三十六年（1771年）创建于西园香雪堂（玉华堂）的宰猪业公所、嘉庆九年（1804年）创建于西园萃秀堂的米豆业公所、道光元年（1821年）创建于西园点春堂的花糖洋货业公所等[37]。

清朝末年以来，豫园屡遭战火破坏。道光二十二年（1842年），英军侵入上海城，驻扎于豫园。咸丰三年（1853年），小刀会起义占领上海县城，即以点春堂为义军指挥所，后被清军所破。经历以上战事后，豫园中的香雪堂、点春堂、桂花厅、得月楼、花神阁、莲厅皆遭损毁。咸丰十年（1860年），太平军东征，上海道台请英法军队入城驻防，豫园又成为屯兵之所，致使"西园石山，尽拆填池"。为营建军营，豫园的许多景点被毁。

清同治七年（1868年），西园被划分给各同业公所，由各商业行会各自筹款修复。由于各行业公所承担了豫园的维护和修复工作，豫园逐渐被瓜分，有的厅堂、景点被重修恢复，有的建筑被用作学校（如三穗堂、点春堂），有的房屋则被改建成店铺出租，并渐渐发展成集市。至民国初年，豫园被豫园路分为南北两片。南片包括湖心亭、九曲桥、玉玲珑、得月楼、香雪堂等山石楼阁，与内园合为庙园；北片有萃秀堂、点春堂、春风得意楼等，许多古建筑被改建成民房，凝晖阁、清芬堂、濠乐舫、绿波廊分别成为菜馆、点心铺、茶楼，成为热闹的庙市。1937年淞沪抗战，豫园又被划入"南市难民区"，宰猪业公所驻地香雪堂也被日寇焚毁，仅剩堂前玉玲珑假山石及一片空地。

1949年以后，豫园内的行业公所、学校、商店逐渐被迁出。1956年，西园经历了大规模的修复，

三穗堂、玉华堂、会景楼、九狮轩等被重修。可惜的是，1961年重新开放的豫园把荷花池、湖心亭和九曲桥划在园外（图5-1-16），园门也从安仁街移到了三穗堂前。"文化大革命"期间，豫园一度被改为"红园"，部分建筑装饰被破坏，建于明代的环龙桥被拆除。1986年，陈从周教授以清乾隆年间的豫园布局为参照，主持整修豫园。工程分3期，共整修了玉玲珑（图5-1-17）、玉华堂、会景楼

图 5-1-16　被划在园外湖心亭和九曲桥（李东禧摄）

图 5-1-17　玉玲珑（李东禧摄）

图 5-1-18　会景楼（李东禧摄）

图 5-1-19　戏台（由原沪北钱业会馆迁入）（李东禧摄）

（图 5-1-18）、九狮轩等景点，重建环龙桥，扩大了水面，并从塘沽路原钱业会馆迁入清光绪十四年（1888年）所建戏台一座（图 5-1-19）。2003 年，新建了以明豫园"涵碧楼"（图 5-1-20、图 5-1-21）和清西园"听涛阁"为蓝本的建筑，整治了豫园东部景区。

现存的豫园，规模仅约为明豫园的一半，比重修的清豫园（含西园、东园）也要小。其中留存的明代景点仅为"大假山"、清代建筑为三穗堂、萃秀堂、仰山堂和卷玉楼、万花堂、点春堂等。三穗堂[38]的原址为明豫园的中心乐寿堂，清乾隆二十五年（1760 年）改建后仍是西园的中心，堂前有湖，湖中有亭、廊；三穗堂之后是一座两层楼阁（图 5-1-22），其一层是仰山堂[39]，二层是卷雨楼，后有曲廊临池，可以倚水观赏大假山；大假山[40]是豫园现存唯一的明代实物，相传也是明代造园名匠张南阳的唯一传世之作（图 5-1-23）；萃秀堂[41]位于大假山北麓，堂内明间有紫檀木门窗 10 扇；万花楼其原址为明豫园的花神祠，清乾隆年间西园重

图 5-1-20　涵碧楼（李东禧摄）

图 5-1-21　涵碧楼室内（李东禧摄）

图 5-1-22　仰山堂、卷玉楼（李东禧摄）

图 5-1-23　豫园大假山远景（李东禧摄）

图 5-1-24　从孔庙看汇龙潭（李东禧摄）

图 5-1-25　百鸟朝凤台（李东禧摄）

图 5-1-26　百鸟朝凤台天花（李东禧摄）

建时被改建为"万花深处"，后又于鸦片战争时被毁。道光二十三年（1843 年），由油饼豆业公所出资重建。该建筑为两层楼阁，雕刻精细、造型优美，楼下四角有梅兰竹菊图案漏窗，也曾被称为"神尺堂"；点春堂[42]位于万花楼东面，道光年间（1821～1850年）由福建花糖业商人所建，为五开间，高敞轩昂，门窗隔扇上雕有人物故事。

四、汇龙潭

汇龙潭位于上海嘉定区南大街嘉定孔庙前，初凿于明天顺四年（1460 年）[43]，得名于明万历十六年（1588 年），由当时的知县熊密渝命名[44]。民间也有传说，因野奴泾、唐家浜、新渠、横沥水、南北杨树滨 5 条河流汇于应奎山，呈"五龙抢珠"之势，故名为"汇龙潭"。

汇龙潭南的应奎山系开挖汇龙潭的泥土堆积而成，山形优美。汇龙潭与孔庙建筑和应奎山互为整体，相得益彰（图 5-1-24）。该园潭中有九曲玉虹桥，潭东有奎星阁、古井亭，应奎山上有凌云阁。1928 年，汇龙潭、孔庙及周边被辟为奎山公园，免费对公众开放。1937 年"八·一三"事变中，文昌阁、魁星阁被炸毁，公园设施损毁严重。

1976 年，原奎山公园得以扩建、整修，并迁入原位于闸北区塘沽路沪北钱业会馆内的百鸟朝凤台[45]（俗称打唱台）（图 5-1-25、图 5-1-26），被改名为嘉定人民公园。1977 年，园南部荷花池畔移入原位于嘉定镇北大路边的古亭，该古亭始建于明正德年间（1506～1521 年），造型古朴。1979 年，重新开放的嘉定人民公园更名为汇龙潭公园，并按原样重建了魁星阁[46]（图 5-1-27、图 5-1-28）。1980 年，园北草坪西侧迁入原周家祠堂内明代翥云峰、宋代万佛塔[47]、清代缀华堂、元朝石狮一对。

五、醉白池

醉白池位于上海松江区人民南路 64 号，是上海地区保存较为完整的明清园林（图 5-1-29）。该园前身为宋代进士朱之纯的私家宅园"谷阳园"。

图 5-1-27 重建的魁星阁 1（李东禧摄） 图 5-1-28 重建的魁星阁 2（李东禧摄）

❶ 东门
❷ 醉白池
❸ 碑刻画廊
❹ 邦彦画像
❺ 雪海堂
❻ 宝成楼
❼ 四面厅、疑舫
❽ 乐天轩
❾ 玉兰园
❿ 赏鹿园
⓫ 前门
⓬ 砖雕照壁
⓭ 雕花厅
⓮ 荷池
⓯ 池上草堂
⓰ 苗圃
⓱ 儿童活动园
⓲ 食堂
⓳ 办公楼
⓴ 厕所

图 5-1-29　1986 年醉白池总平面图（图片参考：程绪珂，王焘．上海园林志 [M]．上海：上海社会科学院出版社，2000：283.）

图 5-1-30　醉白池水面（李东禧摄）

明晚期，著名书画家董其昌曾在此园加建"四面厅"、"疑舫"等建筑，并在此吟诗作画。清顺治年间（1644～1661年），进士顾大申[48]购得此园。因其崇拜白居易，且园以一泓池水为主，于是便仿照宋韩琦筑醉白堂之举[49]，在明代废园遗址上辟建园林，并以"醉白池"为名。

相传原醉白池大门在榆树头，顾大申住宅之西。园林以池为主，水面约有4亩。池西不筑围墙，仅以疏篱与篱外有二、三户农家相隔，小桥流水，宛若图画。池东有老榆树，池北有堂跨水上，水面北流出园墙与外河相通。醉白池匾为清初画家王时敏所书。

乾隆年间（1736～1795年），亭林贡生顾思照购得该园，又有修葺。嘉庆二年（1797年），该园成为松江善堂公产，内设育婴堂、征租所。道光至咸丰年间（1821～1861年），善堂主事叶圭主持新建"征租厅"（即今"轿厅"），并重修宝成楼、大湖亭、小湖亭、长廊等。光绪二十三年至二十五年（1897～1899年），建船屋[50]、六角亭、粮仓。宣统

元年至二年（1909～1910年）筑池上草堂（水阁）、雪海堂、茅亭。1924～1931年，建卧书轩，改建乐天轩等。1937年，从松江府学的明伦堂移入《邦彦画像》石刻。1959年，该园向西扩建外园60亩，加上原有内园16亩，规模达到76亩。1980～1986年，公园整修，新辟玉兰园、赏鹿园、碑刻画廊、砖雕照壁、儿童乐园，并将原松江镇的清代雕花厅、深柳读书堂迁入园中。

现醉白池公园内，仅东部的内园为明清时期的古园林。由于公园的扩建，现进入内园要走雪海堂西侧的边门，醉白池原东入口被封闭，从门庭、轿厅、宝成楼等进入内园的流线被打乱，园林空间的序列感有所减弱，园内的方形石雕"十鹿九回头"为原普照寺[51]前石桥旁壁。

醉白池内园以醉白池为中心（图5-1-30），周围布置池上草堂、四面厅、乐天轩、疑舫、花露涵香（小湖亭）、莲叶东南（大湖亭）、雪海堂、宝成楼、碑刻画廊等建筑（图5-1-31、图5-1-32）。

图 5-1-31 沿池的池上草堂和四面厅（李东禧摄）

图 5-1-32 醉白池一角（李东禧摄）

图 5-1-33　醉白池池上草堂（李东禧摄）

其中的醉白池[52]位于园子中央，呈南北略长形，水面夏有荷花，秋有明月。池水往北蜿蜒，有池上草堂架于河上（图 5-1-33）。环池三面有廊，东廊间有两座半亭，南亭原称大湖亭，内有匾"莲叶东南"，北亭则为小湖亭，额书"花露涵香"，大、小湖亭均建于清嘉庆年间。池之西南隅有建于清末的六角亭[53]，南面廊间壁上有《云间邦彦图》碑刻，池南洞门外原是善堂之粮仓，今改为碑廊及展览室。建于宋元祐年间的乐天轩[54]位于园林东北，为原宋代谷阳园时的"文澜堂"；始建于明代的四面厅[55]、疑舫[56]通透亲水，是文人雅士吟诗作画的好去处；宝成楼[57]建于清初，原为园主住宅。该建筑群由仪门、花厅、宝成楼 3 个部分组成：仪门门楣上有精美雕刻。花厅面积达 150.4 平方米，内可放置轿子，宝成楼为 5 间两层建筑，面积为 429.5 平方米，楼后小院有一株树龄约 250 余年的罗汉松。

醉白池的外园中还有两座园外迁入的古建筑：一为建于清代后期的"雕花厅"，原位于松江西塔弄，系明代大书法家张弼后裔张祖南宅，于 1984 年被迁入醉白池新园。雕花厅的厅堂梁枋与门窗上雕刻有全套《三国演义》人物故事及其他博古花卉等 100 多幅，在江南地区属罕见；二为建于清光绪三十四年（1908 年）的"深柳读书堂"，该建筑原位于松江东门外，系文学家方孝孺儿子的书房，原名"於氏读书堂"，翻建后叫"迎素堂"。1986 年迁入醉白池西南角，沿用园内故迹"深柳读书堂"为其名。

六、曲水园

曲水园位于青浦区青浦镇公园路 612 号，东邻城河，西邻城隍庙，总面积约为 1.82 公顷（图 5-1-34）。该园始建于清乾隆十年（1745 年），原为县城邑庙的庙园，故也称灵园。

园林初建时有觉堂、得月轩、歌熏楼、迎晖阁，并凿有水池，可供香客小憩。当时城隍庙按习俗每年向每个居民募捐一文钱，用作庙宇维修经费，故该园又名"一文园"。清乾隆三十二年（1767年），沿水池边增建旱舫、夕阳红半楼、凝和堂等。此后逐渐扩建建梅亭、花神庙、得月轩、环碧楼、喜雨桥等。乾隆四十九年（1784年），又扩地增建，在得月轩东面浚池垒山，植树筑堤，增建喜雨桥、涌翠亭，遂成园内24景，占地达30余亩。清嘉庆三年（1798年），邑侯杨东屏借王羲之《兰亭集序》中曲水流觞的典故，将其改名为"曲水园"。

清咸丰十年（1860年）太平军占领青浦，2年后清军与英法军队两度破城，炮火之中园林尽毁。光绪十年（1884年），夕阳红半楼和舟居非水舫得以重修，光绪十三年（1887年），有觉堂（俗称四面厅）得以重建，光绪十五年（1889年）得月轩得到重建。在光绪十六年到宣统二年（1890～1910年）期间，曲水园的原有景点得以恢复，并新建了放生池、花神堂。清宣统三年（1911年），曲水园由庙园改为公园，民国期间又被命名为"青浦中山公园"，1980年恢复曲水园名称。1982～1986年，市政府拨款整修公园，修复了有觉堂、得月轩、御书楼、夕阳红半楼等建筑。

曲水园内现存的古建筑多建于乾隆年间，部分重建于清光绪十年（1884年）之后，既有凝和堂、也有觉堂、得月轩、夕阳红半楼等。其中凝和堂原建于清乾隆三十二年（1767年），是园中的主建筑（图5-1-35～图5-1-37）。该建筑面积为230.4平方米，平檐歇山顶，屋脊图案丰富；有觉堂原建于乾隆年间，亦称又觉堂、四面厅，重建于光绪十三年（1887年），面积84.5平方米，四周有围廊，南北立面设花隔窗，屋顶结构独特，人称"无梁堂"；得月轩、舟居非水舫原建于清乾隆年间，重建于清光绪年间；夕阳红半楼原建于清乾隆三十二年（1767年），重建于清光绪十年（1884年）。

全园有南北两处水池，南为荷花池，北称睡莲池，中间横贯大假山。假山石峰峦起伏，并有虹龙洞、

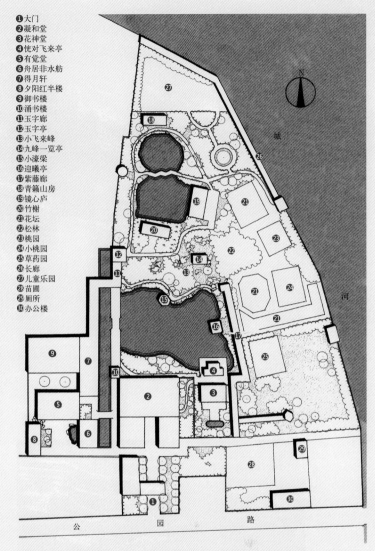

① 大门
② 凝和堂
③ 花神堂
④ 怅对飞来亭
⑤ 有觉堂
⑥ 舟居非水舫
⑦ 得月轩
⑧ 夕阳红半楼
⑨ 御书楼
⑩ 涌书楼
⑪ 玉字廊
⑫ 玉字亭
⑬ 小飞来峰
⑭ 九峰一览亭
⑮ 小濠梁
⑯ 迎曦亭
⑰ 紫藤廊
⑱ 青籁山房
⑲ 镜心庐
⑳ 竹树
㉑ 花坛
㉒ 松林
㉓ 桃园
㉔ 小桃园
㉕ 草药园
㉖ 长廊
㉗ 儿童乐园
㉘ 苗圃
㉙ 厕所
㉚ 办公楼

图5-1-34　1986年曲水园总平面图（图片参考：程绪珂，王泰.上海园林志[M].上海：上海社会科学院出版社，2000：279.）

图5-1-35　曲水园凝和堂正面（李东禧摄）

图 5-1-36 曲水园凝和堂背面（李东禧摄）

图 5-1-37 曲水园凝和堂室内（李东禧摄）

濯锦矶。荷花池边有花神祠，其敞开的荷花厅面对假山上之小飞来峰，有"恍对飞来"之称，为夏日观荷纳凉之上佳去处。荷花池畔还有小濠梁、迎曦亭，池西有喜雨桥和得月轩等。睡莲池边有玉字廊，东北有镜心庐。园中建筑"堂堂近水、亭亭靠池"[58]，皆绕水而筑（图 5-1-38、图 5-1-39）。

七、颐园

颐园位于松江区永丰街道松汇西路 480 号现上海市第四社会福利院内（原松江东门外秀南街陈家弄东侧）。该园始建于明万历年间（1573 ~ 1620 年），为光禄丞顾正心所建，早期名为"因而园"，也称"怡园"。明代的颐园广百亩，园内有四美亭、听莺桥、芝云堂、五溪洞、与清轩、齐青阁、步虚廊、小秦淮诸胜，还有高十丈，被誉为冠绝江南的太湖石万斛峰。

清代颐园成为赵梅住宅的一部分。清道光年间（1821 ~ 1850 年），因转卖罗姓，又易名为"罗氏园"。光绪年间，浙江归安县（今吴兴县）知县许威从罗

图 5-1-38　园中"亭亭靠水"（李东禧摄）

图 5-1-39　远处为近水的凝和堂（李东禧摄）

家手中购得此园，取名"颐园"。1937年归金山人高君藩所有，当地人称"高家花园"。该园现占地面积只有约5.3亩，是一座小巧精致的江南园林（图5-1-40）。

颐园虽然不大，但从其园林形制及园中建筑的细节上，可看出这是一座原汁原味的明代私家园林。园林以水池为中心设南北两组景物：北部有三曲石桥架于池上（图5-1-41），舫榭回廊绕池东北隅（图5-1-42），黄石叠山凌空悬于池西（图5-1-43）。其中形似悬崖的黄石假山为明中叶以前所流行；南部的观稼楼屋角轻盈起翘，歇山顶起坡十分平缓，二层小楼精巧别致。二楼北部10扇长窗，可随意装卸，是明代"阁"的常见形制（图5-1-44）。整个园林小桥流水、楼阁亭榭一应俱全。园中假山内有石洞，洞中有石室，广可一丈，置有石桌石凳，别有异趣。

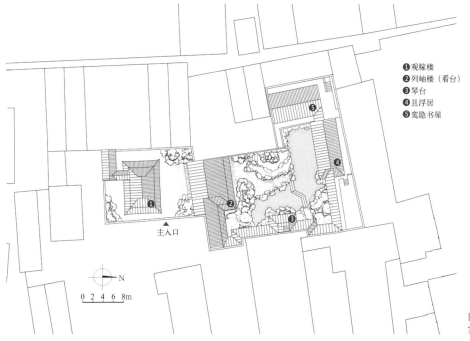

❶ 观稼楼
❷ 列岫楼（看台）
❸ 琴台
❹ 且浮居
❺ 鸢隐书屋

主入口

N

0 2 4 6 8m

图 5-1-40 颐园总平面图（绘制：宾慧中、管乐、梁丹、蒋姗姗）

图 5-1-41 架于池上的三曲石桥（李东禧摄）

第五章

图 5-1-42　舫榭回廊环绕水池（李东禧摄）

图 5-1-43　形似悬崖的黄石假山（李东禧摄）

图 5-1-44　颐园观稼楼（李东禧摄）

图 5-2-1　醉白池乐天轩南侧（李东禧摄）

图 5-2-2　醉白池乐天轩近景（李东禧摄）

图 5-2-3　醉白池乐天轩背面（李东禧摄）

第二节　园林中的建筑、小品

一、醉白池乐天轩

乐天轩位于园林东北一隅，池上草堂往北数十步，为醉白池现存最古老的建筑，原朱之纯于宋元祐六年（1091 年）造谷阳园时就有此建筑，原名"文澜堂"。清顾大申修醉白池，因敬仰白居易，将"文澜堂"易名为"乐天轩"[59]。乐天轩面阔三间，四面有围廊，屋面为飞檐歇山顶，门前数步有板桥流水（图 5-2-1、图 5-2-2），屋后银杏参天（图 5-2-3），东侧竹林掩映，周围松林碧翠、怪石嶙峋，充满村野之趣，又有巨石名"凌霄廉石"立于轩左。

二、豫园湖心亭、九曲桥

豫园湖心亭及它周围的水池原是潘氏始建豫园中的一景。当时荷花池中心的小亭被称为"岛佚亭"、"凫水亭"。17 世纪中叶潘氏后裔家道衰败，豫园被数人分割购买。清乾隆四十九年（1784 年），大布商祝韫辉等 4 人以大约每人 500 两纹银的价格购下了这座园子，并集资在"岛佚亭"的旧址上建造起这座耸立水中的湖心亭、九曲桥。当时的湖心亭是专供经营青蓝大布的商贾们聚会、商议的场所（图 5-2-4）。清咸丰五年（1855 年），湖心亭改为茶楼，取名"也是轩"，成为一个可供市民饮茶、聚会的公共活动场所[60]。清末，"也是轩"由商人刘

豫园湖心亭

图 5-2-4　豫园湖心亭（图片来源：吴友如．申江胜景图．点石斋，1884.）

慎康接盘，改名为"宛在轩"。湖心亭分上下两层，面积近200平方米，平面接近"丁"字形，两翼呈多边形，空间既分又合。该建筑由原来一座两层方形亭子添建而成，屋顶由6个大小各异的尖锥形和短脊歇山形组成，有28只翼角，错落有致形态生动（图5-2-5）。

湖心亭为砖木结构，梁栋门窗均雕有栩栩如生的人物、飞禽、走兽及花鸟草木。湖心亭两侧的九曲桥，原为石板木栏，与湖心亭相映成趣。可惜的是，1922年上海城隍庙遭到大火，邻近的九曲桥也被烧毁，重建于1924年的九曲桥被改成了水泥桥（图5-2-6～图5-2-8）。

图5-2-5 1915年豫园湖心亭九曲桥（木栏杆）（图片来源：蔡育天.沧海－上海房地产150年[M].上海：上海教育出版社，1998：9.）

图5-2-6 豫园湖心亭旧影（水泥栏杆）（图片来源：侯燕军.上海旧影[M].上海：上海人民美术出版社，2011：19.）

图5-2-7 豫园湖心亭现状（李东禧摄）

图5-2-8 豫园九曲桥（李东禧摄）

图 5-2-9　豫园大假山旧影（图片来源：侯燕军.上海旧影[M].上海：上海人民美术出版社，2011：18.）

三、豫园大假山

大假山位于豫园西北角（三穗堂以北），是江南现存最古老的黄石假山，也是明代造园名匠张南阳的唯一传世之作，有"俨若真山"之美誉（图 5-2-9 ~ 图 5-2-11）。

陈从周先生曾有如下评价："……豫园便是以大量黄石堆叠而见称，石壁深谷，幽壑磴道，山麓

图 5-2-10　豫园大假山 1（李东禧摄）

图 5-2-11　豫园大假山 2（李东禧摄）

图 5-2-12　秋霞圃"池上草堂" 1（李东禧摄）

并缀以小岩洞，而最巧妙的手法是能运用无数大小不同的黄石，将它组合成一个浑成的整体，磅礴郁结，具有真山水的气势，虽只片段，但颇给人以万山重叠的观感。山的高度虽不过 12 米左右，一入其境，宛如在万山丛中，真是假山中的大手笔。"⑥ 清末名人王韬也曾描绘："奇峰攒峙，重峦错叠，为西园胜观。其上绣以莹瓦，平坦如砥；左右磴道，行折盘旋曲赴，或石壁峭空，或石池下注，偶而洞口含呀，偶而坡陀突兀，陟其巅视及数里之外。循径而下又转一境，则垂柳千丝，平池十顷，横通略约，斜露亭台，取景清幽，恍似别有一天。于此觉城市而有山林之趣，尘障为之一空。"

相传张南阳在叠山时，手执铁如意，亲自指挥工匠叠石，不稍瑕顾。大假山上有两座小亭，一座在山麓，为"挹秀亭"，意为登此可挹园内秀丽景色，另一座在山巅，人称"望江亭"，意为立此亭中"视黄浦吴淞皆在足下。而风帆云树，则远及于数十里之外"。

四、秋霞圃池上草堂

池上草堂最早建于清道光、咸丰年间（1821～1861 年），咸丰庚申（1860 年）兵燹被毁后，重建于清光绪二年（1876 年），1982 年得到整修。该建筑位于桃花潭之西南，因其形似舟楫而又被名为"舟而不游轩"。其"池上草堂"之名源于唐代诗人白居易的《池上篇》《草堂记》。此堂为三面临水之榭，东侧为开敞的方亭，单檐歇山顶；西侧为水榭，亦为单檐歇山顶。方亭与榭拼合，形如旱船，东西长 15.5 米，南北宽 6.65 米，高 5 米（图 5-2-12～图 5-2-14）。

五、醉白池四面厅

四面厅最早建于明代，厅外有围廊，四个立面均为花格长窗，因其四面贯通俗称四面厅（图 5-2-15～图 5-2-17）。董其昌曾书"堂敞四面，面池背石，轩豁爽恺，前有广庭，乔柯丛筱，映带

图 5-2-13　秋霞圃"池上草堂"2　　图 5-2-14　秋霞圃"池上草堂"室内（李东禧摄）
（李东禧摄）

图 5-2-15　醉白池四面厅正面（李东禧摄）

图 5-2-16 醉白池四面厅背面（李东禧摄）

左右"。明末该厅是松江画派、松江书派文人雅士吟诗作画的好去处。厅堂前的古樟有 300 余年历史，浓荫蔽日，厅后有百年古藤盘绕。

六、豫园三穗堂

豫园三穗堂的原址为明豫园的中心乐寿堂。乾隆二十五年（1760 年），西园改建时，三穗堂重建于颓圮的乐寿堂原址之上，形制高大、华丽宽敞，仍是西园的中心。该建筑高 6 米多，五开间，因取意"禾生三穗，乃丰收之征兆"，故建筑门窗上刻有稻穗、瓜果和黍麦等农作物。在清乾隆时期的豫园，三穗堂南临大湖，堂前桧柏分植，景观颇广远，"湖心有亭，渺然浮水上，东西筑石梁，九曲以达于岸，"堂南荷花池、凫佚亭、绿波廊、濠乐舫、鹤闲亭、清芬堂、凝晖阁等成为豫园的景点。清中叶时三穗堂曾被用作豆米业公所。因其承担"定标准斛"的职责，故又被称为"较斛厅"（图 5-2-18 ～ 图 5-2-20）。

图 5-2-17 醉白池四面厅室内（李东禧摄）

图 5-2-18 三穗堂（李东禧摄）

图 5-2-19 三穗堂室内 1（李东禧摄）

图 5-2-20 三穗堂室内 2（李东禧摄）

七、豫园点春堂

豫园点春堂位于万花楼东面，道光年间（1821～1850年）由福建花糖业商人所建，五开间，高敞轩昂，门窗隔扇上雕有人物故事。小刀会起义后曾被毁，同治七年（1868年）得以重建，1956年重新整修（图5-2-21～图5-2-23）。

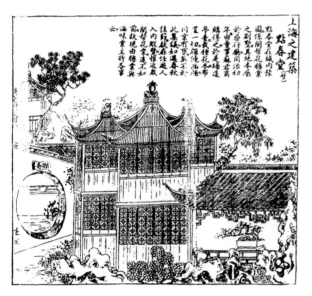

图 5-2-21　豫园点春堂（图片来源：吴友如. 申江胜景图. 点石斋，1884.）

图 5-2-23　豫园点春堂室内

图 5-2-22　豫园点春堂外观

注释

① 上海园林志编纂委员会．上海园林志[M]．上海：上海社会科学出版社，2000.2.

② 同上

③ 该园园主是语言文字学家、史学家顾野王，乡人因该园是顾晚年读书写作之处，称其为"读书堆"。

④ 参见：王焘，吴振千，陆定国．上海园林史话[M]．上海：上海百家出版社，2009.5.

⑤ 上海园林志编纂委员会．上海园林志[M]．上海：上海社会科学出版社，2000.53.

⑥ 为明代工部李逢申所建别业，由松江著名叠石家张南垣所筑。

⑦ 由隐士周纪所筑。

⑧ 张涟（1517～1596年），字南阳，号小溪子、卧石生、卧石山人，浙江秀水人，原籍华亭，为董其昌入室弟子，在绘画方面颇有造诣，后专门为人造园叠山。他的代表作有上海潘允端豫园、太仓王世贞弇山园、弁山园、日涉园。

⑨ 张涟（1587～1673年）字南垣，松江华亭人，后迁嘉兴。少时学画，善以山水画意境造园叠山。所造园林有松江李逢申横云山庄、嘉兴吴昌时竹亭湖墅、太仓王时敏乐郊园、嘉定赵洪范南园等。

⑩ 朱邻征（生卒年不详）名稚徵、号三松，嘉定人，为著名竹刻家、造园师，与其父朱小松、祖父朱松龄并称"嘉定三朱"或"竹三松"。活跃于明末，代表作为南翔漪园。

⑪ 南溪草堂是上海较早的大型私家园林，由明天顺年间的举人顾英所建，位于城外肇嘉浜南岸。文徵明之侄曾绘《南溪草堂图》，现藏于北京的故宫博物院。

⑫ 顾绣又被称为"画绣"，是中国传统绘画与刺绣的结合。2006年，顾绣被列入中国第一批非物质文化名录，居众绣之首。

⑬ 上海园林志编纂委员会．上海园林志[M]．上海：上海社会科学出版社，2000.55～56.

⑭ 上海园林志编纂委员会．上海园林志[M]．上海：上海社会科学出版社，2000.54.

⑮ 陈所蕴，字子有，号具茨山人，明万历十七年（1589

年）考取进士，历任刑部员外郎、江岳参议、大名府使、河南学政等职。

⑯ 据陈所蕴所撰的《日涉园记略》，假山的主峰"高可二十寻"，相当于现今的50米以上。

⑰ 上海园林志编纂委员会．上海园林志[M]．上海：上海社会科学出版社，2000.54～55.

⑱ 上海园林志编纂委员会．上海园林志[M]．上海：上海社会科学出版社，2000.55～56.

⑲ 淞溪园（东园）、丛桂园（北园）位于当时的法华镇，其中淞溪园位于东镇，丛桂园位于今延安西路1448弄。

⑳ 半泾园初创于明代万历年间，由乡绅赵东曦兴建于（上海县）城南半段泾旁。清代康熙后期，曹垂灿之子曹一士对它进行了扩建。到嘉庆年间，曹氏逐渐败落，半泾园也被荒废。光绪十三年（1887年），刘元楷、裴大中等重修该园，并在园内建起了万寿宫。新中国成立后，此处设蓬莱路第二小学。万寿宫建筑于20世纪70年代被拆除。

㉑ 上海园林志编纂委员会．上海园林志[M]．上海：上海社会科学出版社，2000.57.

㉒ 音乐亭初建于1870年，为简易的木结构建筑，是花园里最高的建筑物。后于1892年翻建为六角形钢结构，外形好似一顶英式礼帽，台下还设有地下室，可惜后来在战争中被毁弃。

㉓ 光绪十一年（1885年）4月13日，张园在《申报》刊登开园布告，申明3月初3正式开园，每人收门票1角银洋，儿童免票。

㉔ 王曼隽，张伟执笔．风华张园[M]．上海：同济大学出版社，2013.18.

㉕ 王曼隽，张伟执笔．风华张园[M]．上海：同济大学出版社，2013.44-45.

㉖ 清光绪初年，有人在静安寺附近的涌泉旁建有"品泉楼"，以涌泉的水煮茶招徕顾客。后又于茶楼旁修筑轩，名为西园。（资料来源：王焘，吴振千，陆定国．上海园林史话[M]．上海：上海百家出版社，2009.35.）

㉗ 清代《光绪上海县续志》中记载："愚园，光绪十六

年四明张氏创葺，二十余年来已五易其主”

㉘ 该公园初名“新公共花园”，又称新大桥公园，后改名为“华人公园”（Chinese Garden）。

㉙ 秋霞圃最早的园主龚弘于明成化十四年（1478 年）考中进士，明嘉靖五年（1526 年）去世，秋霞圃的成园时间应该在上述时间段内。

㉚ 详见本章第二节。

㉛ 从桂轩始建年代已无考，太平天国战事被毁后，重建于光绪十二年（1886 年），1980 年又得到整修。此轩为方形，面积仅为 49.5 平方米，东西两面为清式格子门，南北两面设置落地花格长窗，顶部为桥式穹顶。

㉜ 延绿轩始建于清初，咸丰庚申（1860）兵燹被毁后，重建于光绪二十年（1894 年），1981 年被拆除重建。面积为 28.42 平方米。

㉝ 上海地方志办公室．上海园林志[M]．上海：上海书画出版社，2007.53.

㉞ 上海园林志编纂委员会．上海园林志[M]．上海：上海社会科学出版社，2000.270.

㉟ 详见本书第三章第一节

㊱ 潘家后裔潘复曾率众抗清，后出逃海上。

㊲ 上海市地方志办公室，上海市绿化管理局．上海名园志[M]．上海：上海书画出版社，2007.21–23.

㊳ 详见本章第二节。

㊴ 仰山堂、卷雨楼建于清同治五年（1866 年），为一座两层楼阁。堂五楹，北有回廊，可以坐憩观山。卷雨楼为曲折楼台，飞檐高翘。

㊵ 详见本章第二节。

㊶ 萃秀堂建于清乾隆二十五年（1760 年），历时 10 年竣工。道光二十三年（1843 年）经油饼豆业公所大规模修葺后被用作该公所的议事场所。

㊷ 详见本章第二节。

㊸ 明天顺四年（1460 年），嘉定知县龙晋在重建孔庙大成殿时为遮挡南面的留光寺，挖土堆山，形成了一座土山——“应奎山”，而挖泥而成的水潭即为后来汇龙潭的前身。

㊹ 《上海名园志》第 311 页记载，明万历十六年（1588 年），知县熊密渝疏浚孔庙前水潭，发现“吴淞之水蜿蜒迤逦而纳之，明堂万派宗流光洋一碧，恍乎薄日月而憾烟涛，是神韵之所兴也，故命之曰汇龙潭”。

㊺ 建于清光绪十五年（1889 年），1976 年被移至园内。该建筑藻井华丽，用斗栱拼成螺旋状，且雕有数百只小鸟。

㊻ 园内的魁星阁原为孔庙建筑群的一部分，始建于清康熙年间，1937 年毁于日军战火，1979 年在公园重修时，在原址得到复原。

㊼ 万佛塔系宋代古塔，原位于嘉定南门外，1980 年移至园内。该塔有两级基座，塔身高六米，为六级方塔。详见本书第三章第一节。

㊽ 顾大申，字振雉，号见山，顺治九年进士，官至工部郎中，喜好书画，著有《画麈》、《河渠书》等。

㊾ 北宋宰相韩琦仰慕白居易，仿白晚年池畔饮咏之举，辞官后于宅旁池上筑醉白堂。

㊿ 船屋悬董其昌书“疑舫”匾额。

(51) 普照寺，原位于松江中部通波塘中桥西侧，初建于唐乾元年间，光绪年间曾经历大修。后寺废，仅余古银杏 2 株。

(52) 醉白池于园林初建时，水池约有三、四亩之广，后因善堂在池南填湖造屋，仅余水面不足一亩。

(53) 六角亭悬“半山半水半书窗”匾，建于清光绪二十五年，该亭一半倚于池岸，一半悬于池上，且亭的东部无窗。

(54) 详见本章第二节。

(55) 详见本章第二节。

(56) 疑舫建于明代，清光绪二十三年（1897 年）重修，因其北面伸入池中，似水中之舟故得名疑舫。疑舫似屋非屋、似船非船，处于形似与神似之间。舫内原有著名书画家董其昌手书“疑舫”匾。

(57) 宝成楼建于清初，道光、咸丰年间（1821–1861 年）得以重修。

(58) 上海园林志编纂委员会．上海园林志[M]．上海：上海社会科学出版社，2000.277.

(59) 白居易，字乐天，号香山居士。

(60) 罗小未．上海建筑风格与上海文化[J]．建筑学报，1989，(10)：9–10.

(61) 上海地方志办公室．上海名园志[M]．上海：上海书画出版社，2007.27.

上海古建筑

上海古建筑

第六章 坛庙祠堂

上海坛庙祠堂分布图

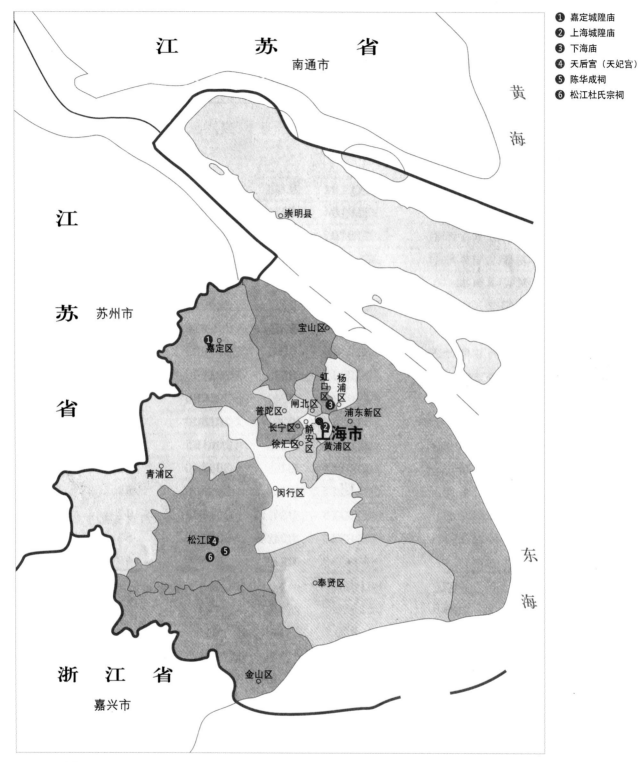

（地图引自：中华人民共和国民政部编．中华人民共和国行政区划简册 2014．北京：中国地图出版社，2014．）

① 嘉定城隍庙
② 上海城隍庙
③ 下海庙
④ 天后宫（天妃宫）
⑤ 陈华成祠
⑥ 松江杜氏宗祠

江 苏 省
南通市

黄 海

江 苏 省

苏州市

崇明县

宝山区

嘉定区

虹口区 杨浦区

普陀区 闸北区 浦东新区

长宁区 静安区 上海市

徐汇区 黄浦区

青浦区

闵行区

松江区

奉贤区

东 海

浙 江 省

嘉兴市

金山区

除了宗教建筑以外，坛庙、祠堂也是一种用来祭祀的建筑空间。坛庙通常是人们祭祀天地、祖先、民间信仰的重要场所，而祠堂可用来祭祀先贤、祖宗。按祭祀对象来分，坛庙一般有两类：一为祭祀天、地、日、月、风、云、雷、雨、土地（社稷）、山川、河流等自然对象而设，如天坛、地坛、日月坛、社稷坛、山神庙等；二为祭祀先贤、名人而设，如孔子庙（文庙）、关帝庙（武庙）、武侯祠等。祠堂建筑一般为祭祀祖先、名人而建，也可容纳家族内的重要事务，有时也被用作族人婚丧寿喜、商议重要事务。当然，帝王之家的宗祠也叫"太庙"，其规模、型制要远高于普通的家庙、祠堂。

上海境内虽无大型皇家坛庙、宗祠，但一般坛庙、祠堂的分布也较丰富。除了各地的城隍庙、孔庙、关帝庙外，还有不少供奉各行各业的保护神或名人及祭祀先贤的场所。因为地处临海的港口，与东南沿海地区祭拜妈祖类似，上海也有祭祀"天妃"（又称"天后"）的习惯，以保佑航海、捕鱼的安全，因此历代上海有一定数量的天妃宫、天后宫；明崇祯年间，徐光启后代在光启南路（原阜民路）建有徐光启祠，后清光绪四年（1878 年）又在原建筑西面扩建三间，将原老屋改为徐氏宗祠，立新屋为徐光启祠（图 6-0-1）；清道光六年（1826 年），为了纪念曾为江南地区棉纺织业做出重大贡献的黄道婆[①]，上海县老城厢西门吾园旁立有"先棉祠"（图 6-0-2）。清雍正八年（1730 年），僧人征沅利用里人捐地、捐资在龙华乡喜泰路王母庙村（今上海徐汇区龙吴路上海植物园内）立黄母祠[②]，方便后人在每年的农历四月初六[③]前来祭拜。

第一节　坛庙

一、嘉定城隍庙

嘉定城隍庙位于嘉定区嘉定镇东大街，西邻秋霞圃，于南宋嘉定十年（1217 年）嘉定立县后创立，初建于富安坊，明洪武三年（1370 年）移建至今址。1962 年嘉定城隍庙被上海市人民政府批准为市级文物保护单位。

明天顺二年（1458 年）、明嘉靖三十五年（1556 年）、明天启四年（1624 年），嘉定城隍庙均有修葺、扩建。清康熙五十二年（1713 年）增建寝宫、校籍堂及西掖楼。清雍正四年（1726 年），徽州盐商汪伦把自己的私家花园（今秋霞圃）捐作庙园。清咸丰十年（1860 年），城隍庙毁于太平天国战争。清同治五年（1866 年）又重建大门及二堂，光绪八年（1882 年）重建大殿、前廊、戏楼、工字廊等。1937 年，"八·一三"事变的战火又导致城隍庙损坏，后又被日军占据用作医院。抗日战争后，该庙被改作学

图 6-0-1　徐光启祠（图片来源：(原) 上海市南市区文物管理委员会 . 上海老城厢 [M]. 上海：上海大学出版社，1999.46：23.）　　图 6-0-2　先棉祠（图片来源：(原) 上海市南市区文物管理委员会 . 上海老城厢 [M]. 上海：上海大学出版社，1999.46：42.）

校。1983年，在秋霞圃二期修复工程中，城隍庙被纳入园中。1984年大殿及寝宫得到修葺，1987年被改为嘉定县博物馆。

嘉定城隍庙在历史上多次损毁，现存的建筑多为晚清时所建。大殿面阔五间，进深三间，前有月台和抱厦，高14米，宽20米，深46米，为重檐歇山顶（图6-1-1～图6-1-3）。大殿后有穿廊连通后进的寝宫。寝宫为单檐歇山顶，殿后有香阁，面积500多平方米。建筑整体呈"工"字形，殿前有石狮、凉亭等，明代初建时原物。

二、上海城隍庙

上海城隍庙初创于明代，历代又有所修建，可惜毁于1924年的一场大火。现存的上海城隍庙重建于1926年，为钢筋混凝土建筑。庙内仅有牌坊内两旁的石狮和碑刻为明代古物。

上海建县之初（元至元二十九年），县治之内并未修建城隍庙，城内居民多去位于城郊（今永嘉路12号）的"淡井庙"④祭拜松江府的城隍神。明永乐二年（1404年），上海县知县张守约把坐落在县中心方浜北岸（今黄浦区方浜中路）原祀奉汉代大将军霍光的金山神庙改建为上海城隍庙，并增祀秦裕伯，成前殿祀霍、后殿祀秦的格局。明嘉靖十四年（1535年），上海城隍庙改建山门，新建牌楼1座，后万历三十年（1602年）又被重建。明万历十五年（1602年）城隍庙大殿前建碑亭（又称"洪

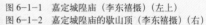

图6-1-1　嘉定城隍庙（李东禧摄）（左上）
图6-1-2　嘉定城隍庙的歇山顶（李东禧摄）（右）
图6-1-3　嘉定城隍庙的室内（李东禧摄）（左下）

图 6-1-4　城隍庙前的"洪武碑亭"
（图片来源：（原）上海市南市区文物
管理委员会 . 上海老城厢[M]. 上海：
上海大学出版社，1999.46：18.）

图 6-1-5　上海城隍庙旧影（图片来源：侯燕军 . 上海旧影[M].上海：上海人民美术出版社，2011：16.）

图 6-1-6　上海城隍庙入口
（李东禧摄）

武碑亭"），将明太祖朱元璋册封天下城隍神的诰文
勒石立于亭内。

　　清康熙四十八年（1709 年），本地乡绅在城隍
庙东侧新建东园（即现豫园内园），并归入邑庙。
乾隆二十五年（1760 年），上海城隍庙又购得原潘
氏豫园（西园），规模扩大至四十余亩（约 2.6 公顷）。
清嘉庆三年（1798 年），城隍庙大殿重修，增设道
会司和二十四司于两庑。清嘉庆十九年（1814 年），
洪武碑亭又获重建（图 6-1-4）。清道光二十二年
（1842 年），英军攻陷吴淞并占领上海城，上海城隍
庙被驻军占据五日，遭受破坏；清咸丰三年（1853
年），小刀会起义军以城隍庙西园（豫园）为指挥所，
占领十八个月。后因清军破城，双方激战，城隍庙

庙宇及西园又遭受重大创伤；清咸丰十年（1860 年）
太平军进攻上海城，清政府"借师助剿"，让进入
上海城的外国军队驻扎于城隍庙的西园（豫园）内，
致城隍庙内破败不堪。后清同治、光绪年间，城隍
庙又得到重修（图 6-1-5），可惜又毁于民国 13 年
（1924 年）的大火。1926 年，城隍庙重建，由公利
打样公司设计，久记营造厂承包建造，建成钢筋混
凝土的仿古建筑。近年又经改造形成现在的格局
（图 6-1-6 ～图 6-1-9）。

三、下海庙

　　下海庙位于上海市虹口区昆明路 73 号，始建
于清乾隆年间（1736 ～ 1795 年），又称"夏海庙"、"义

图 6-1-7　城隍庙大门背面（李东禧摄）

图 6-1-8　城隍庙大殿（李东禧摄）

图 6-1-9　城隍庙大殿室内（李东禧摄）

王庙"。该庙所在地附近(现东大名路至商丘路一带)原来全是渔村。当地渔民为祈求神灵保佑出海打鱼平安,创立了奉祀海神的下海庙。初创时该庙仅有九间房屋。清嘉庆年间(1796～1820年)该庙倒塌。后由心意师太重修,改为一座比丘尼道场。清咸丰四年(1854年)又购地扩建,陆续增建了前殿等二十余间房舍。清光绪二十五年(1899年),又增

图6-1-10 "文革"前的下海庙(图片来源:http://blog.sina.com.cn/s/blog_4e89695a0101naz5.html)

建后殿等十余间房屋。抗日战争初期,下海庙房屋被日军炮火焚毁。1941年起,由觉莲募资按原样重新修建。"文革"期间,下海庙被一家街道工厂占据,殿堂神像尽被破坏(图6-1-10)。1992年,下海庙被修复开放,重新成为宗教活动场所(图6-1-11～图6-1-13)。

四、天后宫(天妃宫)

天后宫(天妃宫)现位于松江区方塔园内,也被称为松江天妃宫、方塔天妃宫。它是上海地区仅存的古代妈祖庙,20世纪70年代末由市中心河南路桥附近迁来。

天后宫的前身为建于南宋咸淳七年(1271年)的顺济庙,供奉的是保佑人们航海平安的"惠灵夫人",也就是人们后来所称的"天后"或"天妃"。顺济庙位于原上海镇的中心——现在的十六铺、小东门一带,时有文昌阁、关帝祠、雷祖殿等建筑。明清两代,该寺得到上海豪绅及众人资助,时有兴建,遂具规模。1853年,爆发于上海县城的小刀会起义在攻打江海关时,损毁了天后宫。清光绪十

图6-1-11 下海庙山门(李东禧摄)

图 6-1-12　下海庙天王殿（李东禧摄）

图 6-1-13　下海庙大雄宝殿（李东禧摄）

图6-1-14 天后宫（李东禧摄）

图6-1-15 天后宫室内
（李东禧摄）

年（1884年），重建的天后宫在河南路桥北逸落成。1980年，松江方塔园兴建，天后宫的主体被移入园内。2001年，天后宫得到了大修，并于2002年举行了"上海方塔天妃宫开放仪式"。

天后宫大殿为砖木结构，其面宽五楹，举架高耸，建筑高17米，面积为330平方米。该建筑不但梁柱硕大，还有许多精致复杂的雕刻，具晚清建筑的特色（图6-1-14、图6-1-15）。

第二节　祠堂

一、陈化成祠

　　"陈化成⑤祠"位于松江西塔弄底（原"秀甲园"⑥内），现位于松江方塔园内。该建筑初建于1842年，是当时的松江府为纪念民族英雄陈化成而立的专祠，亦被世人尊称为"陈公祠"。1862年"陈公祠"曾毁于战火，后于1898年重建，并于殿后增设秉彝堂。民国初年，陈公祠再度获修。1912年12月，孙中山来松江视察同盟会松江支部工作时，曾住宿于"陈公祠"东的偏房檀斋中。"陈化成祠"现存建筑为祠殿两进。门厅为三间七架，檐下设有斗栱，斗栱之间雕有花卉图案的垫栱板。旧时门厅曾装有栅栏门，入得门厅，庭院之北是大殿。大殿为三间九架，施有草架，梁架南部设有翻轩。

　　1999年年底，因配合松江中山二路改建，经上海市文物管理委员会批准，将西塔弄底的"陈化成祠"迁址于上海"方塔园"内，按原样重建（图6-2-1～图6-2-3）。

二、松江杜氏宗祠

　　松江杜氏宗祠位于松江区秀南街年丰人寿桥南端陈家弄1号，建于清晚期，是上海保存较为完整的家族祠堂。杜氏是清代后期至民国年间松江著名氏族，其宗祠型制较为典型。该祠大门设于陈家弄，木门外覆铁皮、门钉。入墙门经一小段穿廊即达仪门，仪门为堆灰工艺，型制素雅（图6-2-4）。进入仪门后经庭院北折，便是宗祠大厅（图6-2-5）。大厅为五开间九架梁的扁作厅堂（图6-2-6、图6-2-7），正间、次间的梁、枋、川、樟木、托机上雕刻十分丰富，

图6-2-1　陈化成祠侧面（李东禧摄）

图 6-2-2　陈化成祠背面（李东禧摄）

图 6-2-3　陈化成祠室内（李东禧摄）

图 6-2-4　从杜氏宗祠正厅看入口仪门和前院（李东禧摄）

图 6-2-5　杜氏宗祠正厅（李东禧摄）

有各种吉祥图案，如"八仙过海"、"麒麟呈祥"、"万象更新"以及各类花果等。两侧的梢间型制简易而无纹。从枋则雕上的一组精美雕刻，我们可以看出当时祠堂内的场景：主宾欢聚一堂，庭院里有江湖戏班子在作表演，有演歌舞的，有演杂技的。

大厅南部设翻轩、廊轩，为鹤胫轩式。前檐下置有四根粗大的垂花柱，施以透雕花卉，极为玲珑。厅的柱础、石鼓墩亦雕刻精美，四根步柱的柱础面皆刻有荷叶纹。石墩刻有牡丹、菊花等花卉图案。廊柱柱础也是荷叶纹，石墩上刻有山水云纹（图6-2-8）。大厅后的假山（图6-2-9）也是宗祠建筑的组成部分。

图6-2-6　杜氏宗祠正厅构架1

图6-2-8　杜氏宗祠正厅柱础

图6-2-7　杜氏宗祠正厅构架2

图6-2-9　杜氏宗祠正厅看后院假山

注释

① 黄道婆（1279 年前后）出生于华亭县东北之乌泥泾。少时流落到崖州（今海南省三亚市），在黎族地区学会了种植棉花、纺织的技术，年老时返回故乡，改革"捍、弹、纺、织"工具，并将纺织技艺传授给本乡妇女，使乌泥泾布名闻四海，获得了"松郡之布，衣被天下"之美誉。

② 该祠于 1956 年被上海历史与建设博物馆筹备处人员发现，1959 年被公布为上海市文物保护单位。20 世纪六七十年代，该建筑损毁较严重。现在的纪念馆等建筑均新建于 1991 年。

③ 该日期为民间认定的黄道婆生日。

④ 淡井庙始建于南宋时期，位于卢湾区永嘉路 12 弄内，是一座道教观宇，供奉城隍爷，也被认为是上海最早的城隍庙，俗称老城隍庙。清代淡井庙由道观改为佛寺。1997 年庙址被全部拆除。

⑤ 陈化成，传说为福建同安人。原任福建水师提督，清道光二十年（1840 年），调任江南水师提督，驻防松江府。1842 年，在抗击英舰入侵的战斗中，英勇牺牲。

⑥ "秀甲园"原是康熙年间大学士王顼龄的私人宅园。据史料记载，康熙皇帝两次南巡松江，临幸该园，曾御赐"蒸霞"两字。

上海古建筑

上海古建筑

第七章　文庙（学宫）、书院及藏书楼

上海文庙（学宫）、书院及藏书楼分布图

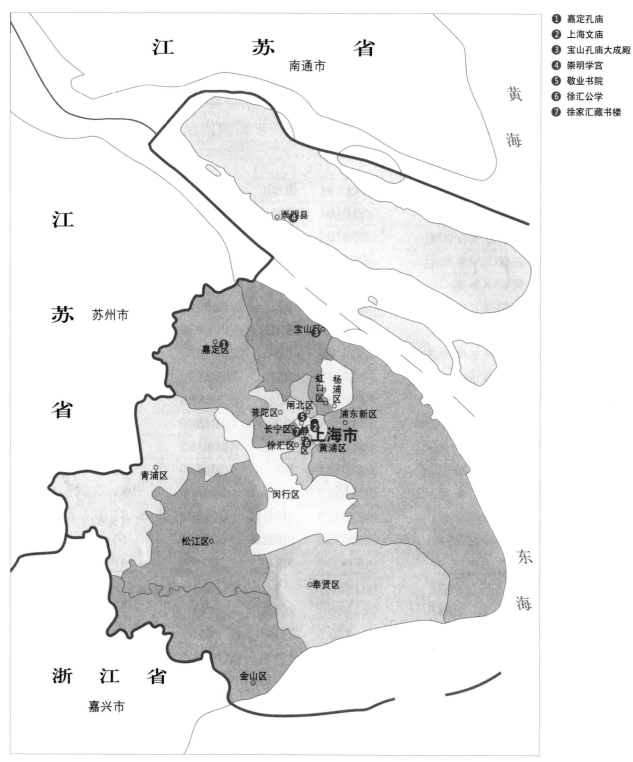

① 嘉定孔庙
② 上海文庙
③ 宝山孔庙大成殿
④ 崇明学宫
⑤ 敬业书院
⑥ 徐汇公学
⑦ 徐家汇藏书楼

江 苏 省
南通市

黄 海

江 苏 省
苏州市

崇明县④

宝山③

嘉定区①

虹口区
杨浦区

闸北区

普陀区

浦东新区

长宁区
静安
徐汇区
黄浦区

上海市

青浦区

闵行区

松江区

奉贤区

东 海

浙 江 省
嘉兴市

金山区

（地图引自：中华人民共和国民政部编 . 中华人民共和国行政区划简册 2014. 北京：中国地图出版社，2014.）

襟海带江的地理位置，造就了上海"江海通津，东南都会"的显要地位，也给上海带来了"海舶辐辏，商贩积聚"的面貌。飞速发展的航海商贸一方面提升了上海的经济实力，另一方面也给上海带来了大量的外来人口。他们来自全国各地，甚至有些人来自海外，从事着不同的职业。混杂的人口结构、时髦的新式商品、畅通的信息交流孕育了"开通、好学、随和、机灵"①的上海文化，也催生了种类复杂、数量繁多的学宫、书院类建筑。其中，文庙、学宫类建筑规模恢宏、秩序严谨，形制比较正式；书院多由民间士绅兴办，其规模可大可小，且常结合私宅、园林而建。19世纪中叶以来，受西方文化影响，上海开始出现了新式学堂，并在私人藏书楼日益兴盛的基础上出现了公共图书馆的雏形。

文庙（也被称为孔庙、夫子庙、文宣王庙②）在古代遍布中国各地，是被用来祭祀孔子的场所，通常也是当地的学宫（县学、府学）所在地。上海地区最早的学堂从一开始就是与孔庙比邻而处的。南宋景定年间，唐时措、唐时拱兄弟购得方浜长生桥西北面（今丹凤路西）的韩氏旧屋，建梓潼祠③以祀孔子。宋咸淳五年（1269年），唐氏又于梓潼祠后筑就上海地区最早的学校——"古修堂"④（图7-0-1），这是当时的镇学，也是上海最早的学校。后上海立县，镇学升格为县学，且与文庙共处。此后，上海各处的县学、学宫多随文庙而建，可惜

现仅剩上海文庙、嘉定孔庙、宝山孔庙、崇明学宫、南汇学宫等5处。其中，保存最为完整的当属嘉定孔庙、上海文庙，宝山孔庙、崇明学宫、南汇学宫等仅有零星单体为古代建筑遗存。

与县学、学宫并举的教育场所还有书院、民间的义塾等。书院建筑多依傍幽静、景致好的园林而建，其办学场所多由地方乡绅及官吏集资捐建。民办书院中，元明时期有清忠书院（创办于元至正年间）、沂源书院（位于原老城厢内淘沙场）、仰高书院（创办于明正德年间）、启蒙书院（位于老城厢艾家弄）、江湾书院（创办于保宁寺大殿后）等；清代有敬业书院（原申江书院）（图7-0-2）、蕊珠书院、龙门书院、梅溪书院、震川书院⑤（位于安亭）、求志书院、格致书院及吴会书院（位于马桥镇）、三林书院（位于三林镇）等。可惜的是，以上诸书院中有建筑遗存的寥寥无几，其中敬业书院的初创地"世春堂"（也是上海最早的天主堂"敬一堂"所在地）尚存，现为福佑路第二小学分部，位于现安亭中学内的震川书院尚遗存数块石碑、古树及部分园林。

蕊珠书院

蕊珠书院位于今上海凝和路原蕊珠宫（即也是园）内，创立于清道光八年（1828年），是清朝后期的著名书院之一。蕊珠书院位于园林之内，院内有魁星阁、太乙莲舟、方壶一角等胜境，由署巡道

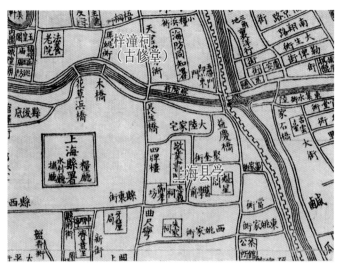

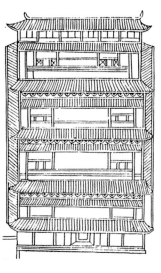

图7-0-1 梓潼祠、县学位置图（左）
图7-0-2 敬业书院（图片来源：（原）上海市南市区文物管理委员会.上海老城厢[M].上海：上海大学出版社，1999：47.）（右）

陈銮遴选敬业书院 36 名学生在内授课。后巡道陆荫奎、知县平翰延续课试。1832 年（清道光 12 年）冬陈銮升任江苏巡抚，饬筹经费。1835 年（清道光十五年）巡道阳金城、汪忠增、知县黄冕各捐俸银，集资于蕊珠宫南辟地建珠来阁、育德堂，并于堂前建两庑为学舍。1838 年（道光十八年）复建芹香仙馆，并增课额至 72 人。1843 年（清道光二十三年）上海设立海防同知署后，复由道、县、海防同知署轮课。清咸丰十年（1861 年），因洋兵驻扎，大半遭毁损。1864 年（清同治三年）院方请于道、县、拨敬业书院房租余款兴修，增复旧观，月课诸生如常。清光绪三十一年（1905 年）停止授课，改办师范，后于民国初期停办。今为居民住宅。

龙门书院

龙门书院由清道台丁日昌创办于清同治四年（1865 年），初借蕊珠书院（即原也是园）的湛华堂为学舍，清同治六年（1867 年），得到道台应宝时拨款 1 万，遂在吾园（今黄浦区尚文路的龙门村）正式创办，建有讲堂、楼廊及学舍 40 余间（图 7-0-3）。清光绪二年（1876 年），书院增筑学舍 10 间。清光绪三十一年（1905 年），科举废止后的龙门书院改为苏松太道立龙门师范学堂，并增建中式楼房 24 幢、西式楼房 7 幢（图 7-0-4）。1912 年，龙门师范学堂改名为江苏第二师范学校，1927 年，与江苏省立商业学校合并成立江苏省立上海中学。1933 年，上海中学迁往占地约 33.33 公顷的吴家巷新校区。龙门书院的旧址于 1935 年被改建为里弄式民居，即龙门村。

梅溪书院

梅溪书院原名正蒙书院，位于今蓬莱路河南南路口，由张焕纶创办于清光绪四年（1878 年），是已迁至永宁街的梅溪小学前身。书院设置国文、舆地、经史、时务、格致、数学、诗歌等课程，为上海最早创设现代教育的学校。1882 年，校舍得以扩建，并改名为梅溪书院，且增设了英文、法文、体育课，成为我国建设现代学校的先驱。清末废科举后，梅溪书院于 1902 年更名为梅溪学堂，后于 1912 年又改称梅溪小学校。1951 年，该校改名为蓬莱区第一中心学，1956 年又改名为蓬莱路第一小学。今天，原梅溪书院的旧址是幼儿园及梅溪小学校。

清晚期，受西方教育思想影响的新式学堂开始出现。清道光十九年（1839 年），法国天主教会于漕宝路天主堂内设读经班（后改为民新小学）。十年后（1849 年）徐家汇天主教耶稣会创立徐汇公学（今徐汇中学）。清咸丰元年（1851 年）董家渡天主堂内设立启蒙学堂，后称为仿德小学（今董家渡第二小学），清咸丰三年（1853 年）法国天主教创办明德女校（今蓬莱中学）。清同治四年（1865 年）洋泾浜天主堂设类思小学（今四川南路小学），清光绪七年（1881 年）美国基督教圣公会在极司菲尔路（今万航渡路）创办圣玛利亚女校（今市三女中）。清同治十三年（1874 年）英国传教士创办格致书院（图 7-0-5），清光绪五年（1879 年）美国基督教

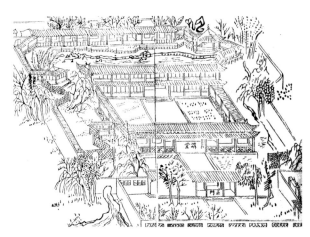

图 7-0-3 龙门书院(图片来源:(原)上海市南市区文物管理委员会 . 上海老城厢[M]. 上海：上海大学出版社，1999：46.)（左）
图 7-0-4 龙门师范校舍一角（图片来源:http://www.archives.sh.cn/shjy/shzg/201403/t20140312_40421.html)（右）

第七章

图 7-0-5　1879 年圣约翰书院的校门（图片来源：http://www.360doc.com/content/12/1214/14/98463_253995630.shtml）

图 7-0-6　南洋中学（图片来源：李琼．上海开埠早期时事画 [M]．上海：上海书店出版社，2013：169．）

圣公会创办圣约翰书院（后改为圣约翰大学[⑥]），清光绪二十二年（1896 年）上海老城厢大东门内出现了上海第一家由国人创办的新式学堂——南洋中学（图 7-0-6），清光绪二十三年（1897 年），盛宣怀创办南洋公学（今上海交通大学）。

中国古代的书院建筑、藏书楼与住宅、会馆建筑的界限并不明显，许多书院、藏书楼就位于大户人家的宅邸之中，许多会馆建筑兼作书院、学堂，有些藏书楼本身就在书院或住宅里。

明成化二十年（1484 年），上海县学建尊经阁以存放公家藏书，这可能是上海最早的"藏书楼"。

此后，随着民间藏书家的增多，并不依附于学校（学宫、书院）的藏书楼层出不穷。上海县老城厢内的书隐楼就是一座集藏书、居住功能为一体的大型宅邸，它曾与宁波天一阁、南浔嘉业堂并称为"明清江南三大藏书楼"。清道光二十七年（1847 年），外国传教士在徐家汇创办了天主堂藏书楼，这是上海最早具有现代特征的专门图书馆。

第一节　文庙、学宫

一、嘉定孔庙

嘉定孔庙（又名文庙、庙学或学宫）位于上海嘉定区嘉定镇南大街，由嘉定县第一任知县高衍孙创建于南宋嘉定十二年（1219 年），1962 年、1980 年孔庙建筑群两次被公布为上海市文物保护单位。2013 年被认定为全国文物保护单位，是上海现存最具规模的古建筑群。

嘉定孔庙初建时称文宣王庙，庙左建有儒学（化成堂）。宋淳祐元年（1241 年）庙中设孔子像，淳祐九年（1249 年）开凿泮池，新建兴贤坊。宋淳祐四年（1244 年）化成堂被改为明伦堂。宋咸淳元年（1265 年），文宣王庙被重建，并易名为大成殿。元泰定元年（1324 年）重凿泮池，并叠石修筑驳岸。元至正十三年（1353 年）兴建棂星门。明天顺四年（1460 年）又重建大成殿、两庑、大成门、明伦堂，并在庙前筑有土山，以遮蔽庙南的留光寺，破解开门见寺的窘况。明成化十年（1474 年）兴建尊经阁。明正德四年（1509 年）又重筑土山，并引水环绕，取名为应奎山。明万历三十一年（1603 年），又整修各殿，并疏浚了应奎山周围的五条河流：野奴泾、唐家浜、新渠、南北杨树滨，使之汇聚成"汇龙潭"。清雍正初年，明伦堂东侧建兴文书院，后于清乾隆二十二年（1755 年）改为应奎书院。清乾隆三十年（1765 年），书院又易名为当湖书院。

至清末期，嘉定孔庙共有三坊、棂星门、泮池、石桥、大成门、东西庑、大成殿、雀牲所、神厨、土地祠、名宦祠、乡贤祠、崇圣祠等。其中三坊皆

图 7-1-1　石牌坊及棂星门（李东禧摄）

图 7-1-2　泮池及三桥（李东禧摄）

图 7-1-3　孔庙大成殿（李东禧摄）

为石柱、瓦顶、木斗栱，中间为仰高坊，为整个中轴线的起点，两侧为育才坊、兴贤坊。大成殿为重檐歇山顶。县学部分位于文庙东侧，有明伦堂、尊经阁、号楼、致斋所、教谕廨、更衣所、洒扫公所、礼门等，另有独立的出入口。

孔庙现存建筑群占地 1.8 公顷，建筑面积 1.1 万平方米，规格形制保存较为完好，是上海地区现存规模最大的孔庙。1958 年，嘉定被划归上海以后，市民用建筑设计院的乔舒祺主持修复设计，于 1961 年完成对三坊、棂星门、大成门、大成殿、东西庑、明伦堂及当湖书院的修复。1981 年，大成殿又有大修。

现存的建筑群大致分为东、西两路。西路以原孔庙大成殿为中心，南北成一条中轴线，依次有牌坊、棂星门、泮池和三桥、大成门、大成殿（图 7-1-1 ～图 7-1-3）；东路以原县学明伦堂为主体，两旁设有东西庑（后有碑廊），前有礼门三间，棂星门外有 3 座精雕细刻的石牌坊（兴贤坊、育才坊、仰高坊）（图 7-1-4），沿汇龙潭的石栏上雕有形态各异的 72 尊石狮⑦。明伦堂东侧为三进院落的当湖书院，是上海地区仅存的清代书院。

大成殿建立于石台之上，面阔与进深均为五间，其中殿身为三间，其余各间为回廊，为双檐歇山顶，檩、枋上有木纹彩绘。明伦堂面阔五间、进深三间，前出抱厦三间。整个平面为"凸"字形。大成殿、明伦堂的梁架结构比较特别，它们都采用了横跨六步架的大月梁，省去了明门前金柱两根，扩大了内部空间，具明代风格（图 7-1-5）。

二、上海文庙（上海县学宫）

上海文庙历史悠久、源远流长，其前身是上海最早的镇学（古修堂）、县学，且数度迁址。现存的上海文庙位于黄埔区文庙路 215 号，迁建于清咸丰五年（1855 年）。建筑群中棂星门、大成殿、崇圣祠、魁星阁等为清代古建筑，棂星门的华表石为明代遗物。2002 年，上海文庙被公布为上海市文物保护单位。

图 7-1-4　兴贤坊（李东禧摄）

图 7-1-5　孔庙大成殿室内（李东禧摄）

上海文庙发端于宋代唐氏兄弟创建的梓潼祠。宋咸淳年间（1265 ~ 1274 年），唐时措、唐时拱兄弟购民宅建梓潼祠（文昌宫）以祀孔子。后宋咸淳五年（1269 年），唐氏又于梓潼祠后"清池之上，横以飞梁，为堂六楹"，筑就"诸生肄业之所"。这就是上海地区最早的学校——"古修堂"，亦为当时的镇学。当时的镇学比较简陋，曾经历了数次维修⑧。元至元二十九年（1292 年）上海立县，镇学即升格为县学，唐时措任教谕。元贞元元年（1295），新的文庙（位于县衙东侧，今敬业路一带）（图 7-1-6）在乡绅费拱辰的资助下落成，县学遂迁入其中。初建的文庙有正殿、讲堂及斋舍⑨。元大德六年（1302 年），县丞范天祯带头捐资扩建，文庙（县学）又有所扩建，加建了殿轩、庑廊、大门、学门、墙垣和一座小桥，呈"殿外有轩、两庑绘先贤像，有外门三，学门一，墙垣一百三十尺，前通

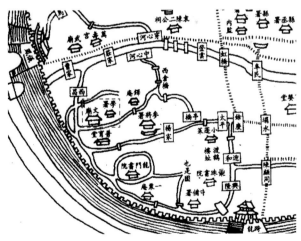

图 7-1-6　学宫（文庙）迁至县衙东侧

泮水，架桥其上"⑩的新景象。至大三年（1310 年）文庙曾因两浙盐运使瞿霆发的捐款短暂迁至县衙以西、肇嘉浜北岸的西陶沙场。四年后（元延祐元年）（1314 年），县丞王圭将文庙迁回原址并扩大庙制。

当时文庙中还建有天光云影池，池中有岛名为"芹洲"，洲上建有止庵、杏坛、盟鸥渚、洗心亭、舞雩桥、酸窝、古井、焦石堂诸胜。元至正十一年（1351年），知县刘辉创建教谕厅、讲习堂。后众人又捐助新建

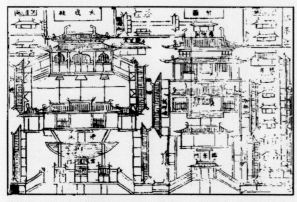

图7-1-7　明代上海县学(图片来源：熊月之.上海通史·第二卷[M].上海：上海人民出版社，1999. 261.)

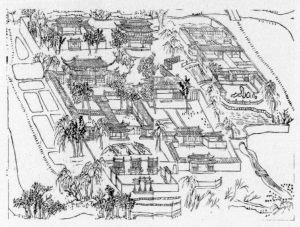

图7-1-8　清代上海县新学宫（文庙）（图片来源：根据《同治上海县志》卷一之20、21页图拼合，西路院落为文庙，东路院落为学宫)

图7-1-9　申江胜景图中的上海学宫(图片来源：吴友如.申江胜景图.点石斋，1884.)

了棂星门、大成殿门、斋舍及明伦堂，并在明伦堂前东西建有"育英"、"致道"两斋。

明正统四年（1439年），文庙又有拓展，建成射亭、戟门、修斋舍、馔堂、殿庑及仪门等。明正统九年（1444年），文庙新增东西两庑殿。明成化二十年（1484年），知县在明伦堂后面建尊经阁。明正德十四年（1519年），知县郑洛书又重建大成殿、养贤堂（图7-1-7）。

清雍正八年（1730年），文庙东南隅建成魁星阁（图7-1-8）⑪。清咸丰三年（1853年）小刀会起义军占领文庙，并将之设为指挥部。次年底，清军攻入县城，学宫建筑被毁坏殆尽。清咸丰五年（1855年）学宫和文庙迁移至县城西门内右营署的明海防道旧（今上海市黄浦区文庙路215号），即今日文庙的所在。新建的文庙（学宫）占地约1.86公顷，建有东西两路建筑群，呈"庙学合一"的格局（图7-1-9）。西路为文庙轴线，设棂星门两道、泮池、大成门、大成殿、东西庑、崇圣祠。其中棂星门有两道，第一道为3间4柱，为柱出头式坊门，两侧砌墙垣，垣角置文官下轿、武官下马石。大成门面阔三间，为单檐歇山式，两侧另设耳门。大成门内为宽阔庭院，大成殿位于有石栏环绕的大月台上，面阔三间带前廊，呈重檐歇山式。东西两庑各有五间且带前廊。大殿后为一空院，中央设一封闭式小院落，为启圣祠。东路为学宫轴线，设学门、仪门、明伦堂、尊经阁、儒学署、魁星阁等建筑，周围还有放生池、荷花池等景点。魁星阁为三层六角形建筑，柱为楠木，木构架结构非常精美，每层设有外廊，屋檐起翘较大（图7-1-10）。

清咸丰十年（1860年），新建的学宫又被驻扎的洋枪队毁坏。政府只能再次募捐修葺。后仅保存西路轴线建筑群，如棂星门（图7-1-11）、泮池、三顶桥、大成门、大成殿（图7-1-12）、崇圣祠等。东路建筑群仅剩明伦堂及重建于清光绪二十二年（1896年）的魁星阁，其余已被改成假山、水池。1927年，上海特别市工务局向市政府备案，拟将文庙改建为文庙公园。1931年3月，文庙公园开始兴建。

图 7-1-10 文庙魁星阁旧影（图片来源：侯燕军．上海旧影[M]．上海：
上海人民美术出版社，2011：20.）

图 7-1-13 文庙尊经阁旧影

图 7-1-14 改造为图书馆的文庙

图 7-1-11 文庙棂星门旧影

图 7-1-15 文庙棂星门（李东禧摄）

图 7-1-12 文庙大成殿旧影（图片来源：侯燕军．上海旧影[M]．上海：
上海人民美术出版社，2011：20.）

可是一、二期工程于 10 月完工后已无资金完成余
下工程。之后文庙被移交市教育局管理，并于当年
12 月改为上海市民众教育馆。1932 年 6 月，文庙尊

经阁（图 7-1-13）[12] 被改建为上海市市立图书馆
（图 7-1-14），内有藏书 15300 余册。这是上海市首
家公共图书馆。"文革"期间，尊经阁等部分建筑
被拆毁。1979 年、1983 年、1997 年，文庙经历了大修，
整修了大成殿、魁星阁、崇圣祠，新建了东西庑
殿、疏浚天光云影池、学门、仪门、明伦堂、尊经
阁、听雨轩、儒学署等许多建筑，基本恢复了原有
格局，只是泮池和三座桥已不存在（图 7-1-15 ～
图 7-1-18）。

图7-1-16 文庙大成殿（李东禧摄）

图7-1-17 大成殿木构架（李东禧摄）

图7-1-18 魁星阁（李东禧摄）

三、宝山文庙大成殿

宝山文庙大成殿位于宝山区友谊路 1 号临江公园内，为原宝山县文庙仅存的建筑。宝山县文庙建于清乾隆十二年（1747 年），清嘉庆十年（1805 年）得到扩充，且与嘉定孔庙一样挖土筑土、引水成池，并在水上建奎星阁。至清光绪年间，文庙建有牌坊、棂星门、泮池、大成门、大成殿、东西庑、乡贤祠、名宦祠、崇圣祠、明伦堂、尊经阁等。

"八·一三"抗战时，遭日军轰炸，仅剩大成殿。1956 年，文庙的废墟上建起了友谊公园（1962 年起更名为临江公园）。1956 年、1960 年该建筑曾得到维修。1991 年，文庙大成殿被修复，并被辟为陈化成纪念馆。文庙大成殿面阔五间，前有月台，为重檐歇山顶（图 7-1-19、图 7-1-20）。

2004 年，该建筑被认定为上海市文物保护单位。

图 7-1-19 宝山文庙大成殿现状（李东禧摄）

图 7-1-20 宝山文庙大成殿木构（李东禧摄）

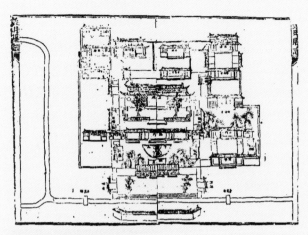

图 7-1-21　崇明旧学宫图（图片来源：http://www.shtong.gov.cn/node2/node4/node2250/node4426/node16074/node17260/node17268/userobject1ai6182.html）

图 7-1-22　崇明学宫大成殿（图片来源：http://m.fengniao.com/thread/2015413.html）

图 7-1-23　崇明学宫尊经阁（图片来源：http://m.fengniao.com/thread/2015413.html）

四、崇明学宫

位于长江口的崇明岛，其岛域边界并不稳定，沙洲屡屡坍塌。自唐武德年（公元 618～公元 626 年）出现了东沙、西沙两个沙洲以后，其后不断有新的沙洲出现，也不断有沙洲坍塌、沉没。崇明在唐时设镇，宋时为天赐场，元为州，明设崇明县。

因为岛域边界随沙洲坍塌不定，历史上的崇明县治曾经历了"五迁六建"[13]，因此崇明学宫也曾兴建 6 次：初为建于南宋嘉熙年间（1237～1240 年）的学堂；元泰定四年（1327 年），建成文庙大成殿，后又建有"天心水面轩"，可惜不久即被潮水吞噬；元至正元年（1341 年）文庙迁建，明洪武二年（1369 年）文庙改为县学，宣德元年（1426 年）改为学宫；明嘉靖二十九年（1550 年）又重建学宫于县治平洋沙；明万历十六年（1588 年），又随县治迁至县城东南之长沙；明天启二年（1622 年）才迁至现址（今上海崇明城桥镇东门路 8 号）。

清代，学宫经历 10 次修葺。至清同治八年（1869 年），格局颇为完整，沿南北中轴线依次排列杏坛、东西牌坊、棂星门、泮池、登云桥、东西官厅、乡贤祠、戟门、东西庑、大成殿、崇圣祠、尊经阁等（图 7-1-21）。

现存的崇明学宫还保留有东西牌坊、棂星门、泮池、登云桥、东西官厅、戟门、崇圣祠、尊经阁等，多为清代建筑。其中崇圣祠、尊经阁均始建于明天启四年（1624 年），前者重建于清雍正五年（1727 年），为抬梁式木构架，歇山顶；后者重建于清乾隆七年（1742 年），为二层五楹，抬梁式木构架，重檐歇山顶；学宫牌坊始建于清康熙二十三年（1684 年），重建于乾隆七年（1742 年）[14]，以花岗岩石柱和香樟木斗栱屋檐构成，高达 10 米（图 7-1-22、图 7-1-23）。

1997 年，政府又拨款修复大成殿、东西庑等主体建筑。1984 年，崇明学宫被列为市级文物保护单位。

第二节　书院及藏书楼

一、敬业书院

敬业书院的前身为创建于清乾隆十三年（1748年）的申江书院[⑮]，坐落于明潘恩旧宅"世春堂"（位于今豫园东安仁街、梧桐路），由被政府没收的老天主堂（敬一堂）改建而成。清乾隆三十五年（1770年），巡道杨魁等予以重修，并改名为敬业书院。清乾隆四十七年（1782年）、清乾隆五十九年（1794年），书院又经历两次修建，原春风楼被改建为敬业堂，并增建了后轩、穿堂、后斋、左右书室（图7-2-1）。

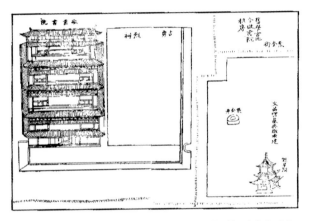

图7-2-1　敬业书院（图片来源：熊月之. 上海通史·第二卷[M]. 上海：上海人民出版社，1999. 186.）

清咸丰十一年（1861年），因老天主堂地产被归还教会，书院于翌年迁至聚奎街旧学宫，后于清光绪三十一年（1905年）改为上海县立敬业高等小学。1931年改为上海市立敬业中学。

二、徐汇公学

徐汇公学原位于徐汇区漕溪北路徐镇路，由天主教传教士南格禄创办于1849年，原为收容因水灾而无家可归的孩童而设。次年学校正式取名为"圣依纳爵公学"。因其位于徐家汇，又是一所教会义务学校，所以也被称为"徐汇公学"。初建时，徐汇公学只是简陋的茅草顶房屋，后改为较为完好的中式坡屋顶建筑（图7-2-2）。1878年，因学生日增，校舍不敷使用，遂建三层大楼（后又加高一层），并再建西校舍两层。此两座楼后于1991年被改建为尚学楼、崇德楼。现仅存的旧时校舍为建于1917年的崇思楼。崇思楼落成于1918年，是一座西洋风格的建筑（图7-2-3）。1932年，徐汇公学改名为徐汇中学。

徐汇公学是上海开办最早的新式教会学校，也是中国最早按西方模式设立的学校之一，在中国近代教育史上有着特殊的地位。徐汇公学是最早实行外语（英语、法语、拉丁语）、西洋音乐、美

图7-2-2　徐汇公学初期的校舍（图片来源：http：//baike.baidu.com/link?url=BHxIRy8KEltVXPFPdyCNiJLOchwGaZIfTHdmZadxbP8BXEEZsMkuJyZILNtLfXDpI3U8qqvxaTBrxDuHMT_Vqq）

图7-2-3　改建后的徐汇公学（图片来源：蔡育天. 沧海－上海房地产150年[M]. 上海：上海教育出版社，1998：79.）

图 7-2-4 徐汇公学现状（李东禧摄）

图 7-2-5 徐家汇藏书楼南楼（李东禧摄）

图 7-2-6 徐家汇藏书楼北楼（大书房）（李东禧摄）

术教育的学校，也是中国第一个有话剧社的学校，培养了马相伯、翁文灏、傅雷等大家。[16][17] 1994年徐汇公学被公布为上海市第二批优秀历史建筑（图 7-2-4）。

三、徐家汇藏书楼

徐家汇藏书楼位于徐汇区漕溪北路 80 号，创建于清道光二十七年（1847 年），上海天主教耶稣会建修。1860 年、1897 年经历了两次扩建。现存的徐家汇藏书楼包括 1 幢两层建筑和 1 幢四层建筑（图 7-2-5、图 7-2-6）。

两层建筑为北楼（亦称大书房），建于 1897 年，为两层砖木结构，建筑立面设多个欧式壁柱尖券，仿照梵蒂冈教廷的藏书楼。建筑内部上下两层的设计风格迥异：一层为中文书库，布局仿照明代宁波天一阁，含《周易》中"天一生水，地六承之"之意；二层为西文书库，布局和书架均模仿梵蒂冈教廷图书馆内部，从顶到底的书架有楼梯、走道可达。

四层建筑为南楼，为原神甫楼，建于 1867 年。后几经改建，于 1931 年后成为四层坡顶外廊式建筑。现一楼为展厅，二楼为阅览室，三、四层为书库。

徐家汇藏书楼是上海现存最早的近代图书馆，也是上海最早的宗教图书馆。该馆现址收藏自 1515年至 1949 年出版的外文文献计 32 万册，文字涉及拉丁文、英文、法文、英文、德文、俄文、日文等近 20 个语种，内容覆盖哲学、宗教、政治、经济、语言、文学、艺术、历史地理等各个领域。1994年，徐家汇藏书楼被公布为上海市第二批优秀历史建筑。

注释

① 上述词语为余秋雨《文化苦旅》中对徐光启的描述。余秋雨先生把徐光启作为上海文明的肇始者，概括了他中西兼容的文化特征。

② 为了祭祀孔子，唐太宗曾诏令全国各州县以上须设立孔庙，后唐玄宗又追谥孔子为文宣王。

③ 梓潼祠即为文昌宫，亦可称文庙。

④ 见明弘治《上海志》卷五，见"古修堂"（董楷作记）。

⑤ 建于清道光八年（1828 年），竣工于道光十一年（1831 年）。震川书院西与菩提寺相连，东与因澍园相通。

⑥ 圣约翰大学（St. John's University）由美国圣公会的施约瑟主教（Rt. Rev. S. I. J. Schereschewsky）创办于 1879 年，这是由圣公会原来设立的两所寄宿制学校（培雅学校（Baird Hall）、度恩学校（Duane Hall））合并而成的。

⑦ 参见：陈伯海．上海文化通史（上卷）[M]．上海：上海文艺出版社，2001.38.

⑧ 参见：薛理勇．老上海地标建筑 [M]．上海：上海世纪出版股份有限公司上海书店出版社，2014.31.

⑨ 明弘治《上海县志》中收录的（元）张之翰所撰《上海县学之记》记载："因诿乡贵万夫长费拱辰修葺之。费诺，乃饰正殿，完讲堂，买邻地而起斋舍"。

⑩ 引自：熊月之．上海通史·第 2 卷，古代 [M]．上海：上海人民出版社，1999.260.

⑪ 根据《同治上海县志》卷一之第 20、21 页图拼合，西路院落为文庙，东路院落为学宫。

⑫ 文庙中的尊经阁于 1931 年被改建为钢筋混凝土建筑。

⑬ 自元至正十二年（1352 年）至明万历十一年（1583 年）的二百余年中，崇明城前后迁移了五次，有"五迁六建"之说。

⑭ 参见：薛顺生，楼承浩．上海老建筑 [M]．上海：同济大学出版社，2002.132.

⑮ 1748 年，布政史翁藻与上海知县王侹在沪创建申江书院。1770 年，申江书院被更名为敬业书院。

⑯ 徐汇公学的学生剧团在 1923 年就演出过莎士比亚戏剧。

⑰ 马相伯，徐汇公学第一批学生，后创立震旦学院、复旦公学。

上海古建筑

上海古建筑

第八章 桥梁、水闸及海塘

上海桥梁、水闸及海塘分布图

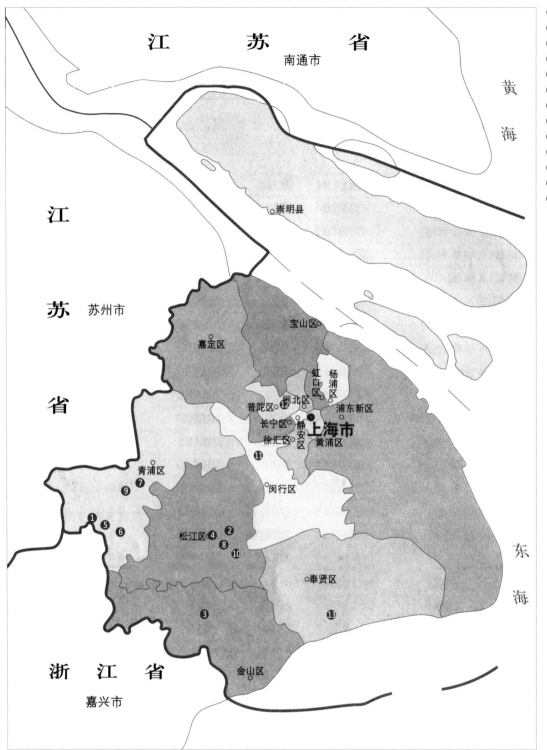

① 普济桥、万安桥
② 松江望仙桥
③ 寿带桥、玉秀桥
④ 云间第一桥
⑤ 迎祥桥
⑥ 顺德桥
⑦ 朱家角放生桥
⑧ 大仓桥
⑨ 天恩桥
⑩ 大通桥
⑪ 蒲汇塘桥
⑫ 志丹苑元代水闸
⑬ 奉贤华庭海塘（捍海塘）

江 苏 省
南通市

黄 海

江

苏

省

苏州市

崇明县

宝山区

嘉定区

虹口区
杨浦区
闸北区
普陀区 ⑫
浦东新区
长宁区
静安区
上海市
徐汇区
黄浦区

⑪

青浦区
⑦
⑨

闵行区

东

①
⑤ ⑥

松江区 ④ ②
⑧
⑩

奉贤区

海

③

⑬

浙 江 省

金山区

嘉兴市

（地图引自：中华人民共和国民政部编.中华人民共和国行政区划简册 2014.北京：中国地图出版社，2014.）

上海所在的太湖下游地区，自古以来就是水网密集地带，且呈沿海地势高仰，中部低洼的特点。要形成聚居、发展农业，联系交通的桥梁、调节水文的水利设施必不可少。上海古代桥梁数量众多。据上海地区 10 个县志所载，明中叶以后，有桥名记录的桥梁约有 5000 座。仅以青浦县为例，在光绪年《青浦县志》和《青浦县续志》中，有记载的桥梁就多达 565 座。其中又以金泽为甚：在区区 0.4 平方公里的金泽镇竟拥有桥梁 42 座（现存 21 座），为上海地区桥梁密度之冠。

上海现存的古桥中，宋元年代遗存的并不多，其中建于宋代的有松江镇的望仙桥、金泽镇的普济桥（圣堂桥）、万安桥，吕巷镇的寿带桥（油车桥）、玉秀桥（观音桥）等，建于元代的桥梁有金泽镇的迎祥桥、林老桥、如意桥，练塘镇的顺德桥、余庆桥，徐泾镇的香花桥，车墩镇的东、西杨家桥。现位于松江方塔园内的望仙桥是上海地区最古老的桥梁。

上海明清以来的古桥虽数量众多，但形态优美、构造有特色、保存较为完好的却屈指可数。其中建于明代的有松江镇的云间第一桥（跨塘桥）、大仓桥，车墩镇的钱家桥、白沃庙桥、三里桥、永济桥，朱家角镇的放生桥、泰安桥，七宝镇的蒲汇塘桥，金泽镇的放生桥、天皇阁桥，练塘镇的朝真桥、李华港桥、瑞龙桥，嘉定镇的聚善桥（女桥），白鹤镇的塘湾桥，重固镇的南塘桥等；建于清代的桥梁则有车墩镇的大通桥、靖安桥，朱家角镇的福星桥、九峰桥、中和桥、云虹桥，练塘镇的重建义学桥，白鹤镇的青龙桥、继善桥，赵巷镇的麟趾桥、襄臣桥以及南翔镇的天恩桥等。

为了在低洼、多水的地带生存，中唐以后，吴淞江两岸的人们就采用了"塘浦圩田"的方法来围田发展、保障排灌、解决洪涝[1]。北宋范仲淹也曾针对治水提出"浚河、筑堤、置闸三者如鼎足，缺一不可。"[2] 除了筑塘圩田以外，为了驾驭桀骜不驯的吴淞江，控制吴淞江水流，调节水位，上海历代百姓也曾浚河、置坝，并留有珍贵的实物遗存。

上海境内的海塘建设历史悠久，最早的记载可溯至三国时期[3]。建于唐开元元年（713 年）的江南海塘，就有很长一段是在上海境内。南宋年间，为了安置大量南迁的北方人口，朝廷出台了移民"开垦滩涂"可免三年税赋的政策，致使上海居民不断向东开拓。为了保护新增长的良田、滩涂，南宋乾道八年（1172 年），华亭知县邱崇为防止海潮入侵，沿海岸线北起川沙南迄奉贤，修筑了内捍海塘（又称里护塘、老护塘）里护塘，其塘址即现川南、沪南公路镇区段至摇荡湾桥向南。内捍海塘北起高桥以东，向南至顾路、曹路、龚路、车门、十一墩、六团湾，入南汇至祝桥、惠南、大团，再入奉贤，经四团、奉城、塘外、钱桥至柘林直至杭州湾。明成化八年（1472 年），里护塘被台风海潮冲毁。到了明万历十二年（1584 年），上海知县颜洪范带领大家又修筑了一条与内捍海塘平行的外捍海塘，长达 30 余公里。可惜在清雍正十年（1732 年），飓风海浪再次摧毁了外捍海塘。次年，原南汇知县钦连被朝廷重新启用，一条新的外捍海塘（也被称为钦公塘）在短短 7 个月内被重新筑起。清末，担任江苏巡抚的林则徐还亲自督建了宝山海塘[4]（位于今浦东新区高桥镇）。上海地区现存的古代海塘多位于浦东的南汇、奉贤等地，其中的奉贤"华亭海塘"被认定为市文物保护单位。

第一节　桥梁

上海现存的古桥以石桥为主，其形态包括石梁桥、石拱桥。建于南宋绍熙年间的"望仙桥"为单跨石梁桥，其石梁略呈拱形，且桥跨唐代市河，有"宋桥唐河"之美誉；初建于元至正三年（1343 年）的顺德桥为三跨，中跨略高，利于通航；建于元至元年间（1335 ～ 1340 年）的"迎祥桥"，为五跨石梁桥，桥长达三十余米。石拱桥中，单孔的有始建于南宋咸淳三年（1267 年）的普济桥、建于宋景定年间（1260 ～ 1264 年）的万安桥、初建于南宋年间的寿带桥、建于清代的大通桥，三孔的有清代桥梁天恩桥，五孔的则有建于明代的"云间第一桥"、大仓桥、蒲汇塘桥、清代的朱家角放生桥。其中总长度最大的石拱桥是朱家角放生桥，其总长度达 72 米，石材最珍贵的要数金泽普济桥、万安桥。

一、普济桥、万安桥

普济桥位于上海青浦区金泽镇南，建于南宋咸淳三年（1267 年）[5]，是上海地区保存最完好、最早的石拱桥（图 8-1-1）。1962 年、1987 年普济桥两次被列为市级文物保护单位。

因桥畔有圣堂庙，故该桥也称圣堂桥。普济桥的拱圈砌筑形式与我国著名的赵州桥相同，其石料为珍贵的紫石，故也被称为紫石桥。每当雨过天晴，阳光照射桥上，桥体的紫石会发光，晶莹如宝石。该桥在明清两代进行过重修，清雍正初年重修时加置了石栏。

普济桥为单孔石拱桥，呈弧状。桥长 26.7 米，桥身不高，仅 5.07 米，但拱洞的跨度较大，有 10.5 米，因而桥面的坡度不大，远眺桥形如月牙，纤巧飘逸，风姿绰约，而且富有色彩，具宋代石拱桥的特征（图 8-1-2）。桥面较窄，宽仅 2.75 米，桥顶处在古时有木框架子，装置晚间可关闭的木门，以保两岸镇民的安全。由于历史久长，后人屡有更换，现该桥桥体均夹杂有青石、花岗石等，且两块的引桥也已不完整。

万安桥位于青浦区金泽镇北市梢，跨市河，初建于南宋景定年间（1260 ～ 1264 年），元至正二年（1342 年），桥上建廊亭（后被毁），故也称万安亭桥。明嘉靖、万历及清乾隆年间曾 3 次重修。该桥为单孔石拱桥，长 29 米，高 5.5 米，宽 2.6 米，跨径 9.8 米，为横联拱圈，桥身用长条石及间壁砌成，桥面有护栏，坡度平缓，拱径宽大，桥面稍窄，为典型的宋代石拱桥（图 8-1-3、图 8-1-4）。万安桥的桥身金刚墙、内券石、桥栏及石阶均为紫色花岗石，其结构、造型和用石，与镇南的普济桥基本相同，两桥同跨一河，南北相望，故称为姐妹桥。

图 8-1-1　普济桥全景（李东禧摄）

图 8-1-2　普济桥近景（李东禧摄）

图 8-1-3　万安桥近景（李东禧摄）

图 8-1-4　万安桥桥面（李东禧摄）

图 8-1-5　松江望仙桥（李东禧摄）

图 8-1-6　松江望仙桥桥面（李东禧摄）

二、松江望仙桥

松江望仙桥现位于上海松江区松江镇中山东路松江方塔园内东南角，跨原松江府古市河，建于南宋绍兴年间（1131～1162年），是上海现存最古老的石板桥之一（图 8-1-5）。南宋嘉熙四年（1240年）编纂的《云间志》曾提及此桥[6]。望仙桥全长7米，宽3.2米，是清代以前松江城里南北干道上一座重要的桥梁。此桥独特之处在于它的结构形式，它原由四块略拱起的武康石铺就，只有一跨，石料下部补有肋骨一般的木料，形成了"木肋石板桥"的独特结构。这种结构整合了石材抗压、木料抗拉的特性，充分发挥了两种材料的优势互补，极具合理性。后因中间两块条石下的木肋腐烂，造成中间两块石料的断裂，原略呈拱形的武康石被更换成两块加厚但没弧度的花岗石桥面[7]（图 8-1-6）。

三、寿带桥、玉秀桥

寿带桥位于金山吕巷镇老街临近新西街135号，

图 8-1-7 寿带桥（李东禧摄）

图 8-1-8 寿带桥台阶（李东禧摄）

图 8-1-9 玉秀桥（李东禧摄）

跨吕巷塘，初建于南宋年间。因桥堍旁曾有油坊供人们往来榨油，故又俗称"油车桥"。寿带桥为敞肩式单孔石拱桥，全长22.75米，宽2.4米，净跨7.5米，高5米（图8-1-7）。该桥采用分节并列法砌筑，南北堍各有26级台阶，每级台阶由三块黄石拼接而成（图8-1-8）。两侧桥栏共有8根望柱，

上面雕刻着8只精巧的瑞兽（雌雄狮各4只），另有两对大石狮，分立南北桥堍下，镇守着古桥。

玉秀桥位于吕巷镇老街临近新东街81弄，建于宋代，俗称"观音桥"。该桥全长14.75米，宽2.35米，石拱跨度为7.35米，现状较为残破（图8-1-9）。

四、云间第一桥

云间第一桥位于松江区仓汇路化工路路口北，初建于宋代。据南宋《云间志》记载，该桥原名安龙桥，是一座木结构大桥，后在一次端午节观龙舟时，该桥被拥挤的人群压垮。因大桥横跨古浦塘，故俗称"跨塘桥"。

明成化年间（1465～1489年），当时的知府王衡在旧址重建一座三孔拱形大石桥，为当时松江府最大的桥，故名"云间第一桥"。该桥拱圈用青石砌筑而成，桥面、石阶、栏杆均用花岗石，长40.5米，宽5.25米，高约8米，古朴壮观，东面桥拱上有清同治年间刻的"云间第一桥"额（图8-1-10）。1986年政府拨款对该桥进行大修，将部分桥拱石料换成花岗岩。

五、迎祥桥

迎祥桥位于青浦区金泽镇南栅，处市河之末梢。该桥初建于元至元年间（1335～1340年），是万寿庵的庙前之桥。明天顺六年（1462年）和清乾隆三十三年（1768年）该桥曾两次经历修建。该桥为六柱5孔梁式石桥，长34.25米，宽2.14米，中孔跨径6.35米，二孔、三孔跨径分别为5米、4.3米（图8-1-11、图8-1-12）。

迎祥桥结构、构造独特、巧妙，造型特别。造桥材料采用砖、木、石。桥柱由5块并列长青石拼成，石柱上架条石作为横梁，梁面凿有半圆形凹槽，以稳固地搁置五根25厘米粗的纵向楠木梁，在楠木梁上横铺枋板。枋板上密铺用石灰糯米拌浆砌成的青砖，形成砖体桥面。桥面两边外侧覆贴水磨方砖，既可保护木梁，又增加美观，还能起到压重稳固作用（图8-1-13）。该桥桥面无栏杆，桥面两侧有坡面、无桥阶、无桥栏，相传可以方便骑兵疾驰过桥，是典型的元式桥梁。

由于迎祥桥纵向起坡的坡度较为和缓，略呈弧状，且桥身轻薄，宛如横跨水面的长虹，有"月印川流，水天一色"之美，因此被列为金泽八景之一，名为"迎祥夜月"。

图 8-1-10 云间第一桥全景（李东禧摄）

图 8-1-11　迎祥桥全景
（李东禧摄）

图 8-1-12　迎祥桥近景
（李东禧摄）

图 8-1-13　迎祥桥桥面
（李东禧摄）

1962年、2014年迎祥桥两度被列为市级文物保护单位。

六、顺德桥

顺德桥位于青浦区练塘老街临近前进街53号，跨三里塘市河。该桥初建于元至正三年（1343年），清顺治间（1644～1661年）重修，故又被称"重建顺德桥"。清康熙五十八年（1719年）、清乾隆四十九年（1784年）又经历两次修建，是练塘镇最为古老的桥梁，被列为练塘八桥之首。该桥全长16.4米，宽2.3米，高4.1米，共有3跨，中拱通船，侧孔泄水。顺德桥结构简单，为石壁式梁桥：其桥柱为长条形青石，并列而成石壁，桥面、桥栏为花岗岩长条石。桥面下原每跨有5根楠木，现均已失落[8]。

顺德桥形式简洁但不失雄浑、壮丽，具有元代桥梁特色（图8-1-14、图8-1-15）。

图8-1-14　顺德桥（李东禧摄）

图8-1-15　与环境和谐的顺德桥（李东禧摄）

七、朱家角放生桥

放生桥位于青浦区朱家角镇，跨于漕港之上，初建于元，明嘉靖年间被倭寇所毁。明隆庆五年（1571 年），僧人性潮募捐建桥。明万历二十七年（1599 年），慈门寺复建，划出桥下约 500 米的范围内设立界桩，每逢农历初一在此处放生，禁止捕鱼，因此，该桥被命名为"放生桥"。乾隆末年，桥倾圮。朱家角镇圆津禅寺住持觉铭募款，于清嘉庆十七年（1812 年）重建该桥。

放生桥为五孔石拱桥，是上海地区最大的石拱桥（图 8-1-16）。该桥长 72 米，高 7.4 米，宽 5 米，中孔、二孔、三孔拱跨分别为 13 米、8.8 米和 6.2 米。该桥主拱圈采用纵联分节并列砌法，加强拱石间的联系，使桥墩薄且坚固。桥上的龙门石上镌有盘龙 8 条，环绕明珠，形态逼真，石刻技艺十分高超。桥顶栏板间望柱雕有石狮（图 8-1-17），桥东建有碑亭。放生桥的台阶特别薄，最薄处厚度仅有 3 厘米，

图 8-1-16 朱家角放生桥全景（李东禧摄）

图 8-1-17 桥栏望柱上的石狮（李东禧摄）

一般不超过 8 厘米，其总台阶合计达 122 级，因此放生桥的坡面显得平缓舒坦，让人感觉如履平地（图 8-1-18）。由于放生桥长如带，形如虹，故被以"井带长虹"之名誉为朱家角十景之一（图 8-1-19）。

1987 年，该桥被列为市级文物保护单位。

八、大仓桥

大仓桥位于松江区中山西路玉树路路口东南（原旧仓城之北），跨原松江府市河，建于明天启年间（1621 ~ 1627 年），原名永丰桥，因桥南有松江

图 8-1-18 登放生桥如履平地（李东禧摄）

图 8-1-19 放生桥倒影（李东禧摄）

府漕运粮仓"水次西仓",故称大仓桥(也叫西仓桥),为上海地区最大的明代大石桥。

该桥为五孔石拱桥,跨度约50米,宽5米,高8米。五跨为不等跨,中跨最高,依次递减,纵联分节并列起券。大仓桥桥身为青石砌筑,桥面铺花岗石,有青石护栏,上下桥有92级石阶。明代著名书画家董其昌曾作《西仓桥记》,以记录此胜迹。大仓桥现五孔桥中只有中间三孔尚在水面上,其余两孔下的空间已因河道淤积成岸(图8-1-20、图8-1-21)。

图8-1-20 大仓桥全景(李东禧摄)

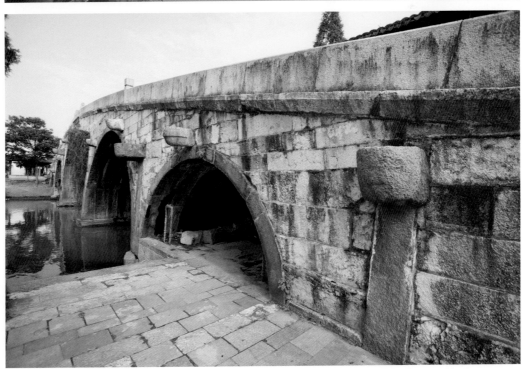

图8-1-21 大仓桥近景(李东禧摄)

九、天恩桥

天恩桥位于嘉定区南翔镇永乐村沪宜公路边，跨横沥河。该桥原名真圣堂桥，始建年代已无考。清顺治年间（1644～1661年）本地人徐孝竹、陈尚之等重建后易名天恩桥。清雍正九年（1731年）、清乾隆十八年（1753年）、清乾隆五十四年（1789年）先后又有重修，清同治十三年（1874年）又重建。天恩桥为三孔石拱桥，跨度46米，桥顶高5.5米，中孔净跨11.5米，两个边净跨5.5米。桥面石阶，东西两面分别为32级和35级，桥面宽3.5米（图8-1-22、图8-1-23）。因其桥形美妙，适合"月

图 8-1-22 天恩桥远景（李东禧摄）

图 8-1-23 天恩桥近景（李东禧摄）

图 8-1-24　大通桥（李东禧摄）

"夜登眺"，古被列为"槎溪十八景"之一，名为"天恩赏月"。

十、大通桥

大通桥位于上海松江区车墩镇南门村的官绍塘上，俗称"三官塘桥"。据清嘉庆《松江府志》记载，该桥原为木桥，清嘉庆十三年（1808年）改建为石桥。该桥单拱跨度为11米，宽4.3米，为上海地区最大的单孔古石拱桥（图8-1-24）。

十一、蒲汇塘桥

蒲汇塘桥又称七宝塘桥，位于上海闵行区七宝镇，跨蒲汇塘，初建于明正德十三年（1518年），由里人徐寿与张勋倡议所造。清同治三年（1864年）重修。1959年蒲汇塘桥被列为市级文物保护单位。

该桥原为五拱石桥，主拱跨度11.25米、高度5.2米，副拱跨度5.6米、高度3米，桥长29米，

图 8-1-25　曾有顶盖的蒲汇塘桥

面宽5.45米，两端各设石阶20级，两侧设石栏。后因蒲汇塘逐年淤塞，河道变小，两端桥孔逐渐被埋于塘岸之下。20世纪40年代之前，蒲汇塘是松江、青浦两县的界河，人们站在桥顶，即可脚踏二县，颇为有趣。20世纪60年代，因桥头市集热闹，为遮阳避雨，还曾加盖顶棚（图8-1-25）。现桥梁已无顶盖（图8-1-26）。

图 8-1-26 蒲汇塘桥现状（李东禧摄）

第二节 水闸、海塘

上海境内遗存的古代水闸、海塘遗址凤毛麟角。上海志丹苑元代水闸遗址是国内保存最完整的元代水闸遗址，在中国古代水利建设史中具有重要地位。

上海地区的古代海塘，最早多为土塘，以就地挖掘的黄泥堆砌而成，因此常在海塘的两边出现"随塘河"。后经历代改进，逐渐形成了柴塘、木柜装石（石囤）塘、石塘等形式。位于上海奉贤境内的漴阙石塘是上海境内的第一条石塘。清代以后，以鱼鳞石塘为代表的重型海塘开始出现。近年出土的奉贤华亭海塘就是鱼鳞石塘的典型代表。

一、志丹苑元代水闸

上海志丹苑元代水闸遗址位于普陀区志丹路延长西路交界处，距今约有700余年历史，是国内迄今为止规模最大、施工最好、保存最完整的元代水

闸遗址，在中国古代水利建设史中具有重要地位。2013年被公布为全国重点文物保护单位。

志丹苑水闸遗址所出位置原为明代之前吴淞江下游河道。水闸平面呈对称"八"字形，西北为宽32米的进水口，东南为宽33米的出水口。水闸东西长约42米，由闸门、闸墙和底石等几大部分组成，坚固无比（图8-2-1、图8-2-2）。

其中，闸门（金门）宽6.8米，由两根长方体青石柱组成，砌筑在闸墙之间；闸墙（金刚墙）砌筑在底石的南北两边，长47米，高1.3～2.1米，由青石条层层砌筑而成，且分为正身、雁翅、裹头三段，四角有木护角，顶端有顶石木桩。闸墙外砌高度同闸墙高度相当的衬河砖，厚1米左右，外侧还堆垒石块；底石范围东西长30米、南北宽6.8～16米，由厚0.25米的长方形青石板平铺而成，石板拼接处凿凹槽并镶嵌铁锭固定。石板下满铺厚20厘米的衬石木板，拼接处亦以企口、铁钉固定。木板下架木梁，梁下有木桩。底石的东西两

图 8-2-1　志丹苑元代水闸闸门

图 8-2-2　志丹苑水闸闸墙

图 8-2-3 志丹苑水闸构造 1

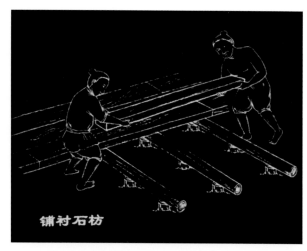

图 8-2-4 志丹苑水闸构造 2

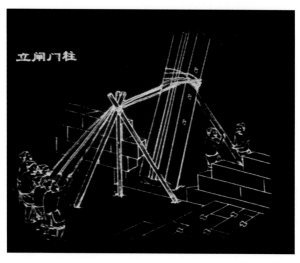

图 8-2-5 志丹苑水闸构造 3

图 8-2-6 志丹苑水闸构造 4

端还特意铺设两层木板，上层平铺，下层木板直立，高达 2.04 米，由 7 条宽 18、高 30 厘米的方木拼接而成。木板之外另栽密集的木桩。在闸墙、衬河砖和荒石之外，是层层夯实的三合土，其下密栽木桩（图 8-2-3 ～图 8-2-6）。

从部分木桩上的文字，墨书、戳记及三合土内残砖碎瓦和夹杂的碎陶瓷片等，我们可以判断该水闸的兴建年代不会晚于元代。

二、奉贤华亭海塘（捍海塘）

1996 年被发现于奉贤柘林镇的"奉贤华亭海塘"是原"华亭东石塘"，与原内捍海塘（里护塘）

相连。元大德五年（1301 年）里护塘华家角至浙江界的一段坍毁，当地百姓遂内移二里六十步另筑大德海塘，其东北端仍于华家角处接原里护塘。清康熙四十七年（1708 年），大德海塘与漴阙石塘（系上海市第一条石塘）被放弃，在原址内 1 公里许重筑新修筑了"康熙土塘"。清雍正二年（1725 年）七月，大潮侵袭，康熙土塘及金山的大德海塘同时被冲毁。清雍正三年至十三年（1725 ～ 1735 年），"华亭东石塘"得以修筑。清乾隆十二年（1747 年）又先后在石塘内、外、顶加筑夯土，将石塘包裹在土塘之内，构成包石土塘。在清雍正五年至十二年（1727 ～ 1734 年），为防护华亭石塘，当地人民还在石塘外修筑平行的土塘一道，其北距华亭东石塘，宽处 300 米许，窄处 150 米左右，被称为"外护土塘"（图 8-2-7）。

1996 年，在奉柘公路降坡工程中，一段长约 4.5 公里的奉贤华亭海塘露出地面。它位于奉贤区柘林镇奉柘公路南侧，原长近 20 千米，高 5 米，底宽 3 米，顶宽 1.4 米，全部由青石及花岗岩石砌成。该石塘始建于清雍正三年，竣工于清雍正十三年（1725 ～ 1735 年）历时整整十年。先后由吏部尚书朱轼、太仆寺卿俞兆岳等负责监造，采用了"鱼鳞石塘"的方法修筑，使其异常牢固。"鱼鳞石塘"是一种非常独特、合理的构筑物：它由呈"T"形叠砌的长方形条石组成，侧面看去层层排列如同鱼鳞。石块之间采用铁笋、铁销联结，石缝之间被灌以糯米浆，顶部有防止石块松脱的铁锭扣锁。该海塘面海处有监造及施工碑记五处，其中二处碑记分别刻有"长庆安澜"、"屹若金汤"等字样（图 8-2-8）。

2002 年，"奉贤华亭海塘"被认定为上海市文物保护单位。

图 8-2-7　奉贤华亭捍海塘

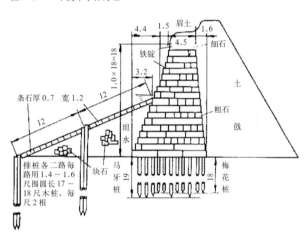

图 8-2-8　清代鱼鳞石塘构造（单位：尺）（图片来源：http://diyitui.com/content-1433566123.31129951.html）

注释

① 北宋郏亶《水利书》中就列举了吴淞江南北 260 余条纵浦横塘。

② 苗金堂. 上海地区古代治水简述 [J]. 上海水利，1995（01）：22。

③ 参见本书第一章第一节。

④ 宝山海塘竣工于清道光十八年（1838 年）。

⑤ 桥下的石砌拱圈中间的一块拱石上镌刻有"咸淳三年"四个大字。

⑥ 南宋《云间志》中记载："望仙桥在南四百步"，表明该桥建造的年代应早于南宋嘉熙年。

⑦ 当年安放木肋的桥基榫洞依然存在。

⑧ 1992 年 10 月，仅存的南跨 1 根楠木梁也脱落掉入河中。

上海古建筑

上海古建筑

第九章　遗址及墓葬

上海遗址及墓葬分布图

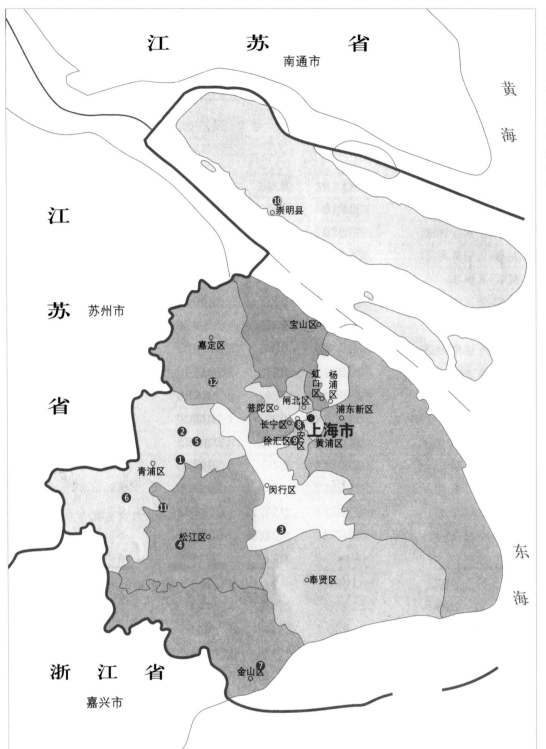

① 崧泽古文化遗址
② 福泉山古文化遗址
③ 马桥古文化遗址
④ 广富林古文化遗址
⑤ 寺前村古文化遗址
⑥ 金山坟文化遗址
⑦ 戚家墩古文化遗址
⑧ 徐光启墓
⑨ 黄道婆墓
⑩ 唐一岑墓
⑪ 夏允彝、完淳父子墓
⑫ 黄淳耀墓

江 苏 省
南通市
黄 海

江
苏
省
苏州市

⑩ 崇明县

宝山区
嘉定区
虹口区 杨浦区
闸北区
⑫ 普陀区 浦东新区
长宁区 ⑧ 上海市
徐汇区 ⑨ 黄浦区
② ⑤
① 青浦区
⑥ 闵行区
⑪
松江区
④
③
奉贤区

东
海

浙 江 省
嘉兴市
金山区 ⑦

（地图引自：中华人民共和国民政部编.中华人民共和国行政区划简册2014.北京：中国地图出版社，2014.）

上海现有古文化遗址30余处，除了1935年被发现的戚家墩古文化遗址外，它们中的绝大部分被发现于20世纪五六十年代。1958年，为了打捞淀山湖中的"狗屎铁"，意外地发现了很多古石器、古陶片等文物，遂确定了古文化遗址的存在。在随后的数年中，闵行区的马桥遗址、松江区的广富林遗址、平原村遗址（机山遗址）、北干山遗址、钟贾山遗址、南阳港遗址、汤庙村遗址，青浦区的崧泽遗址、金山坟遗址、乐泉村遗址、千步村遗址、寺前村遗址、刘夏遗址，金山区的亭林遗址等相继被发现。1970年以后，青浦区的福泉山遗址、果园村遗址、凌家角遗址，松江区的姚家圈遗址，金山区的招贤浜遗址、张堰口遗址、查山遗址，浦东新区的区柘林遗址等陆续被发现①。它们多位于高地（土墩、山坡）②，且位于古冈身之内③，涵盖了马家浜文化、崧泽文化、良渚文化、马桥文化等类型，是见证上海古代文明的重要实物。

上述古文化遗址的发现、挖掘，把上海地区的文明历史前推到了距今6000年前，诞生了"崧泽文化"、"马桥文化"、"广富林文化"这三个考古命名，完善了上海地区史前文化谱系，为长江三角洲地区史前文化体系的构建提供了重要的线索。

从崧泽古文化遗址中，我们发现了马家浜文化时期的"上海第一人"及"上海第一稻谷"；从青浦区的福泉山遗址、崧泽遗址、金山坟遗址、寺前村遗址、汤庙村遗址及松江区的姚家圈遗址、广富林遗址中，我们发现了崧泽文化时期的古代遗存；从青浦区的寺前村、金山坟、淀山湖底、果园村、千步村，松江区的机山、广富林、汤村庙、姚家圈，金山区的亭林、招贤浜，闵行区的马桥，浦东新区的柘林、江海等18处遗址中，我们发现了良渚文化时期的古代遗存。从福泉山遗址出土的"福泉山墓地"和"吴家场墓地"是上海地区等级最高的墓葬，它们属于良渚文化时期的权贵墓葬。从广富林遗址的古代遗存中，我们可以发现外来文化进入上海乃至长江三角洲的现象。马桥文化与广富林文化一样，也是包含多元因素的文化综合体。可见，上

海地区在史前就已经成为中国南北文化交流的重要通道，不同文化在此碰撞、交融，铸造了上海地区兼容并蓄、海纳百川的文化基因，并最终发展成古吴越文化。在以上诸古文化遗址中，我们仅选取几个重要的、有典型意义的在本章中予以详述。

上海地区具文物价值的古代墓葬计有徐光启墓、黄道婆墓、唐一岑墓、夏允彝、夏完淳父子墓、陈子龙墓及黄淳耀墓等，其中多数墓址仍基本保持原地（唐一岑墓被迁址），但是原墓园建筑、牌坊、墓碑等多已不存，现今所见的墓园附属设施均为近、现代后人所新建。

第一节　古文化遗址

一、崧泽古文化遗址

崧泽古文化遗址位于青浦县赵巷镇崧泽村西北，被发现于1958年，1961年、1974年经历了两次重要挖掘，后又有三次挖掘，出土了大量遗迹和文物，奠定了"古崧泽村"成为上海第一村的基础。该遗址1962年被列为市级保护地点，2013年被认定为全国重点文物保护单位。现当地建有古遗址博物馆。

在2004年的考古发掘中（第五次挖掘），考古学家发现了7座马家浜文化时期的墓葬，把上海的人类活动历史推到了距今6000年的马家浜文化时期，并复原了"上海第一人"、"上海第一房"。从崧泽古文化遗址中，我们还发现了一些稻谷遗存、陶制小猪，这表明上海地区的先民很早开始种植水稻、圈养家猪，从渔猎生活转向农耕生活，并定居形成村落。"古崧泽村"已经有了深达2米的土井和一些面积约为5.5平方米的小圆房子（图9-1-1～图9-1-4）。显然，水井的开凿和使用体现了人类文明的进步，也是人类定居生活的重要条件。

二、福泉山古文化遗址

福泉山古文化遗址位于青浦区重固镇老街西侧。因其地形似覆船，故曾被称为"覆船山"，后因该地另有井泉甘美，又更名为"福泉山"。该遗址的

图 9-1-1　上海第一房的遗址

图 9-1-2　上海第一房复原图 1

图 9-1-3　上海第一房复原图 2

图 9-1-4　上海第一房复原图 3

图 9-1-5　20 世纪 80 年代福泉山古文化遗址的发掘现场

发现始于 1962 年。1977 年，福泉山遗址被列为市级保护地点。2001 年，福泉山遗址被国务院列为全国重点文物保护单位，成为国家级的古文化遗址。现当地建有古遗址博物馆。

1962 年，上海的考古工作者在福泉山发现了6000 年前新石器时代的陶片、石器等文物，确定了古文化遗址。1979 ~ 1988 年，上海市文管会三次组织专家对福泉山进行发掘（图 9-1-5），发现了自新石器时代以来的古墓葬 136 座（其中有 19 座崧泽时期古墓，31 座良渚时期古墓及百余座战国至宋代古墓），文物 2800 余件，为研究上海古代史，研究太湖地区原始文化演变，找到了新的可靠的地层依据。福泉山遗址（图 9-1-6）出土了玉器、粳籼稻、猪牙床、渔网坠，明确了人工堆筑的高台墓地是良渚文化贵族墓地的主要埋藏方式，并发现距今七千年的两眼水井，这是迄今为止全国发现的最古老的水井，也反映了上海地区先民当时的凿井技术的先进和对饮水卫生的重视。从福泉山古文化遗址出土的良渚文化时期遗迹表明：当时的先民们多以草木结构的住房傍河而居，住房外有祭祀坑，有灶坑，坑内有灶塘，屋内有土筑的小园台和睡坑，屋旁有储存粮食的地窖，河中竖有两排木桩（可能为汀步桥）。在良渚文化时期，水井已被人们广泛开凿并改进。人们采用将大圆木对剖、中间挖空的方式制成井壁④，这是继马家浜和崧泽文化土井之后，第一次使用坚固物质做井壁，是一个重大进步。

三、马桥古文化遗址

马桥古文化遗址位于闵行区马桥镇北竹港和俞塘交汇处西北（沪松公路花王路口）（图9-1-7），面积约有5000平方米。该遗址被发现于1959年，1960年、1966年经历了两次发掘，出土石、玉、陶、骨、铜器等文物500余件，是太湖地区早期印纹陶文化的典型遗存，1977年，马桥古文化遗址被列为市级保护地点，1982年被定名为"马桥文化"，2013年被认定为全国重点文物保护单位。现当地正在建设古遗址博物馆。

马桥古文化遗址共分4层，从上至下依次为唐宋时期遗存、春秋战国时期遗存、商周时期遗存（马桥文化遗存）和良渚文化遗存，其下还有一条贝壳沙带，即古冈身。

该遗址的发现证明了4000多年前这里已有先民生息，为研究上海史和中国东南地区古文化、南北文化的相互关系和影响提供了实物材料和科学依据。马桥古文化遗址中出土的遗物，除了陶器、石器以外，还出现了刀、凿、镞等小件青铜器，这预示着古上海及长江下游开始进入青铜器时代。

四、广富林古文化遗址

广富林古文化遗址位于松江区广富林路龙源路路口西北，遗址面积约为15万平方米以上

图9-1-6　福泉山古文化遗址27号探方（李东禧摄）

图9-1-7　马桥古文化遗址（李东禧摄）

（图9-1-6）。该遗址最早被发现于1959年，1961年、1979年经历了两次发掘，发现了新石器时代晚期、春秋战国时期吴越文化两层遗址，出土的生活、生产器具为典型的良渚文化遗存。广富林古文化遗址的出现，填补了良渚文化与马桥文化之间的时间断层。该遗址1977年被列为市级保护地点，2013年被认定为全国重点文物保护单位。现当地建有遗址公园。

1999～2005年，广富林遗址又发掘出新石器后期的古墓葬32座，灰坑、灰沟、水井等遗迹300多个。2008～2011年，在新发掘的5000平方米中，

又发现崧泽文化晚期的古墓群（数量要比崧泽古文化遗址的墓葬多1倍）、干阑式建筑遗址、平地建筑房址、近千平方米的木竹桩遗址、水稻田等。

广富林古文化遗存不同于古代长江三角洲地区的文化，具浓郁的中原文化特征。这表明4000年前，长江流域和黄河流域的文明就有交汇，上海很早就吸引、容纳了外来文明的迁徙。2006年以后，学术界出现了"广富林文化"的命名，这是一种介于良渚文化与马桥文化之间的新文化，其主体来自于黄河流域，具鲜明的外来文化特征，地域涵盖自广富林西至太湖西岸（江苏宜兴骆驼墩遗址），北接江苏兴化南荡及王油坊，南达浙江余杭、萧山一带（如浙江湖州钱山漾遗址等）。广富林文化在距今4000年前，前后约有300年，比崧泽文化、良渚文化、马桥文化时间短、范围小。其最重要的特征是填补了环太湖地区新石器末期的文化谱系。

2008～2010年，广富林文化遗址先后发现干阑式建筑和平地建筑遗存各两座（图9-1-7）。其中平地建筑F3（位于发掘区东部）规模最大，为挖基槽的3间连体房址，中、西两间约43平方米，东间约14平方米。西间连通北面的厨房。广富林遗址目前所测的面积约为15万平方米，其中崧泽文化及良渚文化遗存约5万平方米，广富林文化遗存约有2万平方米，其余均为春秋战国至汉代的古代遗存。

五、寺前村古文化遗址

寺前村古文化遗址位于青浦区大盈乡天一村，南面4公里处为青浦镇。"寺前"为该地古名，因居宋元时期的慧日教寺之前而得名。该遗址被发现于1966年，坐落于村后土墩及其北侧的农田中。1977年，该遗迹被列为市级保护地点，2014年被公布为市级文物保护单位。

寺前村遗址所在的土墩高约1.5米，南北长约150米，东西宽约140米，东、西、北三面有寺溪河环绕。1966年曾经历了小型试掘，1990～1991年进行了深入发掘，发现大致有4层遗址堆积：最上

面第一层为宋元、唐时期文物，第二层为西周、战国时期遗存，第三层良渚文化层，第四层崧泽文化层。两次发掘共发现崧泽文化墓葬1座、窖穴1个，良渚文化墓葬4座、西周战国时期水井2口，战国时期墓葬1座，唐墓2座，宋代水井5口。西周时期的水井为圆筒形土井，宋元时期水井有砖井和土井。

其中编号为J2的砖井，井口距地表约0.98米，直径0.90米，井圈直径0.54米，井深3.80米。井圈与井壁间有乱砖及泥土填塞（图9-1-8）[5]。现存的十一层井砖每层由七块井砖错缝侧砌而成，每三层夹砌一层小条砖，井底平铺一层井砖；编号为J4的土井井口直径0.74米，井深为下部稍内收的直筒形（土井底径0.60米），井深4.4米（图9-1-9）[6]。

六、金山坟古文化遗址

金山坟古文化遗址位于青浦区蒸淀东团村庄严寺西面、红旗河以北的农田中（该地为青浦、松江、金山三区交界处），于20世纪60年代初的文物普查中被发现。遗址中心为一东西长65米，宽15～20米，高约2米的长条形土墩。1977年，该遗址被列为市级保护地点，2014年被公布为市级文物保护单位。

在1985年的发掘中，探明遗址范围约有四万平方米（以长条形土墩为中心，含大蒸港两岸），遗址文化层堆积大致有三层：上层是距今3000多年的马桥文化遗存，中层是距今4000多年的良渚文化遗存，下层是距今5000多年的崧泽文化遗存。共发现新石器时代墓葬2座、古井4座、灰坑18座、古代文物若干。如图9-1-10[7]所示为遗址上层T1土层遗迹平面图。

七、戚家墩古文化遗址

戚家墩古文化遗址（图9-1-11）位于金山区山阳镇戚家墩村海塘内外两侧，被初次发现于1935年。1962年被列为市级保护地点。

在1963年、1964年的两次考古发掘中，发现

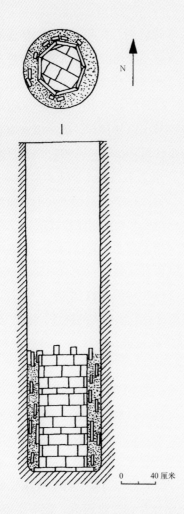

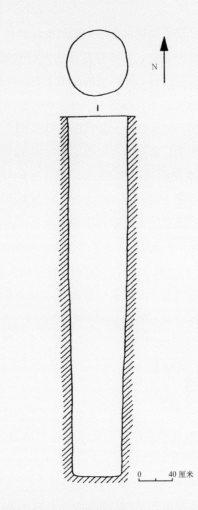

图 9-1-8 寺前村古文化遗址 J2 井平、剖面图（图片来源：陈杰．上海青浦寺前村遗址历史时期遗存发掘报告 [M]．上海博物馆考古研究部：411.）

图 9-1-9 寺前村古文化遗址 J4 井平、剖面图（图片来源：陈杰．上海青浦寺前村遗址历史时期遗存发掘报告 [M]．上海博物馆考古研究部：411.）

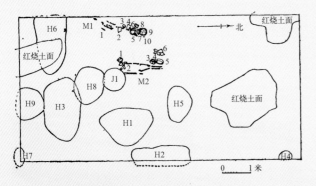

M1：
1. 玉锥形器   5. 残陶鼎
2. 残陶器   6. 陶罐
3. 石斧   7、8. 陶豆
4. 陶壶   9. 陶盆
              10. 玉珠

M2：
1、2、6. 陶鼎
3. 陶杯
4. 陶豆
5. 陶盆

图 9-1-10 金山坟古文化遗址 T1 遗迹平面（图片来源：张明华．上海青浦县金山坟遗址试掘 [M]．上海市文物保管委员会：579.）

图 9-1-11 戚家墩古文化遗址

地下有二层古文化堆积：上层属西汉时代，有水井1口，墓葬3座；下层有春秋战国时代墓葬5座。另在戚家墩以西约600米的海滩上有一处已被完全冲毁的遗址，上有石器刀、镰、铲、镢以及一些印有折线纹、回字纹、云雷纹的陶器残片，其年代可上溯到西周。戚家墩遗址内的水井用绳纹陶井圈垒成，现残存深度达1.98米，有9圈半井圈遗存，且每节井圈上都有若干个小孔，以便海水、雨水缓缓渗入。戚家墩遗址的西汉墓葬为土坑竖穴墓，其中2座是单人墓葬，1座是合葬墓。合葬墓长3米、宽1.70米、深0.5米，能找出椁与棺的痕迹。该遗址的战国墓葬未见墓坑棺木，其出土器物在考古学上已被称为吴越文化戚家墩类型。

第二节　墓葬

一、徐光启墓

徐光启[8]墓位于上海市徐汇区南丹路光启公园内，始创于1641年，历史上曾历经数次兴废，1959年被公布为上海市文物保护单位，1988年被公布为全国重点文物保护单位。可惜的是，现墓园内除了迁建的"南春华堂"为古建筑外，其余建筑物及环境设施均为近年所重建。

徐光启（1562～1633年）为明代礼部尚书、文渊阁大学士，也是研究和引入西方科学的先驱，在农业与天文学上方面较有成就。明崇祯六年（1633年），徐光启在北京故去。次年其灵柩回归上海，暂厝于南门外双园街（今已不存在）的桑园。明崇祯十四年（1641年），徐光启的灵柩正式下葬于今徐家汇一带[9]。徐光启墓占地约1.33公顷，建有华表、牌坊等。墓地共有10个墓穴，葬徐光启夫妇与四个孙子尔觉、尔爵、尔斗、尔默夫妇。墓前设有很长的甬道，两侧设石兽（石马、石虎、石羊），翁仲等。其墓前拉丁文碑为潘国光神父所立。墓地东有碑廊，刻有徐光启画像、名人传记及徐光启手稿。

清光绪二十九年（1903年），天主教会为纪念徐光启受洗300周年，对徐光启墓予以整修。当时墓地中原墓碑已失，石人、石马、华表等均在。此次整修，重修了牌坊，并在墓道中新建了一座白色大理石十字架。十字架基座正面刻有拉丁文碑文。民国22年（1933年）为纪念徐光启逝世300周年，十字架周围被围以铁栏杆，墓区围水磨石栏杆，并筑水泥道路（图9-2-1）。1937年日军侵占上海后，墓地荒废，原来的石兽、华表、牌坊均遭到破坏，呈残缺不全状。1956年，徐光启的后裔将徐光启墓及老城厢内的徐光启祠捐献给国家。1957年，市民用设计院对徐光启墓作复原设计，将墓前华表、牌坊及十字架修补完整，并在东侧的碑廊陈列徐光启的画像、手迹和传记石刻12块。"文革"期间，徐光启墓又遭破坏。墓地内的碑坊、华表、石兽、翁仲、十字架等悉数被毁。1978年，该墓地被辟为南丹公园。

1981年，在南丹公园的北部，原来的封土堆被整修成一个高2.2米、占地达300平方米的椭圆形大墓。墓前竖立着苏步青手书的墓碑（图9-2-2）。1983年，为纪念徐光启逝世350周年，墓地新建碑廊，墓前立徐光启半身像。碑廊在墓东侧，由原公园里的一座休息廊改建而成，廊中实墙嵌有12块条石，展示《几何原本序》、《葩经嫡证序》等手迹、明末清初学者查继佐所撰《徐光启传》及现代著名画家程十发临摹的徐光启画像。1983年11月，为纪念徐光启逝世350周年，南丹公园改名光启公园。2003年，徐光启墓经历了整体修复。参考上海教区

图9-2-1　徐光启墓旧影（图片来源：http://www.archives.sh.cn/shjy/shzg/201406/t20140625_41067.html）

图 9-2-2 徐光启墓现状（李东禧摄）

图 9-2-3 黄道婆墓（李东禧摄）

光启社提供的原墓地牌坊老照片（拍摄于百年之前，尺寸为 22.5 厘米 ×18 厘米）及残存的原石牌坊、华表部件，新建了牌坊、华表等。徐汇区区政府还将一座古民居"南春华堂"移至光启公园内，用作徐光启纪念馆。我们现在所见的徐光启墓前的石翁仲、石兽等均复建于 2003 年。

二、黄道婆墓

黄道婆墓位于今徐汇区龙华乡东湾村（原徐汇区龙华乡东湾村，为乌泥泾镇旧址）13 号[10]，原为一义冢地。1936 年，经上海市通志馆胡怀琛、徐蔚南、胡道静、吴静山及当地老人等勘查，认出该地义冢之中地势较高的墓基为黄道婆墓。1956 年，上海历史与建设博物馆筹备处再度勘察，认定该处为黄道婆墓墓址。1957 年，当时的上海县政府修复了墓址。1962 年，黄道婆墓被公布为上海市文物保护单位。可惜的是，"文革"期间该墓地被铲平。1986 年，黄道婆墓得以再次重修（图 9-2-3）。

三、唐一岑墓

唐一岑，字惟高，广西临桂县人。明嘉靖三十二年（1553 年）任崇明知县，率众抗击倭寇，杀身成仁。明朝廷赐赠为光禄寺丞，葬于当时的崇明县治平洋沙。清雍正九年（1731 年），墓葬移葬蟠龙镇东。同治十二年（1873 年），知县曹文焕在墓前建祠三间。1952 年、1957 年政府曾修葺祠、墓。1990 年，因墓前开河，墓葬被迁至金鳌山附近的城桥镇鳌山路（图 9-2-4）。唐一岑墓于 1981 年被公布为崇明县文物保护单位，1992 年被公布为上海市文物保护单位。

四、夏允彝、完淳父子墓

夏允彝、完淳[11]父子皆为反清义士，清顺治年间殉道就义。其墓地位于松江区昆冈乡荡湾村北农田中，该处原是夏氏祖莹。夏允彝、完淳父子墓前有墓道，道口有清代知县立石[12]，上书"明夏忠节公允彝墓道"夹有小字"公先世并葬于此"、"子节愍公讳完淳袝"、"永远禁止樵牧侵占"。

墓地今为一排五座砖室墓，后有半环状托山（图 9-2-5）。1961 年，上海市文物保管委员会修葺，并立墓碑，国务院副总理陈毅题碑文"夏允彝夏完淳父子墓"。1962 年公布为上海市文物保护单位。

五、黄淳耀墓

黄淳耀[13]也是明末清初的反清义士，其就义后葬于嘉定区方泰乡鲍家库。乾隆年间，知县于一芳出告示，禁止在墓地上樵牧占地。

黄淳耀墓原占地 5944 平方米，"文革"初期被挖掘，1990 年 8 月重修。现面积 1333 平方米。墓地前有石坊，立黄淳耀传略碑（图 9-2-6）。墓为砖室，前有墓碑及祭台。墓地遍植松柏等树木。墓碑为书法家顾廷龙书：明黄淳渊耀墓。黄淳耀墓于 1992 年被公布为上海市文物保护单位。

图 9-2-4　唐一岑墓(图片来源:http://www.chongming 365.com/ly_det.aspx?id=47)　　图 9-2-5　夏允彝、完淳父子墓（闫爱宾摄）

图 9-2-6　黄淳耀墓（李东禧摄）

注释

① 陈杰．史前上海：从马家浜到马桥 [N]．东方早报，2014-06-18（006）。

② 因当时长江三角洲处于发育初期，海水不断东退，一些高起的"墩"或"丘"逐渐露出水面成为适于人类居住的地点。

③ 黄宣佩，张明华．上海地区古文化遗址综述 [J]．上海博物馆集刊，1982（00）：226。

④ 1990 年 11 月，在青浦区朱家角镇西漾淀清理鱼塘时发现了一口良渚木井，井为圆筒形，口径 0.98 米，深约 2 米，用一棵对剖开的大木，中间挖空后对合作井壁。

⑤ 宋建，李峰等．上海青浦寺前村遗址历史时期遗存发掘报告 [J]．上海博物馆集刊，2005（00）：411。

⑥ 同上。

⑦ 张明华，陈士萍，游修龄．上海青浦县金山坟遗址试掘 [J]．考古，1989（07）：579。

⑧ 详见本书第一章注释㊹。

⑨ 该处原为肇嘉浜、蒲汇塘、法华泾三条河流的交汇处，后由于徐氏子孙聚居于此，遂被称为徐家汇。

⑩ 该墓地是否就是清乾隆《上海县志》所记载的黄道婆墓位置："乌泥泾 26 保 28.9 图"，已不可考。

⑪ 夏允彝（1596 ～ 1645 年）字彝仲，号瑗公，明崇祯十年（1637 年）进士，曾任长乐知县。明末清初，夏允彝与松江陈子龙、徐孚远、王光承等结几社以反清，后在家乡组织抗清义军失败，遂投水殉节。子完淳（1631 ～ 1647 年），字存古，七岁能诗文，父死后，与陈子龙等共谋倡义，后于清顺治四年（1647 年）就义，年仅 17 岁，著有《南冠草》、《玉樊堂集》诗文集传世。

⑫ 清乾隆五十一年（1786 年）娄县知县谢庭薰曾在墓地立碣，禁止樵牧。道光六年（1826 年），知县徐梦熊又重立此禁。

⑬ 黄淳耀（1605 ～ 1645 年）字蕴生，号陶庵，明崇祯十六年（1643 年）进士。清顺治二年（1645 年），清兵南下入嘉定，执行薙发令，嘉定百姓群起反对，拥戴侯峒曾为首领，举义兵抗清。后清兵围城，黄淳耀率义兵守西门。坚守半月，城破。黄淳耀及弟渊耀退至西林庵内悬梁殉身。

上海古建筑

上海古建筑

第十章 其他

上海会馆公所、城垣、照壁、谯楼建筑分布图

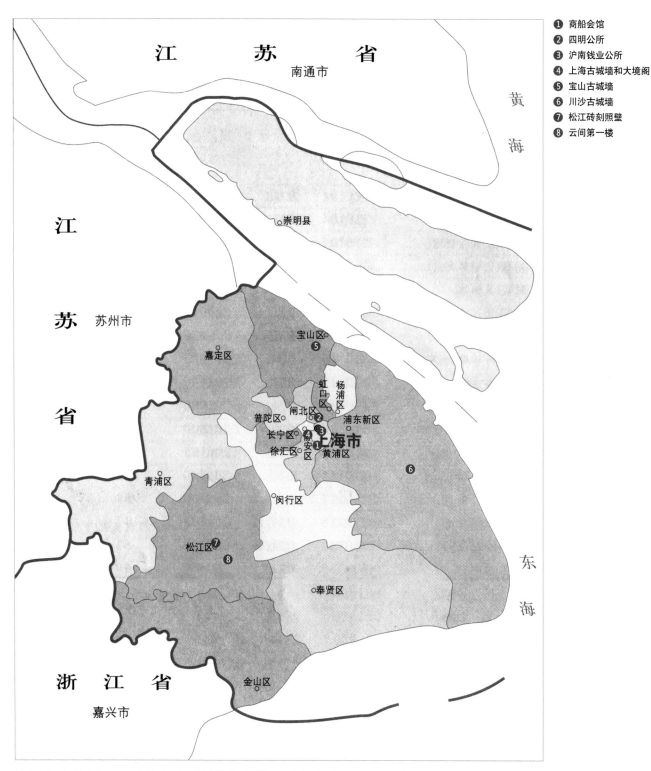

1 商船会馆
2 四明公所
3 沪南钱业公所
4 上海古城墙和大境阁
5 宝山古城墙
6 川沙古城墙
7 松江砖刻照壁
8 云间第一楼

（地图引自：中华人民共和国民政部编.中华人民共和国行政区划简册 2014.北京：中国地图出版社，2014.）

在上海古建筑中，有些类型的建筑遗存数量较少，但又具有不可或缺的价值。本章将这些实例集中，笼统地冠名以"其他"，起拾遗补缺的作用。如会馆公所建筑，是商业发达的上海地区所特有的一种建筑类型，它曾经具有相当的数量，可惜现存寥寥；城垣、照壁、谯楼等建筑，也是古代城市中常见的建筑形式，现仅剩个别实例。

第一节 会馆公所

清中叶康熙年间，由于海禁的解除，上海的商贸行业快速崛起，各地商人来沪经商者日益增多，飞速发展的航海商贸一方面提升了上海的经济实力，另一方面也给上海带来了大量的外来人口，他们来自全国各地，甚至来自海外，从事着不同的职业。到了清代，定居上海的各地、各行业商人为了联系同乡、同行，开始建造会馆公所建筑。通常，会馆为联络乡谊、维护同乡利益、供同乡相聚的场所，公所为规范行业权益、管理行业事务之处。鼎盛时期，清代上海的会馆公所计有100余所，其中，按地域分有宁波、绍兴、山东、泉州、广东、潮州、四明、三山、苏州、徽宁、江阴等30余馆，按行业分有沙船业、钱庄、镌刻、米豆、渔业、棉花、布业、药业、木商、油麻、珠宝、梨园等147所。

会馆公所建筑一般都比较考究、精致，且常带有各地建筑的特征。可惜的是，许多建筑品质精良的会馆建筑在"文革"期间被拆除［如钱业会馆、木商会馆、潮州会馆（图10-0-1）等］，现仅存建于康熙五十四年（1715年）的商船会馆、迁建的沪南钱业公所及仅有片段遗存的四明公所。

一、商船会馆

商船会馆位于上海黄浦区会馆街28号（原南市区董家渡马家厂），始建于清康熙五十四年（1715年），是由当时沪上沙船业船商集资兴建，是上海最早的由同业商人集资建造的公所建筑，也是上海诸多会馆建筑中规模较大的一座会馆，其精致的门头、二层戏台均独具特色。商船会馆于1959年、1987年两次被列为市级文物保护单位。

商船会馆占地面积近20亩，初建时仅有大殿，乾隆二十九年（1764年）添建南北两厅，并新建了两层高的大戏台，用来演戏酬神及举行祭祀活动。嘉庆十九年（1814年）又在戏台前铸造了钟、鼎，并在两侧修建了两层高的厢房（用作看戏的看楼）。道光二十四年（1844年）又建有拜厅、钟鼓楼、后厅等。同治年间，商船会馆曾被英法联军驻扎，后又被江南制造局占用。清光绪、宣统年间，商船会馆内创设了商船小学。新中国成立后，商船会馆被挪作它用，现仅存大殿、戏台等部分建筑（图10-1-1）。

图10-0-1 潮州会馆旧影（图片来源：蔡育天.沧海－上海房地产150年[M].上海：上海教育出版社，1998：8.）（左）
图10-1-1 商船会馆戏台（图片来源：蔡育天.沧海－上海房地产150年[M].上海：上海教育出版社，1998：9.）（右）

商船会馆的门头颇有特点：其墙面斜贴方砖，正门为拱形，门额与门洞的比例协调，檐口下饰有精致的砖雕（图10-1-2）。戏台古朴高大，柱为方形石柱，顶面为"斗八藻井"，由八块木板拼成，呈八角形，且施有彩绘，具宋代"藻井"式样（图10-1-3）。大殿为双合式大殿（图10-1-4），面阔五间，前设抱厦，屋面为单檐歇山顶，且屋脊甚高，正脊上有"国泰民安"四字，垂脊上装饰有文臣武将。大殿正中设有供天后娘娘神像的神龛。殿前的看楼有外廊，殿后有集会议事的大厅，殿右有二层楼的会务楼，专为办理航船业务。

二、四明公所

四明公所位于黄浦区人民路858号中国人寿大厦边上（原老城厢北门外），始建于清嘉庆二年（1797年），建成于嘉庆八年（1803年）。因其是浙江宁波籍商人发起建造，故又被称为宁波会馆。1977年四明公所被公布为上海市文物保护单位，2002年被调整为上海市纪念地点。

图10-1-2　商船会馆旧影（图片来源：http://blog.sina.com.cn/s/blog_4b0a28e60100k8rc.html）

图10-1-3　商船会馆现状1（图片来源：http://jiangzhonghua1013.blog.163.com/blog/static/213070106201381 0523858/）

图10-1-4　商船会馆现状2（图片来源：徐哲君摄）

图 10-1-5　四明公所门头正面（李东禧摄）

图 10-1-6　四明公所门头背面（李东禧摄）

图 10-1-7　沪南钱业公所旧影（图片来源：蔡育天. 沧海－上海房地产 150 年 [M]. 上海：上海教育出版社，1998：38.）

建成时，四明公所建筑面积约为 800 平方米，占地 30 多亩。其中，砖木结构的硬山房屋 20 间为在沪甬人寄柩之场所，五楹歇山顶正殿及部分硬山顶廊庑房屋被用来供奉关帝。后于 1874 年、1898 年两次经历法租界强行拆迁，引发了两次"四明公所事件"。现仅遗存红砖门头一座（图 10-1-5、图 10-1-6），为西式风格。

三、沪南钱业公所

沪南钱业公所原位于上海老城厢大东门外北施家弄 133 号，始建于清光绪九年（1883 年），为申城钱业界议事场所，也是沪上早期金融发展史的实物遗存（图 10-1-7）。后被测绘、重建于人民路安仁街"古城公园"里。2004 年被公布为上海市第四批优秀历史建筑。该建筑为三进院落式，占地 800 平方米，前为三脊式牌坊砖雕门楼（图 10-1-8），两边影壁刻有"福在眼前""和合二仙""刘海金蟾"等砖雕（图 10-1-9、图 10-1-10），中有茶厅，后为供奉财神赵公元帅的大殿。整个建筑中 80% 的构件来自于被拆除的原建筑。

图 10-1-8　沪南钱业公所门楼（李东禧摄）

图 10-1-9　砖雕"和合二仙"（李东禧摄）

图 10-1-10　门楼砖雕（李东禧摄）

第二节　城垣

上海地区最早出现的城池是南武城[①]，相传由吴王阖闾修筑，位于今闵行区纪王镇西南，也被称为"邬城"、"鸿城"。东晋时期，虞谭、袁山崧曾在吴淞江下游修筑沪渎垒，以防敌军从海上来袭[②]。据南宋《云间志》记载，城"在（华亭）县东三十五里，高七尺，周围三百五步"。明朝洪武十九年（1386 年），为抵御倭寇入侵，由信国公汤和主持，在江浙沿海筑城 59 座，驻兵守御。这其中就有金山卫城、南汇所城、吴淞所城。

金山卫城

金山卫城设于上海南部滨海的盐业集镇小官镇，初建时是个土城。明永乐十五年（1417 年），城墙始改为砖墙，有正门楼 4 座、水门 2 座、角楼 4 座、箭楼 48 座，其"周回十二里，高二丈八尺"。在当时全国 36 卫中，金山卫与威海卫、天津卫、镇海卫列为四大名卫，是一座繁荣的军事重镇。

南汇城

南汇城原是金山卫位于南汇的分署千户所，称南汇守御所。据《光绪南汇县志·卷四》记载，"城周五里一百四十九步，高二丈二尺"，呈方形，由黄土夯筑而成，外包砖砌墙体。城墙外的护城河"深七尺，广二丈四尺"。城墙上有陆门 4 座（分别按东南西北方位为观海、迎薰、听潮、拱极 4 个城门），水门 2 座（分别为东水关和西水关）。城墙上另外还建有角楼 4 座、敌台 4 座、箭楼 40 座、雉堞共 1790 垛。

吴淞所城

吴淞所城是原吴淞江守御千户所城，位于吴淞口西近海 1.5 公里处，由荥阳侯郑遇春会同镇海卫指挥所筑。初为土城，又名荥阳垒，周长一千二百六十丈，高一丈七尺。明建文元年（1399 年），所城被改为砖城。明永乐十六年（1418 年），砖城被增高为二丈七尺，并开挖宽一丈四尺的护城河。后因海潮不断冲刷，城墙逐渐坍陷，改为校场。至明万历末年（1620 年），场地尽坍入海。明嘉靖十六年（1537年），兵备道副使王仪于旧所城西南0.5公里处另筑新所城（土城）。嘉靖三十三年（1554年），巡按尚维持、知县杨旦又筑砖石新城。

明永乐十年（1412年），平江伯陈瑄堆筑土山设烽墩于长江口南岸，以警示航海船只，得到明成祖朱棣亲封地名为"宝山"。当时，出于海防需要，先后修筑了"宝山所"、明代宝山堡城；万历十年（1582年），决堤而来的海水冲垮了宝山，康熙八年（1669年）宝山堡城被卷入海中。清康熙三十三年（1694年），苏州府海防同知李继勋再建"宝山城"（即今浦东高桥老宝山城）。

上海县自至元二十九年（1292年）成立以来，二百多年间一直处于偏安一隅、有县无城的状态。直至明嘉靖年间，因无城池可守，屡受倭寇洗劫，特别在明嘉靖三十二年（1553年）的四月至六月间，接连遭受五次寇祸，街市成为焦土，县署、民居尽为火焚，民众流离失所。痛定思痛的上海县居民终于开始修筑城墙。1557年，位于川沙八团镇的民众也开始修筑城墙，并建成一座周长四里的古城，后被人们称为川沙堡城。

一、上海古城墙和大境阁

明嘉靖三十二年（1553年），上海县为防御倭寇修筑了城墙。这座完成于上海建县260年后的城池高二丈四尺，周回九里，设有陆门六所、水门三所，设有敌楼、平台，建雉堞三千六百余[③]。有了城墙的庇护，上海县城能够守护城内百姓，还可扼守吴淞江与黄浦交接处水域，阻挡倭寇溯水进入江南腹地。

初建的上海城墙为椭圆形，周长九里，包围了约4.5平方公里的城区。墙体为泥土版筑，高二丈四尺，设城门6座：大东门（朝宗门）、大南门（跨龙门）、老西门（仪凤门）、老北门（晏海门）（图10-2-1）、小东门（宝带门）（图10-2-2）、小南门（朝阳门），水门4座：肇嘉浜上有2座（分别近大东门与老西门）、方浜上有1座（近小东门）、薛家浜上有1座。上海县城墙的修筑在当年就发挥

图 10-2-1 老北门（晏海门）（图片来源：http://www.360doc.com/content/12/0407/13/6748870_201645358.shtml）

图 10-2-2 20世纪初的小东门（宝带门）（图片来源：http://www.360doc.com/content/12/0407/13/6748870_201645358.shtml）

了作用，分别抵御了当年正月及三四月间两拨倭寇的侵袭。

明嘉靖三十六年（1557年），城墙四周又加挖了环城壕沟（可连通4座水门），并在城北增筑4座高层楼台（万军、致胜、振武、大境），供瞭望敌情。后来，又在这四座高台上建造了4座寺庙（万军建丹凤楼、致胜建观音阁、振武建真武台、大境建关帝殿）。明万历二十六年（1598年）和万历四十六年（1618年）重修时，城墙又分别加高了1.6米和1.3米，达到总高8米。清同治元年（1862年）英法联军协助清军防守上海县城，其大部驻扎于豫园、城隍庙等处，为出入方便，在丽水路开辟一门，并以法军司令孟斗班的名字命名为"孟都班门"，

图 10-2-3 1860 年新开设的新北门（障川门）（图片来源：http://www.360doc.com/content/12/0407/13/6748870_201645358.shtml）

即后来到的新北门（图 10-2-3）。清光绪三十一年（1905 年），为了应对城市格局的变化，方便进出，上海县城又新辟 3 座新城门：小北门（拱宸门）、小西门（尚文门）、小东门（福佑门），并在二年后改建了老北门、小南门、小东门，使马车可通行。上海县城墙存在了 300 多年，直至 1912 年始被拆除。

上海开埠后，城墙作为安全屏障的作用逐渐消失，且因城门处经常拥挤堵塞，影响人们进出。自民国元年（1912 年）以来，上海城墙逐渐被拆除，只留下城西北的大境阁。

大境阁所处城墙在初建时仅为箭台一座，明万历年间建有关帝庙，后明崇祯、清雍正、乾隆年间屡有修葺，清嘉庆二十年（1815 年）被改建为三层楼阁。清道光十六年（1836 年）总督陈銮题额"大千胜境"，遂名"大境"。道光二十三年（1843 年），英国人麦都思在大境阁二楼开设了"墨海书馆"，这是上海最早用铅字印刷书刊的出版机构。道光二十五年（1845 年），又建熙春台。清咸丰十年（1860年）因英法驻军进驻大境，关帝庙遭毁。同治四年（1865 年）又重修大境阁。1990 年，原南市区人民政府与上海市文管会出资，对大境关帝庙及古城墙进行大修。1995 年，经精心修葺，仅存的 50余米古城墙和大境阁重新对外开放（图 10-2-4 ~图 10-2-6）。

1959 年、1984 年上海古城墙和大境阁两次被列为市级文物保护单位。

图 10-2-4 上海古城墙和大境阁（李东禧摄）

图 10-2-5 老城墙（李东禧摄）

图 10-2-6　城墙上的大境阁（李东禧摄）

二、宝山古城墙

1. 老宝山城（浦东高桥）

古宝山的发源地在现上海浦东新区高桥镇杨高北一路 255 号，也就是现在所说的"老宝山城"。相传明永乐十年（1412 年），平江伯陈瑄堆筑土山于长江口南岸，上设烽堠以警示航海船只，得到明成祖朱棣以"御制"树碑，并亲封地名为"宝山"。当时的"宝山"以巨木为桩，垒土而成，山上建有龙王庙、观音殿。当时，出于海防需要，位于山麓的兵营江东寨（土城）遂更名为"宝山所"。明正统九年（1444 年），宝山所土城左侧开始建设砖城，历时五年才建成。当时的宝山所土城和砖城犹如两翼，但是离宝山较远。明万历四年（1576 年），人们又在离宝山较近的山体西麓筑城。这是一座周长四百九十五丈，高二丈六尺二寸的城堡，设宝山守御千户所，隶属太仓卫，被称为明代宝山堡城；可

惜时隔不久的万历十年（1582 年），决堤而来的海水冲垮了宝山（幸运的是永乐年间的御制石碑得以幸存 ④），卷走了城堡的东北角。不久后，岌岌可危的宝山城最终难逃劫难，于康熙八年（1669 年）被卷入海中。

清康熙三十三年（1694 年），苏州府海防同知李继勋再建宝山城，选址于原宝山城西北的三里处（今高桥镇东北 2 公里），即今浦东老宝山城址。该城设 4 座城门，面积有 64 亩，城内有十字街、城隍庙。后历经沧桑，现仅存城隍庙和南门城垣（图 10-2-7、图 10-2-8），1984 年被列为上海市文物保护单位。

2. 宝山古城墙（宝山区）

宝山还有一部分古城墙遗迹留存于现宝山区友谊路 1 号临江公园内及宝山中学内。该部分城墙原属于吴淞千户所新城（清雍正三年后为宝山县城 ⑤）。该城初建于明嘉靖十六年（1537 年），为

图 10-2-7　老宝山城墙（高桥）全景（李东禧摄）

图 10-2-8　老宝山城墙（高桥）（李东禧摄）

土城；后于嘉靖三十三年（1554 年）改建为砖城。城周长 2190 米，高 7.2 米，外有宽 16.2 米、深 3 米的壕沟，设城门 4 座、雉堞 1194 座、敌台 9 座、窝铺 40 个，并有西北水关一处。嘉靖、万历年间，吴淞所新城设施比较齐全。万历四年（1576 年），副总兵黄应甲，建四门，移水门东南，并在北门刻有"海不扬波"匾额（今已废）。清雍正三年（1725 年）吴淞所城改为宝山县治，遂为县城，有县署、监狱、主簿署、史典署、社稷坛、先农坛等。后来又陆续建了孔庙、魁星阁（钟楼）、化成祠、报功祠。

现残存于临江公园内的一段古城墙属南城墙，夯筑，用砖包砌，残长 49.3 米，残高 0.95 米，残宽 10.1 米，占地面积 497.93 平方米（图 10-2-9）。

在临江公园内古城墙的西侧还遗存一座古水关。该水关始建于清顺治七年（1650 年），原为城内通向南门外的水道，呈东西向。水关为单孔石拱结构，跨径 2.7 米，由 20 块长 1 ～ 2 米的花岗条石砌成拱形，北侧两端各立一根水闸槽石，露出地面高 1.1 米，插木板作闸门，以调节水位，是上海地区保存较为完好的城墙设施（图 10-2-10）。

图 10-2-9 宝山古城墙
（宝山区）（李东禧摄）

图 10-2-10 宝山城水关
（李东禧摄）

三、川沙古城墙

川沙古城墙位于浦东新区新川路 171 号观澜小学东侧，仅存 60 余米长，为原建于明代的老城墙一部分（图 10-2-11）。

明嘉靖年间，为抵御倭寇侵袭，上海、嘉定等县纷纷修筑城墙。明嘉靖三十六年（1557 年）7 月，

川沙百姓为抵御倭寇入侵，在川沙绅士太学生齐镗的组织带领下，用了三个月的时间在八团镇四周修筑建成了一座坚固城堡。古城周长四里，高二丈八尺，建有东、南、西、北四座城门。东为镇海门，南为迎瑞门，西为太平门，北为拱极门，各有吊桥，城壕宽十二丈，深一丈五尺。城墙上有月城 4 座，雉楼 372 垛，炮台 12 座。城墙与护城河同时修建，

颇具规模。此后该城就被命名为川沙堡城。

明万历年间，城墙曾因大雨而坍圮，由里人王乾昌捐资修复。清康熙、乾隆年间又经历多次重修。清嘉庆十年（1805年）川沙抚民厅设置后，城墙及护城河均得以修护。清嘉庆十五年（1810年）川沙厅同知周垣在东南城墙处建造文昌宫，道光十四年（1834年）厅同知何士祁捐出廉俸一千两银子，在文昌宫右侧、城角下建造了二进十五间学舍，名曰观澜书院，选拔城内外聪敏的生童在此攻读。清光绪二十九年（1903年）后，城墙下建有高等小学，取名涛园。清同治、光绪以后城墙多有坍塌，因维修经费无着，没有得到维修。民国14年（1925年）城墙遭拆除，仅保留真武台北约60米长的一段及东南城角约200米长的一段，魁星阁也得以保留。现存城墙外的河流为原来的护城河。"文革"期间，川沙古城又遭破坏，城墙又被毁去100多米，仅剩80多米。城墙上的魁星阁、岳碑亭也被拆毁。

1987年，香港同胞施伯育捐资重修古城墙，重建了魁星阁和岳碑亭[6]。2010年，浦东新区有关职能部门组织力量对古城墙进行全面整修，疏浚了保存的护城河，并把新修的城墙作为川沙"古城墙公园"，以古城墙、古炮台、护城河、魁星阁、岳碑亭等场所来展示历史（图10-2-12）。

第三节 照壁、谯楼

一、松江砖刻照壁

松江砖刻照壁位于现松江区松江镇方塔园内方塔的北侧。该照壁原为松江府城隍庙山门前的影壁，与城隍庙一起建于明洪武三年（1370年）。松江城隍庙曾经历了咸丰十年（1860年）洋枪队的损毁、1937年"八·一三"抗战日机轰炸，其殿宇大部被毁，仅照壁幸存。1978年，方塔园创建时，照壁被迁入园内。1962年、1987年，松江砖刻照壁两度被公布为市级文物保护单位。

图 10-2-11　川沙古城墙
（李东禧摄）

图 10-2-12　古城墙公园（李东禧摄）

该照壁面阔三间，中间部分宽6.1米，高4.75米，约有30平方米，覆有精致、优美的砖雕，为上海现存最古老、最完好的大型砖雕。由于该照壁原属于松江城隍庙，因此其砖雕图案富含道教含义。砖雕主体为一鹿角、狮尾、龙鳞的"狻"。传说中这是一种贪婪的怪兽，因想吞日而蹈海自亡。照壁上还有许多富有吉祥寓意的装饰图案和画面，如砖雕左下角的瓶中插三支戟，意为"平（瓶）升三级（戟）"，左上角的凤凰嘴衔书卷，寓意"奉（凤）献（衔）天书"。其他还有"挂印封侯（猴）"、鲤鱼跳龙门、"八仙过海"等情节，文化含义丰富（图10-3-1～图10-3-3）。

二、云间第一楼

"云间第一楼"位于上海市松江区中山东路250号，始建于宋代，原为华亭县署门楼（宋绍熙《云间志》、明正德《松江府志》均有记载）。后重建于元元贞元年（1295年），为松江府署门外的谯楼。元至正六年（1346年），谯楼被焚毁，三年后元至正九年（1349年）得以重建。重建的谯楼高23米，面阔三间，重檐歇山顶，下有砖砌基座，中有类似城门的券门甬道。明成化年间、弘治十二年（1499年）、天启年间曾修整谯楼。清顺治元年（1644年）清军下松江，谯楼毁于战火。顺治十六年（1659年）再次重建，在原墙基上立二层楼，上为三楹鼓楼，可司更漏，下为砖木结构的门道，建筑高17米、面阔五间，楼上横匾书"谯楼"，楼下城墙上竖匾书"松江府"。清道光十年（1830年）谯楼又获大修，因其雄伟壮观，始称"云间第一楼"（图10-3-4）。抗战期间，该楼被日军破坏，仅存残架，后又受1951年强台风侵袭，仅剩残砖碎瓦和台基。1999年，"云间第一楼"被重建，在清理旧台基中发现外有包墙，内有旧墙及铭文砖20块，铭文为"福寿"、"宝应"。

重建后的"云间第一楼"总高16米，台基楼道为梁柱式，楼为五开间七架梁，采用双重檐歇山

图10-3-1　松江砖刻照壁1（李东禧摄）

图 10-3-2　松江砖刻照壁 2（李东禧摄）

顶，楼面宽五间 24.8 米，进深 10.10 米，楼下中间为大门过道，门阔 5.1 米。基座采用清水砖墙，屋顶翘角飞逸，与宋代张择端绘制的《清明上河图》中的楼阁式建筑相仿，是解放初全国范围内所存两处梁柱式溯楼中的一处。重建工程于 2000 年 6 月竣工，并被作为松江二中的校门（图 10-3-5、图 10-3-6）。

图 10-3-3　松江砖刻照壁 3（李东禧摄）

图 10-3-4　云间第一楼旧影（李东禧摄）

图 10-3-5　重建的云间第一楼正面（李东禧摄）　　　　图 10-3-6　重建的云间第一楼侧面（李东禧摄）

注释

① 据《汉书·地理志》和《越绝书》记载，相传春秋末吴王阖闾始筑南武城。

② 《晋书》卷七六，《虞谭传》中有："谭修沪渎垒，以放海抄，百姓赖之"；《晋书》卷八三，《列传第五十三》中有："山松守沪渎，城县被害"。

③ 引自：熊月之．上海通史·第 2 卷，古代 [M]．上海：上海人民出版社，1999.83.

④ 该永乐御碑现存放于位于浦东高桥中学的碑亭之中。

⑤ 清雍正三年（1725 年），原嘉定县东北四乡被分出，设立宝山县。

⑥ 曹永康，薛泰琳．川沙古城墙保护研究 [J]．华中建筑，2005，（04）：113-115.

上海古建筑地点及年代索引

名称	类型	地点	建成年代（变化情况）	材料结构	规模	文保等级
枫泾镇	古城镇	金山区	成市于宋代，古名白牛村。元至元十三年（1276 年）建白牛镇，明代正式改称枫泾镇	木结构、砖木结构传统民居	全境总面积 54.3 平方公里，古镇区域 2.38 平方公里	中国历史文化名镇（第二批）
朱家角镇	古城镇	青浦区	宋元时期渐成小集镇，名朱家村。明万历四十年（1612 年）形成大镇，改珠街阁，又名珠溪，俗称角里。清康熙五十二年（1713 年）称珠里。1954 年设朱家角镇	木结构、砖木结构传统民居	全境总面积 47.4 平方公里，水域 6.3 平方公里，古镇核心区面积 1.25 平方公里	中国历史文化名镇（第三批）
新场镇	古城镇	浦东新区	唐天宝年间始称石笋滩，为华亭县辖区。南宋建炎年间（1127～1130 年），新场镇设两浙盐运司署，为下沙盐场的南场所在地。清雍正四年（1726 年）归南汇县管辖	木结构、砖木结构传统民居	全境总面积 53.86 平方公里，古镇区域 1.48 平方公里，核心保护区 0.48 平方公里	中国历史文化名镇（第四批）
南翔镇	古城镇	嘉定区	梁天监四年（公元 505 年）因建白鹤南翔寺而有南翔镇。南宋嘉定十年（1217 年），南翔镇分属娄县、信义县、昆山县。之后隶属嘉定县	木结构、砖木结构传统民居	全境总面积 33.27 平方公里	中国历史文化名镇（第五批）
川沙镇	古城镇	浦东新区	明嘉靖三十六年（1557 年），川沙修筑城堡。清嘉庆十五年（1810 年）城内设置川沙抚民厅	木结构、砖木结构传统民居	全境总面积 96.7 平方公里，古镇区域 3.71 平方公里	中国历史文化名镇（第六批）
七宝镇	古城镇	闵行区	宋真宗大中祥符元年（1008 年）七宝镇得名。自明嘉靖二十一年（1542 年）以来，七宝分属于上海县、松江县、青浦县三县管辖，直至 1947 年合并	木结构、砖木结构传统民居	全境总面积 21.3 平方公里	上海市郊区历史文化风貌区
泗泾下塘村	古村落	松江区	北宋形成村落名会波村，南宋会波村东移，建七间村。元中叶，因四泾之水汇集于此，改称泗泾镇。明正德七年（1513 年）列泗泾市。民国 3 年（1914 年）泗泾归属松江县，设乡建置至今	木结构、砖木结构传统民居	全境总面积 23.48 平方公里	中国历史文化名村（第六批）
松江老城厢	古城镇	松江区	唐天宝十年（751 年），置华亭县。元至元十四年（1277 年）升为华亭府，翌年改为松江府。至清嘉庆十年（1805 年）演变为 1 府（松江）、7 县（华亭、上海、青浦、娄、奉贤、金山、南汇）、1 厅（川沙）。民国 3 年（1914 年）改称松江县。1958 年由江苏省划归上海市	木结构、砖木结构传统民居	松江老城区包括岳阳，永丰和中山街道，总面积约 9.37 平方公里	上海市郊区历史文化风貌区
嘉定老城厢	古城镇	嘉定区	梁天监年间（公元 502～519 年）形成聚落。唐代因练祁河旁的项泾桥庙会得名，称练祁市。南宋嘉定十年（1218 年）设县治，依年号命名嘉定，延续至今	木结构、砖木结构传统民居	全镇面积 4.74 平方公里，其中西门和州桥历史文化风貌区面积分别是 44.75 公顷和 49.10 公顷	中国历史文化名镇（第四批）
上海县老城厢	古城镇	黄浦区	元至元二十八年（1291 年）建立上海县，明嘉靖三十二年（1553 年）上海县筑城	木结构、砖木结构传统民居	中华路至人民路以内区域，面积 1.997 平方公里	上海市中心城历史文化风貌区

名称	类型	地点	建成年代（变化情况）	材料结构	规模	文保等级
奉城老城厢	古城镇	奉贤区	五代乾祐年间（948～950年）设青墩盐场，南宋乾道七年（1171年）改名青村，明洪武十九年（1386年）筑青村堡（即城墙）防倭寇，清雍正九年（1731年）县治设在青村所城，宣统二年（1910年）改为奉贤县城市，简称奉城	木结构、砖木结构传统民居	全境总面积72.63平方公里	上海市郊区历史文化风貌区
真如寺大殿	宗教建筑（佛寺）	普陀区真如镇后山门5号	元延祐七年（1320年）	木结构	单檐歇山，面阔三间，建筑面积158平方米	全国重点文物保护单位
龙华塔	宗教建筑（佛塔）	徐汇区龙华路2853号	北宋太平兴国二年（公元977年）	砖木结构	塔身七层，高40.6米，平面八角形	全国重点文物保护单位
龙华寺	宗教建筑（佛寺）	徐汇区龙华路2853号	清代	木结构	修缮恢复伽蓝七堂制，有弥勒殿、天王殿、大雄宝殿、三圣殿、方丈室、藏经楼以及钟鼓楼	上海市文物保护单位
沉香阁	宗教建筑（佛寺）	黄浦区老城厢沉香阁路29号	始建于明万历年间，嘉庆二十年（1815年）重建	木结构	占地23788平方米，有弥勒殿、山门石坊、大雄宝殿、沉香佛殿、造鹤轩、禅堂等	全国重点文物保护单位
松江方塔（兴圣教寺塔）	宗教建筑（佛塔）	松江区松江镇中山东路方塔园内	宋代熙宁至元祐年间（1068～1094年）	砖木结构	塔身九层，高42.5米，平面方形	全国重点文物保护单位
东林寺大殿	宗教建筑（佛寺）	金山区朱泾镇东林街150号	元至大元年（1308年）始建，现存建筑为道光九年（1829年）重建	木结构	重檐歇山顶，通高15.2米，大殿面阔三间，面积351平方米	上海市文物保护单位
青龙塔	宗教建筑（佛塔）	青浦区白鹤镇青龙村	始建于唐长庆年间（公元821～824年），北宋庆历年间（1041～1048年）重建	砖木结构	原为七级八边形塔，现仅存宋代重建之塔身，残高30多米	上海市文物保护单位
泖塔	宗教建筑（佛塔、灯塔）	青浦区沈巷镇张家圩村太阳岛	建于唐咸通至乾符年间（公元874～879年）	砖木结构	五级方塔，高29米，边长8.63米	上海市文物保护单位
李塔	宗教建筑（佛塔）	松江区石湖荡镇李塔汇街130号	始建年代不详，推测最早建于北宋公元960～1127年间	砖木结构	七级方塔，高33米	上海市文物保护单位
秀道者塔	宗教建筑（佛塔）	松江区佘山镇外青松公路佘北公路路口西南	北宋太平兴国年间（公元976～984年）	砖木结构	七级八边形塔，高29米	上海市文物保护单位
松江护珠塔	宗教建筑（佛塔）	松江区佘山镇莱乐东路78号	北宋元丰二年（1079年）	砖木结构	七级八边形塔，高18.82米	上海市文物保护单位
松江西林塔	宗教建筑（佛塔）	松江区城西侧中山中路666号	南宋咸淳（1265～1274年）年间	砖木结构	七级八边形塔，塔身底层边长3.05米，高46.5米，为上海现存最高古塔	上海市文物保护单位
嘉定法华塔	宗教建筑（佛塔）	嘉定区嘉定镇州桥畔	南宋开禧年间（1205～1207年）	砖木结构	七级方塔，高40.83米	上海市文物保护单位
金山华严塔	宗教建筑（佛塔）	金山区亭林镇华严塔路58号	明洪武十七年（1384年）建成	砖木结构	七级方塔，高31.25米	上海市文物保护单位

名称	类型	地点	建成年代（变化情况）	材料结构	规模	文保等级
青浦万寿塔	宗教建筑（佛塔）	青浦区青浦镇青松陆406弄54号（临）	始建于清乾隆八年（1743年），乾隆三十九年（1774年）重修	砖木结构	七级方塔，高24.53米	上海市文物保护单位
松江唐经幢	宗教建筑（佛教石刻）	松江区中山东路270号中山小学内	唐大中十三年（公元859年）	石结构	高9.3米，是上海地区现存最古老的地面文物，也是全国唐代经幢中最完整和高大的一座	全国重点文物保护单位
南翔唐经幢	宗教建筑（佛教石刻）	位于嘉定区南翔镇古漪园南厅和微音阁前	唐咸通八年（公元867年）动工开凿，乾符二年（公元875年）落成，北宋太平兴国五年（公元980年）重修	石结构	高10米，幢柱八角七级	上海市文物保护单位（古猗园）
南翔寺双塔	宗教建筑（佛塔）	嘉定区南翔镇解放街香花桥北	创建时间无记载，推测始建于五代至北宋初年（公元907～960年）	砖结构	七级八边形塔，总高11米，底面直径为1.86米，是上海现存唯一双塔	上海市文物保护单位
嘉定万佛塔	宗教建筑（佛塔）	嘉定区汇龙潭公园西北角	宋代	石结构	方形截面，高4.3米	上海市文物保护单位（汇龙潭）
钦赐仰殿	宗教建筑（道观）	浦东新区源深路476号	相传建于唐代，清乾隆三十五年（1770年）重建，仅存东岳殿；现存大部分为1983～1991年重建	木结构、钢筋混凝土结构	现钦赐仰殿占地7000余平方米，包括牌楼、东岳殿、三清殿、藏经楼、仙居楼、偏殿等建筑	/
大境关帝庙	宗教建筑（道观）	黄浦区大境路259号	始建于明万历年间，清咸丰三年（1853年）重建，同治四年（1865年）、光绪十八年（1892年）、宣统元年（1909年）重修	木结构、钢筋混凝土结构	大境阁为三层建筑，殿前有戏台一座，俗称万年台	/
海上白云观	宗教建筑（道观）	黄浦区大境路259号	原名雷祖殿，清同治十三年（1874年）初建，清光绪八年（1882年）重建，光绪年间数次扩建	砖木结构、钢筋混凝土结构	现存建筑有灵宫殿、灵霄金殿、老君堂、雷祖殿等	/
松江清真寺	宗教建筑（清真寺）	松江区岳阳街道缸甏巷75号	始建于元至正年间（1341～1367年），清顺治十五年（1658年）、康熙十六年（1677年）、嘉庆十七年（1812年）、同治九年（1870年）大修	木结构、砖结构	包括窑殿、礼拜殿、邦克楼等主要建筑	上海市文物保护单位
福佑路清真寺	宗教建筑（清真寺）	黄浦区福佑路378号	始建于清同治九年（1870年），光绪二十三年至三十一年（1897～1905年）陆续建成	砖木结构、钢筋混凝土结构	占地1052平方米，建筑面积1520平方米，三进院落	/
敬一堂（世春堂）	宗教建筑（天主堂）	黄浦区梧桐路137号	创建于明崇祯十三年（1640年）	木结构	正堂建筑面积近200平方米，是上海现存唯一中式风格天主教堂	上海市文物保护单位
邱家湾天主堂	宗教建筑（天主堂）	松江区方塔北路10号	始建于明崇祯十年（1637年），清同治十一年（1872年）重建	砖木结构	面阔三间，进深七间，中西合璧风格。用磨砖对缝工艺，屋面做筒瓦，立面及屋顶形状、室内装修为西式	松江区文物保护单位
董家渡天主堂	宗教建筑（天主堂）	黄浦区董家渡路185号	始建于1847年，建成于1853年	砖木结构	上海地区第一座天主教堂，开埠后中国当时最大天主教堂，可容纳2000余人	上海市文物保护单位

名称	类型	地点	建成年代 （变化情况）	材料结构	规模	文保等级
洋泾浜天主堂（圣约瑟天主堂）	宗教建筑（天主堂）	黄浦区四川南路 36 号	始建于 1860 年，建成于 1861 年	砖木结构	立面单钟塔式构图，塔高 50 米，后有小圣堂，另有 2 层楼房一座	／
浦东露德圣母堂	宗教建筑（天主堂）	浦东新区唐镇老街 40 号，邻近唐陆路	创建于光绪二十一年（1895 年）	砖木结构	平面拉丁十字形，长 61 米，正厅高 30 米，两翼宽 43 米，钟楼高 47.5 米，可容纳约 2000 人	／
上海圣三一基督教堂	宗教建筑（基督堂）	黄浦区九江路 219 号	原建于 1847 年，1862 年重建，1869 年落成	砖木结构	哥特复兴式教堂，平面为巴西利卡式。建筑长 51 米，宽 19 米，高 19 米，是上海现存最早的基督教新教教堂	上海市文物保护单位
九间楼（徐光启故居）	古民居	南市区乔家浜乔家路 234—244 号	建于明万历年间，共有房屋三进百余间。清顺治二十年（1663 年）宅第遭火焚毁，仅存后进上下各 9 间的楼房	木结构	清道光年间 9 间楼又被毁 2 间，至今仅存 7 间。占地面积 551 平方米，建筑面积 684 平方米	上海市文物保护单位
兰瑞堂	古民居	原位于松江区西仓桥附近，现被移入松江方塔园内	明中叶	木结构	清初华亭人朱椿宅邸正厅，五间七架，一梁四柱为金丝楠木	上海市文物保护单位
葆素堂（许嘉德宅）	古民居	松江区中山西路 150 号永丰幼儿园内	明晚期	木结构	清平湖知县许嘉德住宅。面阔五间宽 30 米	松江区文物保护单位
雕花厅	古民居	原位于松江区西塔弄底，现位于松江醉白池公园内	清初	木结构	为五间九架正厅	松江区文物保护单位
王冶山宅	古民居	松江区岳阳街道中山中路 488 号	明晚期	木结构	现存五进院落，第一进为明代厅堂，三间七架扁作；第二进为清代厅五间七架扁作	／
书隐楼	古民居	黄浦区天灯弄 77 号	始建于清乾隆二十八年（1763 年）	木结构	原为明末上海名园"日涉园"的一部分，有"九十九间楼"之称，该建筑五进 70 余间，为上海典型绞圈房子	上海市文物保护单位
南春华堂	古民居	原在闵行区梅陇乡梅陇镇东，现迁至徐汇区南丹路 17 号徐光启公园内	建于明弘治末年至正德（1505 ~ 1521 年）年间	木结构	面阔七间，明间五架梁。现为徐光启纪念馆	上海市文物保护单位
郁泰峰宅（宜稼堂）	古民居	黄浦区乔家路	建于清嘉庆、道光年间	木结构	郁氏宅在中轴线上有三进院落，且每组正厅与厢房间皆有小天井，有"三进九庭心"	／

名称	类型	地点	建成年代 （变化情况）	材料结构	规模	文保等级
张祥河宅	古民居	原在松江区松江镇中山中路444号，现被移至松江区中心医院对面的思鲈园内	始建于清嘉庆十四年（1809年），落成于道光二十六年（1846年）	木结构	由原西门外明代松风草堂改建、扩建而成，占地近10亩。原有九进屋宇，以三条南北向的纵轴线展开布局	/
浦东川沙内史第	古民居	浦东新区川沙新川路218号	清中后期	木结构	原有三进宅院，现存第三进院落，占地面积约700余平方米	/
杜氏雕花楼	古民居	松江区中山西路266号	晚清、民国时期	木结构	三进院落都是二层走马楼，第一、第二进为清末建造，第三进民国时建，雕花精美	/
高桥恭寿堂	古民居	浦东新区高桥镇季景北路814–816号巷内	始建于清咸丰年间（1851～1861年）	砖木结构	原为四进院落，现仅剩第三、四进，占地面积5400平方米，建筑面积2000平方米	/
浦东艾氏民宅	古民居	浦东新区孙桥镇中心村养正宅61号	始建于清代	木结构	由东西两座四合院构成，是上海典型的双绞圈房子	/
泗泾马家厅	古民居	松江区泗泾镇开江中路312号	清代早期	木结构	包括门厅、仪门、庭院、走马楼等，占地面积约246平方米	松江区文物保护单位
崇明姚家宅	古民居	崇明侯家镇南村东首	始建于清代	木结构	共三进院，四埭房屋	/
秋霞圃	古园林	嘉定区嘉定镇东大街	创建于明成化、弘治、正德、嘉靖年间	由木结构园林建筑、水系、假山石、植物组成	包括桃花潭景区（明代龚氏园）、凝霞阁景区（沈氏园）、清镜塘景区（金氏园）及邑庙四个部分，占地45.36亩	上海市文物保护单位
古猗园	古园林	嘉定区南翔镇	创建于明嘉靖年间（1522～1566年）	由木结构园林建筑、水系、假山石、植物组成	现园林占地面积约为150亩，四周环水，含逸野堂、戏鹅池、松鹤园、青清园、鸳鸯湖、南翔壁等6个景区	上海市文物保护单位
豫园	古园林	黄浦区安仁街218号	始建于明嘉靖三十八年（1559年）	由木结构园林建筑、水系、假山石、植物组成	初建时面积约70亩，现存豫园占地30余亩，规模约为明豫园的一半，比重修的清豫园（含西园、东园）亦小	全国重点文物保护单位
汇龙潭	古园林	嘉定区南大街嘉定孔庙前	初凿于明天顺四年（1460年），得名于明万历十六年（1588年）	由木结构园林建筑、水系、假山石、植物组成	/	上海市文物保护单位
醉白池	古园林	松江区人民南路64号	前身为宋进士朱之纯的"谷阳园"，清顺治年间（1644～1661年）顾大申在明代废园遗址上辟建园林，并以"醉白池"为名	由木结构园林建筑、水系、假山石、植物组成	园林以池为主，水面约有4亩，内园16亩。新中国成立后扩建西园60亩	上海市文物保护单位

名称	类型	地点	建成年代 (变化情况)	材料结构	规模	文保等级
曲水园	古园林	青浦区青浦镇公园路 612 号	始建于清乾隆十年（1745 年）	由木结构园林建筑、水系、假山石、植物组成	原为县城邑庙的庙园，也称灵园。总面积约为 1.82 公顷	上海市文物保护单位
颐园	古园林	松江区永丰街道松汇西路 480 号现上海市第四福利院内	始建于明万历年间（1573～1620 年）	由木结构园林建筑、水系、假山石、植物组成	明代的颐园广百亩，现占地面积约有 5.3 亩	上海市文物保护单位
醉白池乐天轩	园林建筑	位于醉白池东北角	建于宋元祐六年（1091 年）	木结构	面阔三间，四面围廊，歇山屋顶	上海市文物保护单位（醉白池）
豫园湖心亭、九曲桥	园林建筑	位于豫园入口处	始建于清乾隆四十九年（1784 年），咸丰五年（1855 年），湖心亭改茶楼	砖木结构、水泥（桥）	湖心亭平面丁字形，上下两层，面积近 200 平方米	全国重点文物保护单位（豫园）
豫园大假山	园林建筑	豫园西北角三穗堂以北	明代	黄石假山	造园名匠张南阳的唯一传世之作	全国重点文物保护单位（豫园）
秋霞圃池上草堂	园林建筑	秋霞圃桃花潭西南	建于清道光、咸丰年间（1801～1861 年）	木结构	三搨两披，东西长 15.5 米，南北宽 6.65 米，高 5 米	上海市文物保护单位（秋霞圃）
醉白池四面厅	园林建筑	醉白池	明代	木结构	四面通透之临水轩榭	上海市文物保护单位（醉白池）
豫园三穗堂	园林建筑	豫园西园的中心	始建于明，乾隆二十五年（1760 年）重建	木结构	五开间，高 6 米	上海市文物保护单位（豫园）
豫园点春堂	园林建筑	豫园万花楼东面	始建于道光年间(1821～1850 年)，同治七年（1868 年）重建	木结构	五开间	上海市文物保护单位（豫园）
嘉定城隍庙	坛庙（城隍庙）	嘉定区嘉定镇东大街，西邻秋霞圃	始建于南宋嘉定十年（1217 年），清同治五年（1866 年）、光绪八年（1882 年）陆续重建	木结构	包括大门、二堂、大殿、前廊、戏楼、工字廊等。大殿重檐歇山顶，面阔五间，进深三间，高 14 米、宽 20 米、深 46 米	上海市文物保护单位
上海城隍庙	坛庙（城隍庙）	黄浦区老城厢	初创于明代，现存建筑重建于 1926 年	砖木结构、钢筋混凝土结构	/	上海市文物保护单位
下海庙	坛庙	虹口区昆明路 73 号	始建于清乾隆年间（1736～1795 年）	砖木结构	前殿、大殿有房舍 20 余间	/
天后宫（天妃宫）	坛庙（妈祖庙）	现位于松江区方塔园内	始建于南宋咸淳七年（1271 年），光绪十年（1884 年）重建	砖木结构	大殿面阔五间，高 17 米，面积为 330 平方米	松江区文物保护单位
陈化成祠	祠堂	原位于松江区西塔弄底，现位于方塔园内	初建于 1842 年，1862 年毁于战火，1898 年重建	木结构	共两进院落，门厅三间七架，大殿三间九架	松江区文物保护单位
松江杜氏宗祠	祠堂	松江区秀南街年丰人寿桥南端陈家弄 1 号	建于清晚时期	木结构	有仪门、正厅、后楼	/

名称	类型	地点	建成年代 （变化情况）	材料结构	规模	文保等级
嘉定孔庙	文庙	嘉定区南大街183号	明至清代	木结构	嘉定孔庙共有三坊、棂星门、泮池、石桥、大成门、东西庑、大成殿、雀牲所、神厨、土地祠、名宦祠、乡贤祠、崇圣祠等	全国重点文物保护单位
上海文庙	文庙	黄埔区文庙路215号	始建于宋咸淳年间（1265～1274年），元、明、清历代有增建和修建	木结构	现存西路轴线建筑群有棂星门、泮池、三顶桥、大成门、大成殿、崇圣祠等。东路建筑群仅剩明伦堂及魁星阁，其余已被改成假山、水池	上海市文物保护单位
宝山孔庙大成殿	文庙	宝山区友谊路1号临江公园内	始建于清乾隆十二年（1747年），嘉庆十年（1805年）扩建	木结构	文庙大成殿重檐歇山顶，面阔五间，前有月台	上海市文物保护单位
崇明学宫	学宫	今上海崇明城桥镇东门路8号	初建于南宋嘉熙年间(1237～1240年)，元泰定四年（1327年）建成文庙大成殿，明天启二年（1622年）迁至现址	木结构	现存东西牌坊、棂星门、泮池、登云桥、东西官厅、戟门、崇圣祠、尊经阁等，多为清代建筑	上海市文物保护单位
南汇学宫大成殿	学宫	浦东新区惠南镇东门129号（现南汇中学内）	创建于清雍正五年（1727年），清同治三年（1864年）重建	木结构	大成殿面阔五间，重檐歇山顶	/
敬业书院	书院	位于豫园东安仁街、梧桐路的"世春堂"	创建于清乾隆十三年（1748年）	木结构	正堂建筑面积近200平方米	上海市文物保护单位
徐汇公学	西式学堂	漕溪北路徐镇路	由天主教传教士南格禄创办于1850年	砖木结构	四层大楼	上海市第二批优秀历史建筑
徐家汇藏书楼	藏书楼	徐汇区漕溪北路80号	创建于清道光二十七年（1847年），1860年、1897年经历了两次扩建	砖木结构	现存一幢两层建筑和一幢四层建筑	上海市文物保护单位
普济桥	古桥梁	青浦区金泽镇南	初建于南宋咸淳三年（1267年）	石结构	单孔石拱桥，呈弧状。桥长26.7米，桥身高5.07米，拱洞跨度10.5米，桥面宽仅2.75米	上海市文物保护单位
万安桥	古桥梁	青浦区金泽镇北	初建于南宋景定年间（1260～1264年）	石结构	单孔石拱桥，长29米，高5.5米，宽2.6米，跨径9.8米，为横联拱圈	上海市文物保护单位
松江望仙桥	古桥梁	松江区中山东路松江方塔园内东南角	建于南宋绍兴年间（1131～1162年）	木肋石板桥	望仙桥全长7米，宽3.2米，是上海现存最古老的石板桥之一	上海市文物保护单位
寿带桥	古桥梁	金山区吕巷镇老街临近新西街135号	初建于南宋年间	石结构	敞肩式单孔石拱桥，全长22.75米，宽2.4米，净跨7.5米，高5米	松江区文物保护单位
玉秀桥	古桥梁	金山区吕巷镇老街临近新东街81弄	建于宋代	石结构	桥长14.75米，宽2.35米，石拱跨度为7.35米	/
云间第一桥	古桥梁	松江区仓汇路化工路路口北	初建于宋代，明成化年间（1465～1489年）重建	石结构	桥长40.5米，宽5.25米，高约8米	上海市文物保护单位

名称	类型	地点	建成年代（变化情况）	材料结构	规模	文保等级
迎祥桥	古桥梁	青浦区金泽镇南栅	初建于元至元年间（1335～1340年）	石、木结构	桥为六柱5孔梁式石桥，长34.25米，宽2.14米，中孔跨径6.35米，二孔、三孔跨径分别为5米、4.3米	上海市文物保护单位
顺德桥	古桥梁	青浦区练塘老街临近前进街53号，跨三里塘市河	初建于元至正三年（1343年），清顺治间（1644～1661）重修	石、木结构	为石壁式梁桥，桥长16.4米，宽2.3米，高4.1米，共有3跨	上海市文物保护单位
朱家角放生桥	古桥梁	青浦区朱家角镇，跨于漕港之上	初建于元,清嘉庆十七年（1812年）重建	石结构	桥为五孔石拱桥，是上海地区最大石拱桥。桥长72米，高7.4米，宽5米，中孔、二孔、三孔拱跨分别为13米、8.8米和6.2米	上海市文物保护单位
大仓桥	古桥梁	松江区中山西路玉树路路口东南，跨原松江府市河	建于明天启年间（1621～1627年）	石结构	为五孔石拱桥，跨度约50米，宽5米，高8米	上海市文物保护单位
天恩桥	古桥梁	嘉定区南翔镇永乐村沪宜公路边，跨横沥河	始建年代无考，清顺治年间（1644～1661年）重建，同治十三年（1874年）再重建	石结构	三孔石拱桥，跨度46米，桥顶高5.5米，中孔净跨11.5米，边孔净跨5.5米，桥面宽3.5米	青浦县文物保护单位
大通桥	古桥梁	松江区车墩镇南门村官绍塘	原为木桥，嘉庆十三年（1808年）改为石桥	石结构	单拱跨度为11米，宽4.3米，为上海地区最大单孔古石拱桥	/
蒲汇塘桥	古桥梁	闵行区七宝镇，跨蒲汇塘	初建于明正德十三年（1518年），清同治三年（1864年）重修	石结构	原为五拱石拱桥，主拱跨度11.25米、高度5.2米，副拱跨度5.6米、高度3米，桥长29米，面宽5.45米	闵行区文物保护单位
志丹苑元代水闸遗址	水闸遗址	普陀区志丹路、延长西路交界处	元代	石结构	水闸平面呈对称八字形，西北为宽32米的进水口，东南为宽33米的出水口。水闸东西长约42米。是国内规模最大、施工最好、保存最完整的元代水闸遗址	全国重点文物保护单位
奉贤华亭海塘（捍海塘）	海塘	奉贤区柘林镇奉柘公路南侧	清雍正三年至雍正十三年（1725～1735年）修筑	石结构	石塘原长近二十千米，高5米，底宽3米，顶宽1.4米，全部由青石及花岗岩石砌成	上海市文物保护单位
崧泽遗址	古文化遗址	青浦区青浦镇崧泽村	新石器时代	/	/	全国重点文物保护单位
福泉山古文化遗址	古文化遗址	青浦区青浦区重固镇老街西侧	新石器时代、商周	/	/	全国重点文物保护单位

名称	类型	地点	建成年代 （变化情况）	材料结构	规模	文保等级
马桥遗址	古文化遗址	闵行区马桥镇北竹港和俞塘交汇处西北（沪松公路花王路口）	新石器时代至商	/	/	全国重点文物保护单位
广富林遗址	古文化遗址	松江区广富林路龙源路路口西北	新石器时代、东周	/	/	全国重点文物保护单位
寺前村古文化遗址	古文化遗址	青浦区大盈乡天一村，南面4公里处为青浦镇	遗址文化层堆积大致有4层：最上面第一层为宋元、唐时期文物，第二层为西周、战国时期遗存，第三层良渚文化层，第四层崧泽文化层	/	/	上海市文物保护单位
金山坟古文化遗址	古文化遗址	青浦区蒸淀东团村庄严寺西面、红旗河以北的农田中	遗址文化层堆积大致有3层：上层是距今3000多年的马桥文化遗存，中层是距今4000多年的良渚文化遗存，下层是距今5000多年的崧泽文化遗存	/	/	上海市文物保护单位
戚家墩古文化遗址	古文化遗址	金山区山阳镇戚家墩村海塘内外两侧	遗址文化层堆积有2层：上层属西汉时代，有水井1口，墓葬3座；下层有春秋战国时代墓葬5座。另在西边约600米海滩上有一处已被完全冲毁的遗址，其年代可上溯到西周	/	/	上海市文物保护单位
徐光启墓	墓葬	徐汇区南丹路光启公园内	始创于1641年，清光绪二十九年（1903年）修整，后又毁坏，2003年整体修复	/	墓地占地20亩，建有华表、牌坊等。墓地有10个墓穴，葬徐光启夫妇与四个孙子。墓前设长甬道，两侧设石兽、翁仲等	上海市文物保护单位
黄道婆墓	墓葬	徐汇区龙华乡东湾村13号（原徐汇区龙华乡东湾村，为乌泥泾镇旧址）	原为一义冢地，1957年，上海县政府修复墓址。"文革"期间该墓地被铲平。1986年，黄道婆墓得以再次重修	/	/	上海市文物保护单位
唐一岑墓	墓葬	崇明县金鳌山附近的城桥镇鳌山路	明嘉靖年间，始葬于当时的崇明县治平洋沙。清雍正九年（1731年），墓葬移葬蟠龙镇东。1990年移至现址	/	/	上海市文物保护单位
夏允彝、完淳父子墓	墓葬	松江区昆冈乡荡湾村北农田中，该处原是夏氏祖茔	始建于清顺治年间，1961年修葺	砖结构	墓地今为一排五座砖室墓，后有半环状托山墓前有墓道，道口有清代知县立石	上海市文物保护单位
黄淳耀墓	墓葬	嘉定区方泰乡鲍家库	始建于清代初年。文革初被挖掘，1990年8月重修	砖结构	原占地5944平方米，现面积1333平方米。墓地前有石坊，立传略碑	上海市文物保护单位

名称	类型	地点	建成年代（变化情况）	材料结构	规模	文保等级
商船会馆	会馆建筑	黄浦区会馆街28号（原南市区董家渡马家厂）	始建于清康熙五十四年（1715年），乾隆二十九年（1764年），嘉庆十九年（1814年）道光二十四年（1844年）陆续加建	砖木结构	商船会馆占地面积近20亩，自康熙至道光年间陆续建造大殿，南北两厅，以及两层高的大戏台，以及拜厅、钟鼓楼、后厅等。现仅存大殿、戏台等部分建筑	上海市文物保护单位
四明公所	会馆建筑	黄浦区人民路858号中国人寿大厦边上（原老城厢北门外）	始建于清嘉庆二年（1797年），建成于嘉庆八年（1803年）	砖木结构	建成时占地30多亩，建筑面积约800平方米。历经"四明公所事件"，现仅遗存西式红砖门头一座	上海市文物保护单位
沪南钱业公所	会馆建筑	原址黄浦区北施家弄133号，现重建于人民路安仁街古城公园	始建于清光绪九年（1883年）	砖木结构	建筑为三进式院落，占地800平方米	上海市文物保护单位
上海古城墙和大境阁	古城墙	黄浦区大镜路269号	古城墙建于明嘉靖三十二年（1553年）。大境阁处城墙之上，初建时为箭台，明万历年间建关帝庙，清嘉庆二十年（1815年）改建为三层楼阁，同治四年（1865年）重修大境阁	砖木结构	现存50米老城墙，其上是重修的木结构建筑大境阁	上海市文物保护单位
宝山古城墙（浦东高桥）	古城墙	浦东新区高桥镇杨高北一路255号	明正统九年（1444年），宝山所始建砖城。清康熙三十三年（1694年），于原宝山城西北三里处（今高桥镇东北2公里）建城，即今浦东老宝山城址	砖包土	现存古城墙一段	上海市文物保护单位
宝山古城墙（宝山区）	古城墙	宝山区友谊路1号临江公园内及宝山中学内	宝山古城墙初建于明嘉靖十六年（1537年），为土墙；后于嘉靖三十三年（1554年）改建为砖城。西水关始建于清顺治七年（1650年）	砖包土	临江公园内古城墙，残长49.3米，高0.95米，宽10.1米，占地面积497.93平方米。西侧遗存一座古水关，单孔石拱结构，跨径2.7米	上海市文物保护单位
川沙古城墙	古城墙	浦东新区新川路171号观澜小学东侧	始建于明嘉靖三十六年（1557年），清嘉庆十年（1805年）、清嘉庆十五年（1810年）道光十四年（1834年）重修。民国十四年（1925年）城墙遭拆除	砖包土	古城墙存60余米长	上海市文物保护单位
松江砖刻照壁	照壁	松江区松江镇方塔园内方塔的北侧	始建于明洪武三年（1370年）	砖结构	面阔三间，中间部分宽6.1米，高4.75米，约有30平方米	上海市文物保护单位
云间第一楼	谯楼	松江区中山东路250号	始建于宋，元元贞元年（1295年）重建。元至正六年（1346年）被焚毁，元至正九年重建。清顺治元年（1644年）毁，顺治十六年（1659年）重建。清道光十年（1830年）谯大修，抗战期间损毁。1999年重建	砖包土、砖木结构	楼高16米，重檐歇山顶，副阶周匝，面宽五开间24.8米，进深六架椽10.10米。楼道门宽5.1米	上海市文物保护单位

参考文献

书籍文献

[1] 薛理勇. 老上海地标建筑[M]. 上海：上海世纪出版股份有限公司上海书店出版社，2014.

[2] 上海市地方办公室，上海市青浦区地方志办公室编. 上海府县旧志丛书·青浦县卷（全二册）[M]. 上海：上海古籍出版社，2014.

[3] 上海市地方办公室，上海市金山区地方志办公室编. 上海府县旧志丛书·金山县卷[M]. 上海：上海古籍出版社，2014.

[4] 李琼. 上海开埠早期时事画[M]. 上海：上海世纪出版股份有限公司上海书店出版社，2013.

[5] 朱少伟. 老上海逸闻[M]. 上海：上海东方出版中心，2013.

[6] 王曼隽，张伟执笔. 风华张园[M]. 上海：同济大学出版社，2013.

[7] 裴昔司（葡）著. 孙川华译. 晚清上海史[M]. 上海：上海社会科学院出版社，2012.

[8] 上海市地方志办公室，上海市嘉定区地方志办公室编. 上海府县旧志丛书·嘉定县卷（全四册）[M]. 上海：上海古籍出版社，2012.

[9] 上海市地方志办公室，上海市宝山区地方志办公室编. 上海府县旧志丛书·宝山县卷（全二册）[M]. 上海：上海古籍出版社，2012.

[10] 上海市浦东新区地方志办公室. 南汇老地名[M]. 上海：上海辞书出版社，2011.

[11] 侯燕军. 上海旧影[M]. 上海：上海人民美术出版社，2011.

[12] 上海市地方志办公室，上海市崇明县档案局编. 上海府县旧志丛书·崇明县卷（全三册）[M]. 上海：上海古籍出版社，2011.

[13] 上海市地方志办公室，上海市浦东新区地方志办公室编. 上海府县旧志丛书·川沙县卷（全二册）[M]. 上海：上海古籍出版社，2011.

[14] 上海市地方志办公室，上海市松江区地方志办公室编. 上海府县旧志丛书·松江府卷（全十一册）[M]. 上海：上海古籍出版社，2011.

[15] 上海市地方志办公室，上海市松江区地方志办公室编. 上海府县旧志丛书·松江县卷（全三册）[M]. 上海：上海古籍出版社，2011.

[16] 何惠明，欧粤. 明清松江府[M]. 上海：上海辞书出版社，2010.

[17] 唐明生. 海派园林[M]. 上海：文汇出版社，2010.

[18] 张姚俊. 老上海城记·河与桥的故事[M]. 上海：上海锦绣文章出版社，2010.

[19] 王焘，吴振千，陆定国. 上海园林史话[M]. 上海：上海百家出版社，2009.

[20] 周向频，陈喆华. 上海公园设计史略[M]. 上海：同济大学出版社，2009.

[21] 上海市地方志办公室，上海市南汇区地方志办公室编. 上海府县旧志丛书·南汇县卷（全二册）[M]. 上海：上海古籍出版社，2009.

[22] 上海市地方志办公室，上海市奉贤区地方志办公室编. 上海府县旧志丛书·奉贤县卷[M]. 上海：上海古籍出版社，2009.

[23] 上海现代建筑设计（集团）有限公司编. 共同的遗产——上海现代建筑设计集团历史建筑保护工程实录[M]. 北京：中国建筑工业出版社，2009.

[24] 伍江. 上海百年建筑史1840-1949（第二版）[M]. 上海：同济大学出版社，2008.

[25] 许福贵，许岚. 上海百年城建史话[M]. 上海：同济大学出版社，2008.

[26] 夏晓虹. 晚清上海片影[M]. 上海：上海古籍出版社，2008.

[27] 上海市地方志办公室，上海市绿化管理局. 上海名园志[M]. 上海：上海画报出版社，2007.

[28] 上海市房地产行业教育中心. 上海优秀历史建筑鉴赏[M]. 上海：上海远东出版社，2006.

[29] Edward Denison, Guang Yu Ren. Building Shanghai The Story of China's Gateway[M].

England：Wiley–Academy, a division of John Wiley & Sons Ltd., 2006.

[30] 上海市浦东新区发展计划局，上海市浦东新区规划设计研究院，上海市浦东新区文物保护管理署．上海浦东新区老建筑[M].上海：同济大学出版社，2005.

[31] 上海市地方志办公室．上海名建筑志[M].上海：上海社会科学院出版社，2005.

[32] 《上海通志》编撰委员会编．上海通志（第一册）[M].上海：上海人民出版社，2005.

[33] 上海市地方志办公室编著．上海名镇志[M].上海：上海社会科学院出版社，2003.

[34] 薛顺生，楼承浩．上海老建筑[M].上海：同济大学出版社，2002.

[35] 陈伯海．上海文化通史（上、下卷）[M].上海：上海文艺出版社，2001.

[36] 上海园林志编纂委员会．上海园林志[M].上海：上海社会科学出版社，2000.

[37] 谢天祥．青浦古桥：江南古桥之萃[M].上海：百家出版社，2000.

[38] 熊月之．上海通史（第一卷、第二卷）[M].上海：上海人民出版社，1999.

[39] 周振鹤．上海历史地图集[M].上海：上海人民出版社，1999.

[40] 上海城市规划志编纂委员会．上海城市规划志[M].上海：上海社会科学院出版社，1999.

[41] 蔡育天．沧桑——上海房地产150年[M].上海：上海教育出版社，1998.

[42] 《上海地名志》编纂委员会编．上海地名志[M].上海：上海社会科学院出版社，1998.

[43] 罗小未，伍江．上海弄堂[M].上海：上海人民美术出版社，1997.

[44] 马承源．上海文物博物馆志[M].上海：上海社会科学院出版社，1997.

[45] 罗小未．上海建筑指南[M].上海：上海人民美术出版社，1996.

[46] 郭博．正在消失的上海弄堂[M].上海：上海画报出版社，1996.

[47] 上海县县志编纂委员会编，王孝俭主编．上海县志[M].上海：上海人民出版社，1993.

[48] 顾炳权．上海风俗古迹考[M].上海：华东师范大学出版社，1993.

[49] 沈华主编，上海市房产管理局编著．上海里弄民居[M].北京：中国建筑工业出版社，1993.

[50] 王宏逵．宗教钩沉[M].上海：上海画报出版社，1991.

[51] 张仲礼．近代上海城市研究[M].上海：上海人民出版社，1990.

[52] 上海市地方志办公室．上海名建筑志[M].上海：上海社会科学院出版社，1990.

[53] 吴友如．申江胜景图．点石斋，1884.

[54] 葛元煦．沪游杂记．1877.

[55] 袁祖志．重修沪游杂记．1887.

期刊论文

[1] 姜雨欣，蔡军．香山帮工匠在上海——香山帮与上海的渊源及影响探析[J].华中建筑，2015，（05）：49–52.

[2] 伏彧．百年历史灯塔之五：泖塔[J].中国海事，2012，（09）：76–77.

[3] 郑琦．上海古塔建筑特色探析（一）[J].南方建筑，2009，（05）：72–75.

[4] 刘士林．江南与江南文化的界定及当代形态[J].江苏社会科学，2009，（05）：228–233.

[5] 曹永康，薛泰琳．川沙古城墙保护研究[J].华中建筑，2005，（04）：113–115.

[6] 宋建，李峰等．上海青浦寺前村遗址历史时期遗存发掘报告[J].上海博物馆集刊，2005，（00）：404–416.

[7] 陈磊，曹永康．上海浦东高桥民居研究[A].第13届中国民居学术会议暨无锡传统建筑发展国际学术研讨会论文集[C].2004.158–165.

[8] 周丽娟，翟杨，陆耀辉．上海"第一人"上海"第一房"[J].上海文博，2004，（02）：40–41.

[9]　谭玉峰 . 上海的塔（一）[J]. 上海文博，2002，（01）：
　　　84–85.

[10]　侯蟾秋 . 从明清两代看上海传统民居 [J]. 城建档案，
　　　2000，（05）：84–85.

[11]　苗金堂 . 上海地区古代治水简述 [J]. 上海水利，
　　　1995，（01）：21–23.

[12]　章明，秦荣鑫 . 江南古寺沉香阁 [J]. 时代建筑，

1994，（01）：20–22.

[13]　罗小未 . 上海建筑风格与上海文化 [J]. 建筑学报，
　　　1989，（10）：7–13.

[14]　张明华，陈士萍，游修龄 . 上海青浦县金山坟遗址
　　　试掘 [J]. 考古，1989，（07）：577–590.

[15]　杨嘉祐 . 上海地区古建筑 [J]. 建筑学报，1981，（07）：
　　　46–49.

后记

撰写书稿的几年时间里，对上海古建筑有了更深的感悟。

上海的古建筑很少。在这个城市里，古建筑占城市建筑的比例可能不到千分之一。近百年来的城市发展给我们带来了太多的新建筑，喜好追求新鲜事物的风尚也使得上海人永远处于追逐流行前沿的新奇事物，却不太拘泥于传统，留恋老东西。日益减少的古建筑渐渐被挤到了逼仄的角落。大多数情况下，这个城市的人们几乎感受不到古建筑的存在。偶尔看到些传统建筑，却还可能是些仿古建筑。

上海的古建筑很多。在本书的调研、写作过程中我们发现，在上海的范围内至少还存留百来个较具价值的古建筑——林林总总，让人有美不胜收的感觉，虽然其中有的只剩下片段、局部，有的正在残存、破败，有的被一大堆光鲜亮丽的"假古董"所包围。颇令人担心的是，不知若干年后，"这么多"的古建筑还会剩下多少……因为，就在我们编撰此书的几年时间里，目睹了一些古建筑的消失。

社会经济的飞速发展给了我们极大的自信去不停地圈地、拆房、起高楼，却无情地抹去了许多不可再生的历史遗存——这本该永远地属于这座城市，属于我们的后人。希望本书的出版能让更多的人认识、珍惜我们身边本就不多的古建筑，并善待这些历史遗存，让上海古建筑的数量维持在"很多"的水平上。

本书的最终完成离不开建工出版社李东禧、唐旭两位主任的支持、帮助，离不开出版社吴绫、杨晓等诸位编辑的辛劳，离不开闫爱宾先生的参与、付出，对此我们谨致谢意。本书部分插图引自相关的公开出版物，我们对这些书籍、期刊论文的作者表示感谢。邹严、姜越、唐瑜佳、王英钦、皮歆、曹英楠、徐嘉臻等研究生同学参与了书中部分插图的加工工作。

本书的编撰是对上海古建筑的初步梳理，难免挂一漏万，亟待后续深入研究。

王海松　宾慧中
2015 年 10 月于上海

作者简介

王海松，1967年12月出生于上海。1986～1998年就读于同济大学建筑城规学院建筑系，获学士、硕士、博士学位。现为上海大学美术学院教授、中国美术家协会建筑艺术委员会委员、上海市建筑学会建筑设计专业委员会委员、国家一级注册建筑师。曾获"上海市优秀文艺人才优秀教师奖"、"中国建筑学会建筑创作奖银奖"、"ILIA2014第四届IDEA-KING艾景奖杰出奖"等奖项。主要专注于可持续营建技艺研究及设计创作，发表学术论文近40篇，出版专著及编撰作品集8本，参与及策划展览十余个，作品入选全国美展、上海艺术设计展、海平线绘画公共艺术展等。

宾慧中，2006年毕业于同济大学建筑城规学院建筑系，获建筑历史与理论专业博士学位；英属哥伦比亚大学建筑与景观学院博士后。现为上海大学美术学院建筑系副教授，中国建筑学会建筑史学分会理事、学术委员，中国民族建筑研究会民居建筑专业委员会学术委员。主要从事中国建筑史及建筑遗产保护研究，致力于乡土聚落与人居环境、匠作体系及营造技艺保护传承、地域建筑保护更新设计等研究和实践领域。已出版专著2本，参编教材1本，发表学术论文40余篇。主持国家自然科学基金、省部级科研基金多项。